세계적인 가족 심리 전문가 케빈 리먼 박사의

부부,
심리학에게 길을 묻다

세계적인 가족 심리 전문가 케빈 리먼 박사의
부부, 심리학에게 길을 묻다

초판 1쇄 인쇄일 I 2010년 07월 20일   초판 1쇄 발행일 I 2010년 07월 25일
초판 4쇄 인쇄일 I 2010년 08월 20일   초판 4쇄 발행일 I 2010년 08월 25일

지은이 I 케빈 리먼
옮긴이 I 박선령
펴낸이 I 강창용
펴낸곳 I 느낌이 있는 책
        주소 경기도 고양시 일산서구 덕이동 978-1
        전화 (代)031-932-7474 / 팩스 031-932-7480
        E-mail 주소 feelbooks@paran.com
        등록번호 제 10-1588   등록년월일 1998. 5. 16
        출판기획 I 김명숙   책임편집 I 이세경
        디자인 I 가혜순   책임영업 I 최강규 · 김영관

ISBN 978-89-92729-62-8   03180

* 책값은 뒤표지에 있습니다.
* 잘못된 책은 구입처에서 교환해 드립니다.

세계적인 가족 심리 전문가
케빈 리먼 박사의

부부,
심리학에게
길을 묻다

케빈 리먼 박사 지음 | 박선령 옮김

느낌이 있는 책

당신이 이 책을 읽어야 할지, 읽지 않아도 될지를 알아보자.
각 문항 앞에 있는 빈 칸에 O, X를 표시하기만 하면 된다.

☐ 남편을 위해 뭔가를 하려고 할 때마다 '이렇게 애를 쓰면 뭐하나? 어차피 알지도 못할 텐데'라는 생각이 든다.

☐ '이런 생활이 나한테 무슨 이득이 있어?'라는 생각이 든다.

☐ '이혼'이라는 말을 떠올리는 것이 두렵다.

☐ 아무리 이해하려고 해도 남편을 전혀 이해할 수 없을 때가 있다.

☐ 어떨 때는 '내가 파출부보다 나을 게 뭐가 있나?'라는 생각이 든다.

☐ 남편이 나를 사랑하긴 하는 건지, 나한테 관심이나 있는지 궁금하다.

☐ 부부가 함께 하는 일에서 주도권을 쥐는 쪽은 항상 나다.

- [ ] 가족을 하나로 모으려고 애쓰는 사람은 나 혼자뿐이라는 생각이 든다.
- [ ] 가끔은 '남편이 나한테 정말 필요한 존재인가?'라는 생각이 든다.
- [ ] 예전에 내가 사랑에 빠졌던 남편은 이제는 대체 어디로 가버린 것인지 궁금하다.
- [ ] 남편은 내가 정말 중요한 얘기를 할 때조차도 내 말에 귀를 기울이지 않는다.
- [ ] 남편이 좋은 사람이기는 하지만 내 기분 같은 것은 전혀 이해하지 못한다.
- [ ] 남편은 집안일을 전혀 도와주지 않는다.
- [ ] 남편은 화가 나면 나를 아예 없는 사람 취급을 한다.
- [ ] 남편에게 뭘 물어보면 대답을 듣기가 어렵다. 귀가 안 들리는 건지 아니면 그냥 나를 무시하는 건지 잘 모르겠다.
- [ ] 남편은 자기 일에만 몰두하면서 나는 안중에도 없는 것 같다.
- [ ] 남편은 나를 존중하지 않는다.
- [ ] 남편은 내가 하는 집안일이나 가족을 위한 노력을 당연한 것이라고 여긴다.

□ 남편의 말이나 행동이 거칠다.

□ 남편은 내 생일이나 기념일을 기억하지 못하거나 기억한다 하
더라도 그냥 지나친다.

□ 남편에게 뭘 부탁하면 몇 번씩 되풀이해서 잔소리를 해야 겨우
해준다.

□ 예전에 내가 꿈꿨던 결혼생활과 지금의 현실은 달라도 너무
다르다.

□ '이 결혼생활을 잘 해나갈 수 있을까?'라는 생각을 하게 된다.

□ 남편과 의견 충돌이 끊이지 않는다.

□ 사랑이라는 낭만적인 감정은 사라진 지 오래다.

□ 어떻게든 의사소통이 좀 됐으면 좋겠다. 이제는 혼잣말을 하는
것도 진절머리가 난다.

□ 지금보다 훨씬 나은 결혼생활을 하고 싶다는 소망을 남편도 갖
고 있는지 궁금하다.

□ 결혼생활을 어떻게든 잘 해나가려고 나 혼자만 전전긍긍하는
것 같다.

이 가운데 하나에라도 O 표시를 했다면 당신은 이 책을 읽어
야 할 사람이다. 왜냐하면 당신이 O 표시를 한 그 문제를 이 책

이 해결해줄 것이기 때문이다. 분명히 약속할 수 있다.

　단 5일 만에 남편을 완전히 딴 사람으로 확 바꿔놓을 수 있다. 정말 그런 일이 가능할까? 솔직히 말하면 5일도 필요 없다. 이 책에서 알려주는 대로 제대로 하기만 한다면 5일까지 걸릴 것도 없다. 사흘이면 충분하다. 지금부터 그 비법을 알려주겠다.

　당신이 갈망하던 기적 같은 변화가 일어날 것이다.

차례

새 남편으로 바꿔드립니다

어느 날 갑자기, 멋지고 친절하고 자상하고 배려 깊고 당신을 사랑하고 존
중하는 최고의 남편을 선물로 받게 된다면?

처음으로 하나가 되고 나서 두 사람이 함께 나눈 도취의 순간을 기
억하는가? 그때의 흥분과 함께 나누었던 꿈과 희망은? 아이가 생기기
전 서로의 품에 안겨 끝없이 얘기를 나누던 밤들은?

지금 그때를 돌이켜보는 것은 마치 석기시대 유물을 발굴해내는 것
처럼 느껴질지도 모른다. 그때 누렸던 행복과 도취의 순간은 말 그대
로 눈 깜짝할 사이에 지나가버렸다. 어쩌면 결혼식 부케가 시들기 전
에 이미 사라져버렸는지도 모르겠다. 이제 결혼은 현실이 되었다.

만약 지금의 남편이라면 그때 결혼을 했을까? 결혼을 결심할 만큼
그렇게 믿고 사랑했던 그 남자가 지금 이 남자가 맞나?

지금의 남편은 당신을 짜증나게 하고 어떤 날은 완전히 뚜껑이 열

려버리게 만든다. "사랑해"라는 말을 마지막으로 들은 게 언제인가? 당신은 이제 혼자 떠들어대는 의논에 지쳤다. 남편이 제발 당신의 말에 귀 기울여주기를, 더 좋은 아빠가 돼주기를, 아무리 축구가 재미있더라도 가끔은 소파에서 엉덩이를 떼고 일어나주기를 바랄 뿐이다.

당신은 결혼생활을 신선하고 흥미롭게 유지하려고 애를 쓰지만 이미 두 사람은 단조로운 생활에 푹 젖어 있다. '어쩌다 우리가 이렇게 돼버린 거지?'라는 생각이 들지만 어떻게 해볼 도리가 없다. 이제는 그저 약간이라도 활기를 찾고 싶을 뿐이다.

어쩌면 이보다 더 상황이 나쁠 수도 있다. 걸핏하면 욕을 하거나 폭력을 휘두르거나 당신을 종 부리듯 하려는 남자와 살면서 하루하루 간신히 버텨나가고 있는지도 모른다. 이런 경우라면 결혼생활 자체를 그만둬버리고 싶다는 생각밖에 안 들 수도 있다. (바로 이런 사람들을 위한 특별 코너도 마련했다.)

지금 이 남편만 아니면 될까? 지금 남편 말고 다른 남자이기만 하면 당신이 행복하고 만족스러운 결혼생활을 할 수 있을까? 만약 그런 확신이 있다면 모를까, 그런 게 아니라면 지금의 결혼생활을 멋지고 좋은 것으로 바꾸는 수밖에 없다.

사람들은 "결혼이란 게 다 그렇지 뭐"라고 말한다. 실제로 엉망진창인 채로 살아가는 하루하루의 삶을 '현실'이라고 부르면서 포기한 채로 살아간다. 그러나 그 말에 속아 넘어가면 안 된다. '결혼이란 다 그런 것'이 아니다. 결혼하기 전에 꿈꿨던 결혼생활을 평생 누릴 수가 있다. 신혼 때 누렸던 풍요롭고 충만하며 생동감 넘치는 결혼생활을 결혼한 지 10년, 20년, 30년이 지난 뒤에도 여전히 누릴 수가 있다.

어떻게 아느냐고? 내가 그렇게 살고 있기 때문에 잘 안다. 우리 부부는 결혼한 지 40년이 넘었지만 지금까지도 여전히 활기 넘치는 결혼생활을 하고 있다.

사람마다 성격이 다르고 상황이 다르기 때문에 이 책의 내용 중에는 마음에 드는 내용도 있고 그렇지 않은 내용도 있을 것이다. 다만 내 말을 끝까지 들어주기 바란다. 당신이 이 책을 집어든 데는 나름의 이유가 있었을 것이다. 어쩌면 제목이 마음에 들었을지도 모른다. 단 5일 만에 새로운 남편을 얻을 수 있다는데, 한번 해볼 만하지 않은가? 모든 여자들은 실제로 자기 남자를 확 바꿔놓을 수 있는 능력을 가지고 있다.

'정말로 그게 가능할까?' 하고 의문이 들기도 할 것이다. '지금까지 노력을 안 해본 줄 알아? 아무리 노력해도 소용없더라. 그런데 이 심리학자라는 사람은 단 5일 만에 남편을 바꿔놓을 수 있다고?'

하지만 어떤가? 5년도 아니고, 5개월도 아니고, 5일인데…. 5일이면 속는 셈 치고 한번 해볼 만하지 않은가?

이 책에서 소개하는 원칙들은 확실히 효과가 있다. 이미 수천 쌍의 부부가 시도해서 대단히 성공적인 결과를 얻은 검증된 내용들이다. 무엇보다 좋은 점은 간단하다는 것이다. 여기서 제시하는 원칙들을 이해하기 위해 친구들과 열띤 토론을 벌일 필요가 없다. 당신의 남편은 매우 단순한 존재다. 여기에 제시된 것 중 한두 가지만 수행해보면 이 원칙이 얼마나 간단한지 깨닫고 깜짝 놀라게 될 것이다. 아마 그때쯤이면 당신은 친구들한테 전화를 걸어 이렇게 말할지도 모른다. "애, 너도 한번 해봐. 정말 기가 막히게 효과가 좋아!"

당신이 월요일부터 이 책에 소개된 원칙대로 잘 따른다면 아마도 금요일쯤에는 새로운 남편을 얻게 될 것이다. 그 다음부터는 남편은 당신을 위해 뭐든 다 해줄 것이다. 이 말이 무슨 말이냐면 정말 말 그대로 뭐든지 다 해준다는 말이다. 다른 말로 하면 당신을 감정적, 지적, 육체적, 영적으로 기쁘게 해주고자 하는 남편을 갖게 된다는 뜻이다. 그는 당신의 진정한 동반자가 되어 필요한 모든 일에 기꺼이 협력할 것이다.

이 책은 당신이 쉽게 따라 할 수 있는 간단한 작전서다. 물론 쉽지는 않겠지만 그 대신에 정말로 간단하다. 남편의 태도와 행동, 의사소통 방식에 생기는 변화에 당신은 깜짝 놀라게 될 것이다. 내가 약속할 수 있다.

이 모든 일은 당신과 나란히 결혼식장의 카펫을 밟으며 걸었던 바로 그 다리 둘 달린 생물체를 제대로 파악하는 데서부터 시작된다.

월요일

서로 다른 별에서 온 생명체

서로 다른 별에서 온 생명체

남자와 여자가 서로 다른 별에서 온 생명체인 것은 맞지만
그래도 서로 조화롭게 지낼 수 있는 방법이 있다.

"여보, 머스터드가 어디 있지?" 나는 부엌에서 냉장고 문을 열고 서
서 아내에게 물었다.

"냉장고 안에 있잖아." 방에 있던 아내가 대답했다.

나는 상체를 냉장고 안으로 더 깊숙이 밀어 넣고 찾아보다가 몸을
일으켰다.

"아니, 없는데."

"거기 있다니까." 아내가 단언했다. "오른쪽에 있어."

나는 한 번 더 쓸데없는 시도를 해보고는 다시 아내를 불렀다.

"정말 없어."

방에 있는 아내의 모습이 실제 보이지는 않았지만 한심하다는 표정

을 짓고 있을 게 분명했다. 사실 이런 장면은 우리가 결혼한 이후로 수도 없이 반복돼 온 장면이니 말이다.

아내가 빠른 걸음걸이로 부엌에 들어와서 내가 절망에 빠져 닫았던 냉장고 문을 다시 열고 내가 찾던 물건을 꺼냈다.

"당신이 찾던 게 설마 이건가?"

그녀는 내가 얼마나 멍청한 인간인지 알려주는 거만한 표정을 지으며 그렇게 말했다. 그러고는 고개를 절레절레 저으면서 방으로 돌아갔다.

남자들이 절대 못 찾는 물건을 여자들은 어떻게 그렇게 순식간에 찾아낼 수 있을까?

대학에 다니는 딸 한나의 룸메이트가 최근에 약혼을 했다. 나는 한나와 전화 통화를 하다가 그 사실을 알게 되었다. 나는 남자(아빠)들이 으레 하는 투로 이렇게 물었다.

"어, 그런데 뭐 새로운 소식은 없니?"

"아, 제 룸메이트인 베카가 약혼을 했어요."

"그거 참 잘됐구나." 내가 말했다.

그리고 끝. 그 주제에 관한 대화는 그게 전부였다. 그리고 바로 다음 주제로 넘어갔다.

다음날 샌디(내 아내)와 함께 차를 타고 가는데 한나가 엄마에게 전화를 걸었다. 샌디가 잔뜩 들뜬 목소리로 "어머, 정말 좋은 소식이네. 멋지다, 얘. 베카가 좋아서 어쩔 줄 모르겠구나!"라고 말하는 걸로 봐서 딸아이가 제 엄마에게도 똑같은 소식을 전한 것이 분명했다. 그리고 기나긴 대화가 시작되었다. 여기에서 어떤 질문들이 나왔는지 아는가?

"약혼자가 어디에서 반지를 줬대?"

"반지를 받고 깜짝 놀랐대?"

"언제 결혼한다니?"

"결혼식은 어디서 올릴 생각이래?"

"베카 부모님이 사윗감을 좋아하시니?"

"친구들끼리 베카를 위해 약혼 축하 파티를 열어줄 생각이야?"

"반지는 어떻게 생겼어?"

"네 마음에도 들디?"

"넌 걔 약혼에 대해 어떻게 생각하니?"

수화기 건너편에서 한나가 신나게 떠들어대는 동안에만 겨우 질문이 멈췄다. 나는 그저 빙그레 웃고 있을 수밖에 없었다. 남자와 여자의 의사소통 방식에는 확실히 차이가 있다. 한나와 나는 사이가 좋은 편이다. 우리는 자주 통화를 한다. 하지만 그 애가 자기 엄마와 소통하는 방식은 나와는 완전히 다르다.

어제도 이와 비슷한 상황을 목격했다. 어제 뉴욕 엘마이라^{Elmira}의 한 식당에 갔는데, 내 옆 테이블에 30대 중반쯤 돼보이는 부부 두 쌍이 자리를 잡고 있었다. 여자들은 마치 과잉행동장애를 가진 딱따구리처럼 끊임없이 떠들어댔다. 내가 식당에 머문 45분 동안 그들은 쉴 새 없이 온갖 제스처를 동원해가며 얘기를 계속했다. 그동안 남편들은 뭘 했느냐? 그들은 전형적인 남자다운 행동을 했다.

"날씨 좋은데?"

"그러네."

"수프가 맛있네."

끄덕끄덕.

나는 도저히 참지 못하고 나와 같은 테이블에서 차를 마시고 있던 동료(남자)를 쿡쿡 찌르며 말했다.

"저 여자들 보이나? 지금 자기들이 가장 잘하는 일을 하고 있군그래. 흉금을 터놓는 거 말이야."

그는 싱긋 웃었다.

우리는 여자들이 자리에서 일어나 팔짱을 끼고 언제 다시 만날지 얘기하며 걸어가는 모습을 지켜보았다.

"음, 화요일에는 아침식사가 괜찮고 수요일에는 점심이 좋아. 하지만 목요일에 아주 맛있는 수프가 나오니까 목요일이 어떨까?"

짤막하게 오간 몇 마디 외에는 계속 입을 다물고 있는 남편들이 뒤를 따라가는 동안에도 여자들의 수다는 멈출 줄 모르고 계속되었다.

나도 사람들과 잘 어울릴 줄 안다. 특히 세 살 때부터 사귄 절친한 친구가 있는 나는 정말 행운아라고 할 수 있다. 하지만 내 친구 문혜드와 내가 허심탄회하게 '흉금을 터놓으면서' 시간을 보내는가 하면 전혀 그렇지 않다. 우리는 낚시를 하거나 운동경기를 보러 간다. 이럴 때는 툴툴거리는 소리를 내거나 "야, 제대로 좀 해!"라며 소리를 지르는 것만으로도 충분하다. 하지만 우리 아내들은 어떤가? 그들은 언제나 '흉금을 터놓으며 서로를 보듬는' 분위기를 유지한다. 시시때때로 포옹을 나누는 것은 물론이고 말이다.

저녁 준비를 하는 데도 남녀 간의 차이가 드러난다. 내가 식사 준비를 할 때면 식사 코스 사이에 10분씩 휴식 시간이 있다. "옥수수 다 됐어!" 하고 외치면 다들 식탁으로 와 옥수수를 먹는다. 그리고 10분 뒤 "감자다!" 그리고 다시 20분은 더 지나서야 겨우 "자, 고기 요리가 다 됐다!" 이런 식이다.

이런 내 모습을 순식간에 맛좋은 스프레드를 만들어 아름답게 장식까지 해서 내놓는 사랑스러운 내 아내와 비교해보자. 더 충격적인 사실은 그녀가 요리를 할 때는 모든 음식이 동시에 준비된다는 것이다! (나는 차에서 뭔가를 찾으려면 라디오 볼륨까지 줄여야 하는 사람이다. 한마디로 멀티태스킹은 결코 내 특기가 아니다.)

이제 의심의 여지가 없다. 남자와 여자는 다르다. 그렇지 않다고 생각하는 사람은 당장 이 책을 덮는 편이 나을 것이다. 내가 하는 말을 이해하지 못할 테니 말이다. 오늘날 우리 사회에는 평등이 곧 '같음'을 의미한다는 그릇된 생각이 팽배해 있다. 물론 남자와 여자는 동등하다. 그러나 내가 확신하건대 절대로 같지는 않다.

 ## 동등하지만 같지는 않다

남자와 여자는 확실히 다르다. 뇌도 다르고 신체의 화학작용도 다르고 감정도 다르며 삶을 바라보는 관점도 완전히 다르다. 일례로 〈대

22

뇌피질〉 저널은 뇌에서 시각-공간 능력과 정신 공간 개념(수학이나 건축 같은 작업에 필요한 기술)을 조절하는 부분이 남자가 여자보다 6퍼센트 정도 더 크다고 보고했다. 뇌의 크기는 남자들 쪽이 아무래도 크지만 여자들 뇌에는 뇌 세포가 더 많이 들어 있다.

연구에 따르면 남자의 뇌와 여자의 뇌는 다르게 기능한다고 한다. 심지어 남자와 여자가 똑같은 작업을 할 때도 뇌의 서로 다른 부분이 활발한 반응을 보이며 기능한다는 것이다. 여자들은 양쪽 뇌 반구를 동시에 다 쓰는 반면 남자의 뇌 활동은 한쪽에서만 일어난다. 이 연구를 진행한 L. 카힐[L. Cahill]과 그의 동료들은 좌뇌의 기억활동은 여자들이 우세하고 우뇌의 활동은 남자들이 우세하다는 사실을 알아냈다.

좌뇌 기능	우뇌 기능
논리 지향적	감정 지향적
세부 지향적	큰 그림 지향적
사실에 집중	상상력에 집중
단어나 언어에 집중	상징이나 이미지에 집중
현재와 과거에 집중	현재와 미래에 집중
수학 및 과학 지향적	철학 및 종교 지향적
순서/패턴 지각이 뛰어남	공간 지각이 뛰어남
사물의 이름 인지	사물의 기능 인지
현실적	공상적
전략 구상	가능성 제시
실용적	충동적
안전 지향	위험 감수

남편이 어떻게 그렇게 긴 시간 동안 열심히 일할 수 있는지 경이롭게 여겼던 적이 있는가? 여러 연구 결과에 따르면 여자들은 남자에 비해 고통을 더 심하게 느끼고 고통이 지속되는 시간도 길다고 한다. (하지만 이런 것쯤은 당신도 이미 알고 있지 않은가?) 평균적으로 볼 때 당신은 두통이나 안면 통증, 구내염, 요통 등 다양한 질환을 남편보다 자주, 그리고 더 심하게 앓는다. 어쩌면 당신은 감기에 걸려도 알약 몇 알 꿀꺽 삼킨 뒤 계속 일상생활을 해나가는 반면(가벼운 통증을 참는 데는 이미 익숙해져 있으니까) 남편은 감기에만 걸렸다 하면 갑자기 어린아이로 돌변해 닭고기 수프를 먹고 싶다는 둥 오렌지주스나 체온계를 갖다달라는 둥 투정을 부리는 것도 바로 이 때문인지 모르겠다. 남자들은 여자들처럼 통증을 다스리는 방법을 모르는 것이다.

비키니 라인 바깥으로 드러난 부분만 놓고 보면 남녀의 신체는 기본적으로 똑같다며 우리를 계속 속이려 드는 연구자들이 몇몇 남아 있기는 하지만 대부분의 의사와 과학자들은 "우리는 중추 신경계부터 소화기관, 피부, 약물 대사 방식에 이르기까지 신체의 모든 계통에서 나타나는 남녀 간의 현실적이고 중요한 차이에 대해 얘기하고 있는 것이다"라는 컬럼비아 대학교의 메리앤 레가토Marianne Legato 교수의 의견에 동의할 수밖에 없다.

이런 차이가 결혼생활의 모든 부분에 영향을 미친다. 예를 들어 결혼생활을 하면서 성적인 문제를 겪는 남자는 31퍼센트밖에 안 되는 반면 여자들 중에는 이런 문제를 겪는 이들이 43퍼센트(거의 절반 가까운 수치다)나 된다. 한 연구를 통해 여자는 세 명 중 한 명이 섹스에 관심이 없지만 남자들 중 이런 말을 한 사람은 여섯 명 중 한 명꼴이라는 사실이 밝혀졌다. 그리고 남자들 가운데 섹스가 별로 재미가 없다고 말한 이들은 열 명 중 한 명꼴인 반면 여자들은 다섯 명 중 한 명꼴로 섹스가 재미없다고 고백했다. 오르가슴을 느끼지 못하는 남자는 극히 드문 반면 여자들 가운데는 이를 위해 끊임없이 애써야 하는 이들이 꽤 많다는 점을 생각하면 충분히 이해할 만한 일이다.

성적 욕구의 특징 또한 남녀가 서로 다르다. 이 문제를 전문적으로 연구한 연구자들이 남자의 성적 욕구는 '외부의 자극에 의해 보다 쉽게 촉발되고' (많은 여자들이 벌써부터 한숨을 쉬는 소리가 들린다) '평생 동안 끊임없이 지속된다'는 사실을 알아냈다고 해도 당신은 별로 놀라지 않을 것이다. 이것은 곧 당신의 남편 역시도 숨을 거두는 그날까지 외부의 자극에 쉽게 흥분할 것임을 에둘러서 말한 것이다! 연구에서 여자의 성적 욕구는 자발적으로 생겨나거나 주도성을 띠기보다는 상대방과 연관성을 가지고 그에 민감하게 반응한다는 사실도 입증되었다. 다시 말해 남편은 아내가 옷을 벗고 있는 것만 봐도 (아니면 입고 있어도) 성적 욕구가 커지는 반면 여자의 욕구는 파트너와의 상호작용을 통해 커진다는 얘기다.

남편이 당신과 이질적인 존재이자 괴짜, (그리고 때로는 분통을 터뜨리게 만드는) 지상 최고의 미스터리인 것은 너무나 당연한 일이다. 남자들이 어떻게 생긴 존재인지를 알면 지금보다 훨씬 만족스러운

> 남자와 결혼하는 것은 오랫동안 갖고 싶어 하던 가게 쇼윈도에 놓인 물건을 사는 것과 같다. 그것을 들고 집에 돌아갈 때는 좋아서 어쩔 줄 모르겠지만 그것이 집 안의 다른 물건들과 잘 어울리리라는 보장은 어디에도 없다.
>
> − 진 커Jean Kerr

관계를 맺는 데 큰 도움이 될 것이다. 한 가지 확실한 사실은 우리 사회는 이 문제에 있어 아무런 도움이 되지 않는다는 것이다.

 ## 유니섹스라는 사기

이 책은 때때로 '천사들조차 두려워 발을 들여놓지 않는' 영역까지 진출하기도 하는데 지금이 바로 그런 순간이다. 부디 성급하게 어떤 결론을 내리거나 이 책을 창밖으로 던져버리기 전에 내 말을 들어주기 바란다. 진심으로 새로운 남편을 얻고 싶다면 이 책을 계속 읽어야 한다.

내 생각을 있는 그대로 얘기하겠다. '남녀는 서로 똑같은 존재다. 전혀 다르지 않다'는 유니섹스 철학을 세상에 전파한 페미니스트 운동은 여자들에게 전혀 도움이 되지 않았다. 그러나 솔직히 말해 남자들에게도 책임이 있다. 남자들이 정말 훌륭하게 지도자 역할을 했더라면 이런 논쟁은 필요 없었을 것이다. 남자와 여자 모두 행복하게 조화를 이루면서 살았을 테니 말이다.

질문을 하나 하겠다. 만약 완벽한 결혼생활이라는 것이 가능하다면 그것은 어떤 모습일 것 같은가? 내가 시나리오를 하나 만들어볼 테니 당신도 한번 생각해보기 바란다.

완벽한 결혼생활에서는 남편과 아내가 친밀한 관계를 유지한다. 중요한 인생사에 대해 함께 결정을 내리고 결정을 내리기 전에는 충분한 대화를 나누며 날마다 서로에 대한 사랑과 존중을 표현하고 비난이나 비방, 비판에 대한 두려움 없이 무엇이든 얘기할 수 있다. 남편과 아내는 감정적으로 긴밀한 유대를 맺고 있다. 일 때문에 몇 주씩 서로 떨어져 지낸 경우에도 다시 집에 돌아오면 바로 그날 아침에 헤어졌던 사람들처럼 대화를 이어갈 수 있다. 이들은 건전하고 만족스러운 성생활을 즐긴다. 함께 지내는 시간은 추운 겨울날 포근한 스웨터처럼 편안하기만 하다. 자신이 상대방의 사랑과 관심과 존경과 감사를 받고 있으며 또 언제나 자기 말에 귀 기울여준다는 사실을 느끼면서 서로의 품에 포근히 안겨 있다. 남편과 아내가 서로를 완벽히 이해하고 있기 때문에 서로 말을 나눌 필요조차 없는 경우도 많다.

결혼의 핵심은 상대방에 대한 존중이며 존중은 늘 양방향으로 흐르게 마련이다. 그러나 오늘날의 문화는 언제 어디서나 남자들에 대한 비방으로 가득하다. 남자는 자기 아내는 물론이고 다른 누구에게서도 존중받지 못한다. 시트콤은 이들을 아무것도 이해하지 못하는 멍청이나 이리저리 달아날 궁리만 하는 어릿광대로 그려놓는다. 여주인공이 '곧 아이를 낳을 것'이라고 발표할 때도 아이 아빠나 남편에 대한 언급은 하지 않는다. 오늘날 이 사회에는 "남자가 대체 왜 필요해? 아무짝에도 쓸모가 없는 존재인데!"라는 생각이 만연해 있다. 그러니 남자들은 홀로 외롭게 떠돌면서 자기는 존경받지 못하고 자기를 필요로 하는 사람도 없는, 전혀 중요하지 않은 존재라는 생각을 하게 된다.

이런 심리 상태는 부부 관계를 굳건히 맺어줄까 아니면 갈라놓을까? 증가하는 이혼 통계만 봐도 답을 알 수 있을 것이다. 요즘에는 결혼한 부부 두 쌍 가운데 한 쌍은 이혼을 하고 평균적인 결혼 지속 기간도 겨우 7년밖에 안 된다. '우리 부부는 서로를 깊이, 정말 깊이 사랑하니까 절대 이혼하지 않을 것'이라고, '우리의 결혼생활은 절대로 위기에 처하지 않을 것'이라고 생각할까 봐 미리 해두는 말인데 다른 커플들도 각자 변호사에게 전화를 걸어 이혼 절차를 밟기 시작할 때로부터 7년 전에는 다들 그렇게 말했다.

그렇다면 당신은 어떤 점에서 그들과 다른가? 결혼생활을 유지하기 위해 어떻게 달라질 생각인가? 남편을 다른 사람의 침대가 아닌 당신의 침대에 계속 묶어두려면? 죽음이 두 사람을 갈라놓을 때까지 충만하고 흥미진진하며 만족스러운 결혼생활을 지속하려면?

"하지만 리먼 박사님, 전 결혼생활에 모든 걸 걸고 싶지 않아요. 그러니까 제 말은 원래의 제 모습대로 살고 싶다는 거예요. 제 정체성을 잃고 싶지 않다고요."

여자들이 이런 말을 하는 것을 얼마나 많이 들었는지 이제는 셀 수조차 없을 정도다. 나는 이런 태도를 가리켜 '결혼한 독신의 라이프스타일'이라고 부른다. 결혼을 하기는 했지만 남편과 이제 합법적으로 섹스를 할 수 있다고 알려주는 종잇조각 한 장 외에는 당신이 결혼했다는 사실을 전혀 알 수가 없다. '자신의 본모습을 잃지 않는' 데만 지나치게 신경 쓴 나머지 친밀한 관계나 감정적 약점, 관계의 투명성 등은 당신과 거리가 먼 얘기가 돼버린 것이다.

흥미롭게도 이런 여자들이 내가 운영하는 상담실을 찾는 이유는 그들의 결혼생활이 위기에 처했기 때문이다. 이들은 자신의 문제를 털어놓은 뒤 이렇게 말한다.

"남편이 내 몸이나 내가 자기를 위해 해주는 일들 때문이 아니라 지성과 창의성 같은, 여자로서의 내 진가를 제대로 알아줬으면 좋겠어요. ”

이 여자들에게 나는 집에서 평소와 다른 방식으로 남편과 상호작용
할 수 있는 방법을 몇 가지 알려준다. 그러면 그녀들은 항상 똑같은
반응을 보인다.

“설마, 농담이시겠죠. 남편을 기쁘게 해주라고요? 내가 왜 그래야
하는데요?”

내 대답은 이렇다.

“흠, 그럼 당신의 남편은 왜 당신을 기쁘게 해줘야 하나요?”

자, 이제 일이 어떻게 돌아가는지 보이지 않는가? 민주주의 사회에
서는 만약 누군가 나를 혹평할 권리가 있다면 나 또한 그 사람을 혹평
할 권리가 있다. 또 누군가 나를 기쁘게 해주고 싶지 않다면 나도 그
사람을 기쁘게 해줄 의무가 없다.

이것이 바로 결혼을 파국으로 몰아넣는 비법이다. '나는 독실한 신
자니까 나만은 예외일 것'이라고 생각해서는 안 된다. 역설적인 얘기
지만 바나Barna(기독교 전문 리서치 기관) 그룹의 조사에 따르면 독실한 신
앙생활을 하는 사람들의 이혼 비율이 더 높다고 한다.

따라서 오늘날에는 많은 부부들이 각자 별개로 행동하는 결혼생활
을 하고 있다. 욕실에 걸려 있는 한 쌍의 멋진 부부용 타월처럼 한동
안은 그런 방식으로 사는 것도 괜찮을지 모른다. 그러나 이런 생활이
몇 년씩 계속되면 한때 근사하던 타월도 점점 초라해 보이기 시작한
다. 올이 풀려 나달나달해지는 것이다. 부부가 따로 행동하는 결혼생
활도 마찬가지다. 남편과 아내가 모든 일을 혼자 하는 데 너무 익숙해
지면 이런 생각이 들기 시작한다.

'왜 이렇게 성가시게 살아야 하지? 그가(그녀가) 없어도 나 혼자 다 할 수 있는데 말이야. 이 결혼생활을 더 이상 지속할 필요가 없겠어.'

〈USA 투데이[USA Today]〉의 기사에 따르면 서른 살 이하의 부부 가운데 42퍼센트만이 자동차 같은 값비싼 물건을 구입할 때 서로 의논한다고 한다. 남편이 원하는 물건이 있으면 그냥 산다. 아내가 원하는 물건이 있어도 그냥 산다. (흥미로운 사실은 예순다섯 살 이상의 부부들 가운데 대부분의 중요한 결정을 함께 내린다고 답한 이들은 전체의 3분의 1밖에 안 됐다.) 상황이 이러니 요즘 부부들 가운데 상당수가 심각한 재정 문제를 겪고 있는 것도 당연하다 하겠다.

그렇다면 유니섹스 사회에서 벌어지는 이런 치열한 권력 투쟁의 한가운데에서 실제로 주도권을 차지하게 될 사람은 누구일까? 그야 물론 여자들이다! 그리고 놀랍게도 남자들은 이를 놓고 싸움을 벌이지 않는다. 〈USA 투데이〉의 또 다른 기사를 보면 실제로 가정에서 우위를 차지하고 있는 것은 여자들이라고 한다.

일반인 1,260명을 대상으로 전형적인 미국 가정의 네 가지 결정 분야에 대한 조사를 실시한 결과, 여자가 최종 결정권을 가진 경우가 전체의 43퍼센트로, 남자가 가진 경우보다 거의 두 배 가까이 많았다. 아이오와 주립대학교 에임스[Ames]에서 결혼 및 가족 요법 프로그램의 책임자로 일하는 메건 머피[Megan Murphy]는 이렇게 말한다. "우리 사회에는 남자들이 집안의 가장으로 중요한 결정을 내린다는 통념이 있는데 내 경험에 의하면 실생활에서는 그렇지가 않다."

당신은 정말로 남편과 '같아지고' 싶은가? 아니면 당신을 자기 인생의 대등한 동반자로 보아줄 사람, 자기와 같지 않지만 당신이 지닌 차이점이 놀라운 힘을 발휘해 함께 있으면 즐겁기 때문에 당신을 소중히 여기는 그런 남자를 원하는가? 그는 당신의 지혜를 빌리고 싶어 하고 비판을 두려워하지 않으면서 당당하게 당신의 의견을 묻는 그런 남편이 될 것이다. 그는 또 당신을 위해 무슨 일이든 다 해줄 남편이 될 것이다. 쓰레기도 밖에 내놓고(부탁하지 않았는데도) 당신이 친구들과 함께 밤 외출을 할 수 있도록 아이들도 돌봐준다. 그는 당신이 늘 꿈꿨던 반려자가 될 것이다. 당신의 말에 귀 기울이고 당신의 지성과 생각을 높이 평가하며 당신을 흠모하는 그런 반려자가 될 것이다. 그리고 당신을 사랑하는 그 남자는 평생 동안 당신 곁을 떠나지 않을 것이다. 눈부시게 빛나는 갑옷을 입은 기사가 돼주고 영혼의 반쪽이 돼줄 것이다.

결론적으로 당신이 정말 원하는 것이 바로 이런 것 아닌가? 그러니 이 책의 나머지 부분에서는 집안에서 누가 어떤 일을 해야 하고 누가 그 일을 하지 않는지 등에 대한 선입견은 던져버리고 당신이 결혼한 이 피조물에 대해 자세히 알아보는 것이 어떻겠는가? 그럴 만한 가치가 충분히 있을 것이라고 약속한다.

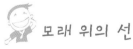 **모래 위의 선**

우리 사회는 지난 몇십 년에 걸쳐 남자의 역할을 교묘하게 정의해

놓았다. 이 시대에 새롭게 등장한 '감수성이 예민한' 남자들은 여자의 마음을 읽는(어떤 방식으로든 여자의 직감을 이해하는) 능력이 있으며 서로 꼭 껴안고 대화를 나누며 저녁 시간을 보내는 것을 좋아한다고들 생각한다.

하지만 남자에게 있어 여자와 꼭 끌어안고 대화만 나누면서 보내는 저녁 시간이란 물고기가 나무에 기어 올라가는 것만큼이나 부자연스러운 일이다. 남자들끼리 모여 시간을 보낼 때면 남자들은 자기가 하는 일이나 돈, 날씨, 주식시장, 지역 스포츠 팀 등 자기에게서 한 발짝 떨어진 일들에 대한 얘기를 나눈다. 한 친구가 자기 아내가 막 아기를 낳았다고 말하면 그를 진심으로 축하해 주기는 해도 "아기 몸무게가 얼마나 나가? 4.1킬로그램? 정말이야? 엄청나게 크잖아! 그럼 키는 얼마나 되는데? 56센티미터? 키도 아주 크네! 분만 과정은 어땠는지 얘기해줘. 몇 시간이나 진통을 한 거야?" 같은 질문은 던지지 않는다. 그런 식의 생각이나 말은 남자들의 방식이 아니다. 사실 남자들은 아기 아빠가 뿌듯해하며 직접 말하기 전까지는 아기가 아들인지 딸인지 물어보는 것조차 잊어버리기도 한다.

남자는 육체적인 존재다. 남자들은 겉으로 드러난 육체적인 부분에 마음이 끌린다. 이 말뜻을 이해할 수 있는 예를 하나 들어보자. 가족을 제외하고 당신이 가장 존경하고 신뢰하는 남자를 한 명 떠올려보

32

라. 이제 사교적인 자리에서 그 남자를 만나는 상황을 가정하자. 나는 그가 0.2초도 채 안 되는 시간에 당신을 머리끝부터 발끝까지 살펴본 뒤 그중 주목할 만한 부분까지 모두 파악할 것이라고 장담할 수 있다. 내 말을 못 믿겠다고? 남편에게 물어보면 알 것이다.

물론 고결한 남자라면 머릿속으로 당신의 옷을 벗기거나 하는 짓은 하지 않는다. 또 자기 아내하고만 해야 하는 일을 당신과 함께 하는 장면을 상상하지도 않을 것이다. 그러나 당신의 외모에 관심을 가지는 것만은 분명하다. 그것이 바로 남자들의 생리다. 당신의 기분을 상하게 할 생각은 없다. 추파를 던지거나 노골적인 평을 하지 않는 방법도 배울 수 있다. 그러나 대부분의 남자들이 여자에게 시선을 보내는 것만은 막을 길이 없다.

그러니 전 세계의 모든 남자들을 대신해 내가 모래 위에 선을 하나 긋겠다. 나는 더 이상 터퍼웨어^{Tupperware}(식품 저장용 플라스틱 용기) 파티에 가지 않을 것이다. 키시^{quiche}(달걀, 우유에 고기, 야채, 치즈 등을 섞어 만든 파이의 일종)도 먹지 않겠다. 또 섹스와 미식축구가 신과 인간이 각각 만들어낸 가장 위대한 두 가지 발명품이라고 생각한 것에 대해 사과하지 않을 생각이다. 어쩌면 오늘 오후에는 빨간 신호등에 걸려 멈춰 섰을 때 창밖으로 침을 뱉을지도 모른다.

나는 이제 '여성스러운 자아'와 접촉하는 데 넌덜머리가 난다. 남자로서의 자아를 있는 그대로 좋아하고 싶으니 그냥 놔둬줬으면 좋겠다. 남자인 내 몸에도 내가 홀딱 반해서 자랑스럽게 여기는 부분이 있다.

이것이 진실이다. 이런 얘기를 다 털어놓으면서까지 내가 당신에게 바라는 것이 무엇일까? 한마디로 말해 남편이 남자의 본성대로 행동하는 것을 비난하지 말라는 얘기다. 테스토스테론에도 나름의 장점이 있다. 그것이 없다면 꽉 닫힌 마요네즈 병의 뚜껑을 어떻게 열겠는가? 그러나 남자로서 얻는 이점이 있으면 여자들을 짜증나게 만드는 '결점' 또한 따라오게 마련이다. 예컨대 남자들은 당신이 알고 있는 것보다, 혹은 알고 싶어 하는 것보다 섹스에 대한 생각을 훨씬 더 많이 한다. (혹시 알고 싶은 분들을 위해 말하는데 여자들보다 섹스에 대한 생각을 서른세 배나 많이 한다.) 남자들은 입 밖으로 꺼내는 단어 수에 있어서는 절대 여자들을 따라잡을 수 없다. 그렇게 말을 많이 할 수 있는 능력이 없다고 해야 할 것이다.

남자아이들의 주의 범위는 여자아이들과 크게 다르다. 남자아이들은 어떤 대상에 주목하는 시간이 여자아이들보다 짧다(그리고 더 활동적이다). 집중력은 강하지만 훨씬 빨리 싫증을 낸다. 남자아이들의 뇌는 공간 안에 있는 한 물체에서 다른 물체로 재빨리 관심을 옮기도록 돼 있다. 이 말은 여자아이들에 비해 받아들이는 감각 정보의 양이 적다는 의미이기도 하다. (당신이 머리를 새로 했는데도 남편이 잘 알아차리지 못하는 이유가 바로 이 때문인지도 모르겠다.) 남자아이들 중에는 글을 잘 못 읽는 아이가 여자아이들보다 세 배나 많고 언어능력 발달도 1년 정도 뒤처지는 경우가 대부분이다.

남자는 여자와 다르고 남자들은 대부분 그렇게 다른 부분들을 좋아한다. 나는 식당에서 화장실에 갈 때마다 내 뒤를 따라줄 지원 부대를 소집할 필요가 없어서 좋다. 화장실에는 혼자 가는 편이 훨씬 좋으니까 말이다. 또 여자들도 다른 TV 채널에서는 뭘 하는지 보려고 끊임없이 채널을 돌려대지 않고 한 프로그램에만 집중할 수 있는 능력이 있어서 정말 행복하리라 생각된다.

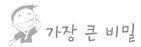 ## 가장 큰 비밀

그러나 당신이 남편에 대해 알아야 할 가장 큰 비밀이 하나 있다. 이건 정말 중요한 사실이기 때문에 당신이 이 부분을 절대 놓치지 않도록 책 편집자에게 더 큰 활자로 인쇄해달라는 부탁까지 했다.

그는 좋은 남편이 되고 싶어 한다.
그는 당신을 기쁘게 해주고 싶어 한다.
하지만 그 방법을 모를 뿐이다.
그에게는 당신의 도움이 필요하다.

놀랐는가? 분명 그랬을 것이다. 내가 하는 말은 전부 진실이다. 결혼한 지 10년이 지난 부부라도 남편들은 여전히 계속 배우는 중이다. 그가 남자로서 살아온 세월이 몇 년이든 결혼하기 전에는 그저 남자아이였을 뿐이다. 그는 자기가 여자아이들을 좋아한다는 사실을 처음 깨달았을 때 그 특별한 소녀의 관심을 끌 수 있는 가장 좋은 방법은 거칠게 밀치거나 어깨를 치는 것임을 알아차렸다. 어쨌든 열 살짜리 소년은 그런 식으로 행동한다. 그것이 자기가 아는 유일한 관심 표현 방법이기 때문이다.

남자아이들은 처음부터 육체적인 존재다. 아들이 없거나 이것이 진짜인지 확신이 가지 않는다면 가끔 운동장 주변에 앉아 아이들이 노는 모습을 지켜보라. 직접 사내아이들을 관찰하는 것이다. 여자아이들이 태클을 걸거나 다른 아이의 등에 껑충 뛰어오르거나 공을 뺏으려고 운동장을 데굴데굴 구르면서 서로 맞붙어 싸우는 모습을 본 적이 있는가? 없을 것이다. 반면 세상 남자들 가운데 어렸을 때 친구들과 누가 더 멀리까지 오줌을 싸는지 시합을 해보지 않은 사람도 없을 것이다. 남편에게 한번 물어보라.

남자아이와 여자아이는 서로 다른 방식으로 놀고 행동한다. 이들은 자라는 동안에도 서로 뚜렷하게 구별되는 피조물이었고 결혼한 뒤에도 그런 모습에는 변함이 없다. 다음 장에서는 남자라는 생물, 즉 당신의 남편에 대해 자세히 얘기를 나누면서 그가 어떻게 지금과 같은 모습을 갖추게 되었는지 알아볼 것이다. 그러나 지금 여기에서는 남자가 매우 단순한 생물이라고만 말해두면 충분할 것이다. 이들은 인생의 단순한 부분에 반응하며 접촉의 위력에 반응한다. 자존심을 높여주고 자신이 중요한 사람인 것처럼 느끼게 해주는 말에 반응한다. 계속해서 주위의 비난을 받는 요즘 같은 환경에서 살아가는 남자들에게는 이것이 특히 중요하다. 오늘날에는 여자가 남자에게 긍정적인 방향으로 다가가면 틀림없이 그의 관심을 끌 수 있을 것이다!

대부분의 남자들은 그 무엇과도 관련을 맺지 않은 채 외딴섬처럼 살아간다. 매일같이 그들은 회사에 출근하고 가족을 부양하기 위한 자신의 역할을 다한다. 그들은 자신만의 내면세계에 살면서 다른 이들과 감정적인 관계를 맺지 않는다. 그러나 계속해서 뭔가(세금 납부일이 다가오고 있다든가 하는 일)를 생각한다. 내 머릿속에도 항상 그런 생각들이 차 있고 그 생각이 나를 짓누른다. 그러나 내 아내는 그런 것들에 대해 생각하지 않는다. 내가 얘기를 해줘도 나처럼 중요하게 여기지 않는다.

월요일에 할 일

1 남편에 대한 기대를 버린다.
2 **평가**: 그는 당신과 얼마나 비슷한가? 얼마나 다른가?
3 과거를 돌이켜보자. 처음에 남편의 어떤 점에 매력을 느꼈는가? 매력을 느낀 부분을 적어 목록을 만든다.

따라서 당신이 볼 때는 남편이 아무 생각이 없는 것 같아도 사실 그는 집 밖에서 벌어질 당신의 미래에 대해 매우 골똘히 생각하고 있는 것이다. 그는 침실을 어떻게 꾸밀 것인지, 딸아이의 새 신발을 사주려면 어느 상점에 가야 하는지, 식료품 쇼핑 목록에 어떤 종류의 샐러드드레싱을 집어넣을지 등에 대해서는 생각하지 않는다. 아마 그는 회사를 계속 유지하기 위해서는 봉급을 5퍼센트 삭감해야 할지 모른다고 한 상사의 말을 떠올리거나 그로 인해 발생하게 될 가족의 생계비 절감 방안을 미리 빈틈없이 계획하고 있을지도 모른다. 하지만 그는 모든 계획이 완벽하게 정리되기 전까지는 이 얘기를 당신에게 하려고 하지 않을 것이다. 왜냐하면 그것은 남자들의 일이라고 생각하니까. 그들은 문제를 해결하는 데 열중한다.

여자들이 '부부가 함께 의논해야 할 문제'라고 생각하는 일들에 대해 당신이 화를 내지 않도록 적절한 예를 하나 들어보겠다. 최근 다섯 명의 여자들(두 명은 전업주부, 한 명은 집에서 파트타임으로 일하고, 다른 두 명은 회사에서 풀타임으로 일하는)에게 점심을 먹는 동안 무슨 생각을 하느냐는 질문을 한 적이 있다. 어떤 대답이 나왔을까? 이들 모두 여러 가지

해야 할 일들에 대해 생각했는데 그 대부분이 세탁소에 맡긴 옷 찾기, 식료품 사기, 휴가를 보낼 장소 정하기, 정말 효과가 좋은 카펫 세척제 찾기, 아이에게 신길 새 신발 사기 등 집안일과 관련된 것이었다. 직장에서 풀타임으로 일하는 여자들 가운데 한 명은 회사 CEO고 다른 한 명은 은행 부사장이었는데도 점심을 먹는 동안에는 일에 대한 생각을 하지 않았다. 이들은 회사에 나와 일하는 동안에도 집에 필요한 일들을 처리하고 적절한 계획을 세우려고 애썼다.

이제 당신에게 묻겠다. 당신 생각에는 점심을 먹는 동안 이런 일들을 생각하는 남자가 있을 것 같은가? 그렇지 않다. 남자들은 한 가지 일에만 집중하는 경향이 있기 때문이다. 당신이 남편에게 새로운 정보를 알려줘도 "응? 뭐라고?" 하는 표정만 보게 되는 것도 이런 이유에서다. 그들은 지금 무슨 생각을 하든 그 세계에 깊이 빠져 있기 때문에 그곳에서 재빨리 빠져나와 당장 눈앞에 놓인 새로운 일을 처리하는 것은 불가능하다.

남녀 사이의 차이에 대한 세미나를 개최할 때마다 나는 이런 질문을 한다.

"여기 계신 남자분들 중에 오늘 저녁 메뉴가 뭔지 아시는 분 계십니까?"

그러면 다들 멍한 눈빛으로 나를 쳐다본다. 손을 드는 남자는 단 한 명도 없다.

그 다음에는 여자들에게 질문한다.

"그러면 여자분들 중에 오늘 저녁 메뉴가 뭔지 아시는 분은?"

청중들 가운데 여자 대부분이 손을 든다. 그러면 나는 이렇게 덧붙인다.

"아마 벌써 냄비에 저녁 메뉴를 앉혀놓고 오셨겠죠? 뿐만 아니라 함께 내놓을 다른 음식들에 대해서도 이미 다 계획을 끝내셨을 거라 생각합니다."

이 말에 다들 웃음을 터뜨린다. 내가 말하고자 하는 바는 명확하다. 여자는 한꺼번에 여러 가지 일을 효율적으로 해낼 수 있다. 때로 남자들이 깜짝 놀라는 것도 당연하다. 여자들이 너무나 효율적으로 일을 해내기 때문에 우리 남자들은 과연 여자들의 세계에 우리가 필요하기나 할까 의문이 들 때도 있다.

 남편이 당신에게 정말 원하는 것

남자들은 여러 가지로 복잡한 여성들에 비하면 정말 단순한 존재다. 남편이 당신에게서 원하는 것은 단 세 가지뿐인데 다음과 같은 순서대로다.

1. 그는 존경받기를 원한다.
2. 그는 필요한 존재가 되기를 원한다.
3. 그는 충족감을 느끼기를 원한다.

존경
존경이나 존중은 모든 인간에게 매우 중요한 문제다. 그러나 특히 남자에게 중요하고 오늘날과 같은 사회에서는 더욱 그렇다. 남자들을 광대로 묘사하며 희화화하는 이런 사회에서 수많은 남자들이 조용히 배경에 묻혀 살거나 소파에 누워 TV나 보면서 뒹구는 것도 당연한 일이다. (그들의 이런 태도를 눈감아주거나 그들을 위해 대신 변명을 해주려는 것은 결코 아니지만 그들이 왜 이런 태도를 보이는지 그 이유를 이해한다는 뜻이다.) 이렇게 생각해보자. 당신이 하는 일마다 모두 뛰어나기 때문에 남편이 하는 일이 상대적으로 빛을 잃는 것이다. 당신은 아기 기저귀를 갈면서 전화 통화를 하고 아기의 뺨에 입을 맞추면서 남편을 위해 진료 예약을 하는 일을 동시에 할 수 있다. 그것도 단 2분 만에 말이다. 아마 당신 남편이라면 그 시간에 병원 전화번호가 나와 있는 전화번호부나 간신히 찾을 수 있을지 모르겠다.

일터에서도 의사, 변호사, 조종사, CEO의 길을 걷는 여자들이 점점 많아지고 있는데 이것은 당연한 일이다. 당신은 어떤 일에든 놀라운 수완을 발휘해서 남자들은 상상도 못 할 만큼 많은 일을 해내고 손쉽게 높은 자리로 올라가는 것이다.

자기 아내에게 무시당한다고 느끼는 남자는 뒤로 물러나 앉아 이렇게 생각한다.

'절대 도와줄 필요 없어. 어차피 내가 잘못한 부분을 꼬집으면서 좀 잘해보라고 잔소리나 할 텐데 뭐. 그녀를 만족시키는 건 절대 불가능한데 뭐 하러 힘들게 노력해?'

그래서 그는 해야 할 일이 너무 많아 미칠 지경이 된 자기 아내가 바쁘게 돌아다니는 동안에도 바보상자 앞에 멍하니 앉아만 있는 것이다.

그러나 아내에게 존경받는다고 생각하는 남자는 자기 아내가 여러

저는 박사님이 우정에 대해 하시는 말씀을 듣기 전까지 남편이 저를 얼마나 필요로 하는지 몰랐어요. 그러다가 퍼뜩 깨달았죠. 남편에게 친한 친구가 한 명도 없다는 사실을요. 그는 심지어 자기 형이나 누나와도 가깝게 지내지를 않아요. 남편은 저 외에는 그 누구하고도 얘기를 나누지 않습니다. 세상에! 박사님도 지적하신 것처럼 이건 정말 끔찍할 정도로 무거운 책임입니다. 저 말고 또 누가 자기 남편의 좋은 친구가 돼주는 문제를 놓고 고민하겠어요? 그래도 덕분에 그가 내 인생에 얼마나 필요한 사람인지 그리고 내가 그를 얼마나 존중하는지 알려줘야 한다는 사실을 깨달았어요. 물론 항상 결심한 대로 실행한 것은 아니지만 그래도 제 노력이 결실을 맺었어요. 남편이 이제 제시간에 퇴근할 뿐만 아니라 보름마다 집에 가져오는 봉급까지 올랐거든요. 그는 영업사원이라 항상 여기저기 돌아다니면서 영업을 하는데 갑자기 실적이 훌쩍 뛴 거예요. 아무래도 전보다 훨씬 자신감이 생긴 덕분인 것 같아요.

– 콜로라도 주에서, 티나

가지 일들을 마술처럼 척척 해내는 모습을 바라보면서 더없는 놀라움과 감사의 마음을 느낀다. 그리고 그 마음을 이런 말로 표현한다.

"오늘 하루에 이렇게 많은 일을 해내다니 믿어지지 않을 정도야. 당신 정말 대단해."

그리고 여기서 한 걸음 더 나아가 "그런데 내가 뭐 도와줄 건 없어?"라고 묻는다.

솔직하게 말하자. 남자들이 하루에 하는 일은 여자들이 날마다 해내는 일과 비교하면 거대한 모닥불 앞에 초라하게 흔들리는 촛불 정도도 되지 못한다. 더욱 놀라운 사실은 여성들 가운데 72퍼센트는 집안일을 도맡아 하는 동시에 밖에 나가서도 일을 하면서 세상이 계속 돌아가게 만든다는 것이다! 당신은 어떤 일이든 전혀 힘들이지 않고 해내는 것처럼 보인다. 여자들은 절대 시들지 않는 기억력을 지니고 있다. 그 모든 생일과 기념일, 그리고 서명해서 아이들 학교에 보내야 하는 서류까지 빠짐없이 제때 다 처리하는 것을 보면 알 수 있다. 남자들 같으면 감히 꿈도 꾸지 못할 일이다.

남자들에게 무엇보다 존중이 필요한 것도 바로 이 때문이다. 남자들은 자기 아내를 기쁘게 해주고 싶어 한다는 사실을 기억해달라(남자들의 내면에는 엄마를 기쁘게 해주고 싶어 하던 어린 소년의 모습이 그대로 남아 있다). 하지만 남자들이 평소에 하는 일에 있어서는 결코 자기 아내와 대적하지 못한다는 사실을 잘 안다. 그래도 남자들 내면에 깃들어 있는 어린 소년은 자기 아내로부터의 존중을 갈망한다. 아내가 자신을 '사실은 능력 있고 가치 있는 인간'이라고, 아내의 삶에 중요한 존재라고 생각해주기를 바란다.

제 헤픈 씀씀이 때문에 현재 저희 가족은 매우 심각한 경제 상황에 처해 있습니다. 사실 남편이 여러 해 전부터 제게 단호한 태도를 취했어야 했어요. 남편을 존중하는 것이 얼마나 중요한 일인지 강조하시는 말씀을 듣고 확신했습니다. 전 그동안 이기적으로 굴면서 저와 아이들을 부양하기 위해 열심히 일하는 남편을 전혀 존중하지 않았어요. 절대 과장하는 게 아닙니다. 남편은 방마다 돌아다니면서 제가 귀찮아서 그냥 켜둔 전등을 끄곤 했어요. 전 결국 남편에게 사과했습니다. 그리고 앞으로 더 잘하겠다고 말했죠. 전 지금까지 한 번도 스스로를 자제하며 살아본 적이 없는데 이제 드디어 노력하고 있습니다. 남편에게 가계 예산 세우는 것을 도와달라고 부탁하고 또 재정 전문가가 쓴 책의 오디오 CD도 몇 개 구입했습니다.

남편과 저는 이제 가계 경제 문제를 해결하기 위해 함께 노력하고 있습니다. 힘든 일이고 또 제가 잘하는 일도 아니지만 꾸준히 배우고 있는 중이에요. 그리고 이렇게 최선을 다하다 보니 남편도 지금까지와는 180도 달라진 태도로 저를 대하네요. 그의 눈빛을 보면 알 수 있답니다.

– 테네시 주에서, 매기

존중 이외에는 결혼을 떠받쳐줄 만한 것이 없다. 토대가 없는 것이다. 도저히 남편을 존경할 수 없는 사람은 차라리 지금이라도 결혼생활을 그만두는 편이 낫다. 도저히 잘될 가망이 없으니 말이다.

남편에 대한 존경 뒤에는 더 큰 문제가 도사리고 있다. 당신이 원하는 방식대로 남편이 당신을 사랑하려면 당신의 존중이 필요하다. 그가 당신의 존중하는 마음을 느끼지 못한다면 그는 상처를 입을지도 모르는 위험을 무릅쓰고 자신의 거북이 등껍질 속에서 나와 당신을 사랑하려 들지 않을 것이다.

반면 아무리 봐도 존경할 만한 부분이 없어 존경을 받지 못하는 남편도 있다. 무례하고 거칠고 남을 함부로 대하는 남자들 말이다. 이런 남자들은 자기 아내를 비롯한 모든 여자를 신발 먼지를 터는 현관 깔개쯤으로 여긴다. 자기 아내를 전혀 존중하지 않는다는 것은 평소에 아내를 대하는 모습을 보면 분명하게 드러난다. 당신이 만약 그런 상황에 처해 있다면 이 책을 계속 읽어야 한다. 이런 태도를 참아낼 필요가 없다. 하느님은 현관 깔개 노릇이나 하라고 당신을 이 세상에 보낸 것이 아니다. 당신은 가치 있고 소중한 사람이다. 다음 장에서는 남편의 이런 태도와 맞서 싸우려면 어떻게 해야 하는지에 대해 많은 도움을 받을 수 있다. 이런 태도는 근절해야 마땅하니 말이다.

그러나 보통의 남편들은 아내를 기쁘게 해주고 싶어 한다. 다만 그방법을 잘 모를 뿐이다. 당신이 여러 방면에서 남편보다 더 뛰어난 것은 사실이지만 그렇다고 남편에게 시도할 기회조차 주지 않을 이유는 없지 않은가? 일례로 나는 한 살짜리 아들의 기저귀를 처음 갈아준 아빠를 본 적이 있다. 아장아장 복도를 걸어가는 동안 아빠가 채워준 기저귀가 천천히 흘러내리기 시작하더니 곧 기저귀가 벗겨져 알몸이 된 아기는 매우 즐거워하며 복도를 달려가 엄마의 품에 안겼다. 이때 그의 아내가 어떻게 했는지 아는가? 그녀는 눈썹을 꿈틀거리며 남편을 쳐다보더니 웃으며 아기를 안아 올리면서 이렇게 말했다.

"그렇게 빨리 달리면 못 써. 아빠가 다시 기저귀를 채워주려고 기다리고 계시잖니."

그리고 아내는 아랫도리가 홀딱 벗겨진 아이를 남편에게 건네주면서 귀에 대고 속삭였다.

"처음 치고는 아주 잘했어. 가능하면 당신도 저렇게 아랫도리를 벗고 있는 모습을 보고 싶은데? 우리 한번 계획을 세워볼까?"

정말 현명한 아내다. 그녀는 어떻게 이 상황을 처리했는가? 도와주려는 남편의 노력(매우 비효율적이기는 하지만)을 존중하고 그 노력에 대한 보상을 약속했다. 앞으로 집에 다른 할 일이 생겼을 때 그 남편이 열심히 도와줄 것 같은가? 물론이다. 그리고 그 일을 하는 동안 입이 귀에 걸리도록 웃으면서 생각할 것이다.

'와, 정말 대단한 여자야. 그리고 난 그런 여자가 선택한 남자고.'

이런 남자가 회사에서 자기를 칭찬한 여자 동료에게 마음이 끌릴 것 같은가? 아니다. 그는 짧게 감사 인사를 하고 그냥 지나칠 것이다. 자기 아내가 기다리는 집으로 얼른 돌아가고 싶어 몸이 근질거리니까.

이쯤 되면 독자 중에는 이렇게 말하는 사람도 있을 것이다.

"좋아요, 리먼 박사님. 그 얘기는 그만하시죠. 박사님이 지금까지 하신 말씀은 모두 새 남편을 얻기 위해 내가 해야 할 일에 관한 것이

Q ▪ 제 남편은 통 아무 데도 가려 하지 않습니다. 그냥 집 안에서 어슬렁거리는 것을 좋아하죠. 우리 친구 하나가 한 달쯤 뒤에 대규모로 바비큐 파티를 여는데 우리가 아는 사람들은 전부 다 간대요. 오랜만에 친구들과 만나 어울릴 수 있는 좋은 기회니까요. 그런데 제 남편은 "아니, 난 안 갈 거야"라고 하네요. 그는 가끔 엄청나게 고집을 부릴 때가 있어요. 어떻게 해야 부부가 함께 친구들과 어울리는 일이 저한테 중요하다는 사실을 남편에게 인식시킬 수 있을까요?

A ▪ 남편과 함께 데이트를 할 때면 주로 어떤 일을 하십니까? 주로 친구들과 함께 어울리시나요, 아니면 저녁을 먹거나 영화를 보거나 공원을 산책하는 등 둘만의 조용한 시간을 보내시나요? 아마 댁의 남편은 사교적인 모임을 별로 좋아하지 않는 내성적인 사람인 듯합니다. 그 반면 당신은 여기저기 돌아다니거나 여러 사람들과 함께 어울리는 것을 좋아하는 활발하고 사교적인 성격이라면 결혼생활에 문제가 생길 수 있습니다.

남편과 대화를 나눠보시는 게 어떨까요? 친구들과 함께 시간을 보내는 것이 당신에게 얼마나 중요한 일인지, 또 그럴 때 남편이 당신 옆에 있어주는 것이 얼마나 의미 있는 일인지 얘기하는 겁니다. 만약 남편이 '바비큐 모임에 함께 가줄 수는 있지만 잠깐만 있다가 오고 싶다'고 말하면 평소처럼 4시간씩 머무는 대신에 1시간 반만 있다가 오자고 하세요. 남편이 신호를 보내면 바로 그 자리를 뜨겠다고 말이에

요. 그래도 싫다고 하면 이렇게 말해보세요. "여보, 난 물론 당신의 결정을 존중해. 이런 일 싫어하는 거 잘 아니까. 하지만 그래도 가고 싶어서 해본 말이야. 그러면 나 혼자 두어 시간 정도 갔다 온 뒤에 당신이 고른 영화를 같이 보는 건 어때?"

남편이 사교적인 모임을 별로 좋아하지 않고 결혼할 때부터 계속 그랬다면 그의 사정을 이해해줘야 합니다. 그가 불편함을 느끼면서 뒤로 물러나 있거나 부루퉁해질 만한 상황에 억지로 끌어들여서는 안 됩니다. 그가 바비큐 모임에 함께 가는 것이 그럴 만한 가치가 있는 일일까요?

또 바비큐 모임에 참석하는 사람들이 당신의 친구인가요, 아니면 두 사람 모두의 친구인가요? 여기에는 큰 차이가 있습니다. 만약 당신은 대학에 강의를 나가 주위에 고등교육을 받은 사람들이 많은 반면 남편은 디젤 기계류를 취급하는 상점에서 일하기 때문에 항상 육체노동자들하고만 어울린다면 당신이 동료나 친구들에게 둘러싸여 있을 때 남편이 소외감을 느낄 가능성도 있습니다.

남편이 예전에는 꽤 사교적이었는데 최근 들어 다른 이들과 어울리는 것을 싫어하게 된 경우라면 부드럽게 탐색전을 벌여보는 것도 한 방법입니다. "여보, 요새는 친구들과 어울리는 것을 별로 안 좋아하는 것 같네. 내가 잘못 생각했을 수도 있지만 뭔가 마음에 걸리는 게 있거나 나한테 털어놓고 싶은 문제가 있는지 알고 싶어."
이런 방법들을 한번 시도해보세요.

었어요. 그러면 남편은요? 결혼생활을 유지하기 위해 그가 해야 할 일은 없나요?"

물론 그도 할 일이 있다. 그러나 한 가지 조건이 있다. 그는 당신이 자기에게 주어진 일을 하기 전까지는 절대로 자기 몫을 하려 들지 않을 것이다. 과연 상대에게 받아들여질지 알 수 없는 상태에서 어떤 일을 시도하는 것은 남자인 그에게 너무 위험한 일이기 때문이다.

직장에서 당신을 화나게 만든 멍청이들에 대해 얘기하는 동안 참을성 있게 귀 기울여주는 남편을 원하는가? 남편에게 무슨 말이든 털어놓을 수 있고 또 그가 전부 이해해주기를 바라는가? 그가 항상 당신 편을 들어주었으면 좋겠는가? 남편에게 그런 얘기를 털어놓는다고 해서 그가 반드시 그 문제를 해결해주기를 바라는 것은 아니지 않는가? 어쨌든 당신은 현명한 여자니까 스스로 문제를 해결할 수 있다. 또 대개의 경우 자신이 하고 싶은 일을 이미 알고 있다. 그러나 당신의 생각과 감정을 남편과 공유하고 따뜻한 위로의 포옹을 받고 "그거 안됐네. 정말 힘들었겠다. 나도 다 이해해. 지금 내가 뭐 도와줄 일 없을까?"라는 말을 들을 수 있다는 것은 멋진 일이다.

하지만 그것이 남자에게 얼마나 힘든(또 남자답지 못한) 일인지 아는가? 문제를 해결하는 것 그리고 당신에게 문제가 생겼을 때 "좋아, 그렇다면 당신이 해야 할 일은 바로 이거야"라고 당장 실행해야 하는 일 세 가지를 거침없이 늘어놓는 것이 남자의 주된 성향이다. 그러나 진정한 존중은 상대방을 이해하고 상대방의 행동방식(무엇이 상대방을 움직이게 하는지)을 아는 것, 문제들을 털어놓으면서 상대방이 실제로 원하는 바가 무엇인지를 아는 것이다.

48

하지만 이것을 아는가? 각종 연구 결과에 따르면 남자들은 여자들만큼 감각에 따라 행동하지 않는다고 한다. 이 말은 곧 남편이 당신의 상황을 이해하도록 하기 위해서는 그 상황을 일일이 설명해줘야 한다는 뜻이다. 그는 당신이 "여보, 오늘 회사에서 있었던 일에 대해 얘기하고 싶어. 이 문제를 해결해줄 필요는 없으니까 그냥 들어줬으면 좋겠어"라고 말해주기를 바란다.

그러면 남편이 어떻게 나올지 아는가? 그는 귀를 쫑긋 세우고 이야기를 들어줄 것이다. 당신은 방금 남편에게 '문제가 있는데 그것이 누구와의 사이에 있었던 문제인지' 말했고(남편과의 사이에 벌어진 일이 아니기 때문에 그는 방어 태세를 취하지 않을 것이다) 그가 할 일까지 정해주었으니(문제를 해결하려 하지 말고 그냥 들어달라) 그는 이제 남자로서의 특기를 발휘할 수 있게 되었다. 그는 당신이 부탁한 대로 해줄 것이다.

필요한 존재

당신에게 친구가, 그러니까 꾸준히 만나면서 함께 즐거운 시간을 보내고 점심도 같이 먹는 친구가 몇 명이나 있는지 생각해보라.

이번에는 당신 남편에게 친한 친구가 몇 명 있는지 생각해보라. 아침에 회사에 출근해 휴게실에서 커피를 마시며 간단히 아침 인사를 나누는 동료들을 말하는 것이 아니라 그를 정말 잘 아는 친구들 말이다.

무슨 말인지 알겠는가? 당신과 친한 친구 수를 다 세려면 양손을 모두 동원해야 할 확률이 높다. 그렇다면 남편의 경우는? 그가 운이 좋은 남자라면 아주 친하게 지내는 친구가 한 명쯤 있을 것이다. 내게는 문혜드라는 친구가 있다. 우리는 아주 어렸을 때부터 친하게 지냈다. 하지만 아내들과 달리 우리는 서로의 마음을 '나누면서' 시간을 보내지 않는다. 몇 시간씩 대화를 나누는 일도 없다. 물론 매우 심각한 주제를 놓고 36분이나 연속으로 이야기를 나눈 기록이 있기는 하지만 그건 정말 드문 경우다.

대개의 경우 남편에게는 친한 친구가 한 명뿐이다. 그게 누구라고 생각하는가? 바로 당신이다. 앞서 얘기한 것처럼 당신이 남편을 존중하는 일이 그토록 중요한 이유를 이제 알았을 것이다.

당신의 남편은 필요한 존재가 되기를 원한다. 다른 누군가가 아닌 바로 당신에게 필요한 존재가 되기를 원한다. 당신은 스스로 생각하는 것보다 남편의 머릿속과 인생에서 훨씬 중요한 자리를 차지하고 있다.

당신의 세계에 남편이 필요하다는 사실을 그에게 알려주면 '남이 필요로 하는 것을 제공하고 남을 돕고 문제를 해결하고자 하는' 남자의 천부적인 적극성에 불을 지필 수 있다. 그것이 남자들이 가장 좋아하는 일이다. 그는 이런 일에 천부적인 재능을 가지고 있다. 가끔씩 특정 상황에서 특정한 뭔가를 꼭 해야 한다고 고집을 부려 당신을 짜증나게 만드는 이유도 바로 그 때문이다. 그는 그런 방식을 통해 문제를 해결하고 당신에 대한 관심을 보여준다.

그런 문제 해결 능력을 차단해버리면 남편은 자기가 이제 필요 없는 존재라고 여기게 된다. 그리고 비난과 혹평을 받았다는 생각이 들면 재빨리 뒤로 물러난다. 그렇게 되면 이제 당신을 도와줄 사람은 없어지고 당신이 돌봐줘야 하는 과묵하고 부루퉁한 아이만 옆에 남게 된다. (남자들에 대한 이런 진실이 과히 자랑스럽지는 않지만 어쨌든 사실은 사실이다.

이 일이 이렇게 간단할 줄 알았더라면 벌써 몇 년 전에 시도했을 거예요. 얼마 전에는 남편이 청소기를 돌리는 것을 봤어요. 청소기를요! 우리는 결혼한 지 22년이나 됐지만 그전까지는 한 번도 남편이 청소기 돌리는 모습을 못 봤거든요. 출근하느라 식탁도 제대로 못 치우고 서둘러 나가도 집에 돌아와 보면 식탁도 깨끗하고 접시도 말끔히 닦여 있답니다. 이 모든 것이 남편에게 내가 그를 얼마나 필요로 하는지 말하기 시작한 덕분이에요. 박사님의 계획은 정말 효과가 있네요.

– 뉴욕 주에서, 필리스

그리고 나도 때로 이런 태도를 보인다는 사실을 인정한다. 내 아내에게 물어보라.)

본론으로 들어가자면 당신의 남편에게는 가깝게 사귀면서 자주 대화를 나눌 수 있는 친한 친구가 별로 많지 않다. 그에게는 당신뿐이다. 물론 이 때문에 종종 스트레스를 받을 것이다. 당신에게도 직장이 있고 또 매일매일 해내야 하는 다른 수많은 일들이 있으니 말이다. 거기에 아이 한 명 또는 두세 명까지 더 보태지면 남편이 어떤 기분을 느끼겠는가? 구석에 홀로 남겨져 슬픈 눈을 하고 있으면서 누군가 자기를 발견하고 산책을 데려가주기를 바라는 작은 강아지 같을 것이다.

결론적으로 당신 옆에 있는 터프 가이가 실은 겉보기만큼 터프하지 않다는 얘기다. 겉으로 드러나는 그 모든 허세 아래에는 상처받을까 봐 두려워하는 예민한 마음이 숨어 있다.

남편에게 그가 필요한 존재임을 보여주는 것은 거의 예술적인 일에 가깝다. 하지만 그만큼 쉽고 또 노력할 만한 가치가 있는 결과가 나오는 일도 없다. 저녁에 남편을 보면 이렇게 말하라.

"여보, 당신 얼굴을 보니까 정말 좋다. 오늘은 정말 스트레스를 많이 받는 날이었는데 온종일 집에 돌아가 당신 얼굴 볼 생각만 했어. 당신이랑 결혼해서 정말 다행이야."

그런 뒤에 슬쩍 용건을 전달한다.

"옷 갈아입은 다음에 내가 저녁 준비하는 동안 케이시 숙제 좀 도와줄 수 있어? 그러면 애가 숙제를 마치고 제시간에 자러 들어갈 테니 우리끼리 오붓하게 쉴 수 있잖아."

여기에도 또 현명한 여인이 등장했다. 그녀는 먼저 남편 얼굴을 보니 정말 기쁘다고 말했다. (이런 말을 듣고 싶어 하지 않는 남자가 어디 있겠는가?) 그러고 난 뒤 자기가 매우 힘든 하루를 보냈다고 하면서 구체적인 일에 그의 도움을 청했다. 그리고 마지막으로 보상을, 그러니까 그가 가장 사랑하고 또 함께 있을 때 가장 편안함을 느끼는 상대인 아내와 함께 보내는 시간을 약속했다. 그녀가 그 보답으로 얻은 것은 무엇일까? 그것은 바로 자기가 필요한 존재라는 생각에 행복해진 남편, 아내를 보러 서둘러 집에 돌아오고 자기가 할 수 있는 일이라면 뭐든 다 도와주는 남편이다.

이런 말을 하는 데는 시간이 별로 걸리지 않지만 거기에 담긴 의미는 무한하다. 이것은 강아지의 배를 쓰다듬어주는 것과도 같다. 좋아서 어쩔 줄 몰라 하며 당신의 모든 움직임을 예의주시하게 만드는 일이다. 그리고 금요일까지 새로운 남편을 얻겠다는 당신의 목표를 달성하게 도와주는 수단이기도 하다.

남편은 당신이 유능하고 독립적인 여성이기를 원한다(지금도 이미 그렇지만). 지나치게 유능하거나 지나치게 독립적이지만 않다면 말이다. 그는 자기가 당신의 세계, 당신의 가정, 당신의 품속에 확실한 자리를 차지하고 있다는 사실을 확인하고 싶어 한다.

충족감

눈치 빠른 당신은 벌써 '오, 세상에, 올 것이 왔군'이라고 생각하며 어이없어할지도 모르겠다.

"이제 섹스 얘기를 하려는 거잖아요. 아닌가요, 레먼 박사님? 사실 남자들이 생각하기에 충족되기를 원하는 것은 그것 하나밖에 없잖아요."

당신 생각은 틀렸다. 하지만 한편으로는 옳기도 하다. 섹스는 남자에게 아주 중요한 문제다. 하지만 그게 다는 아니다. ESPN(엔터테인먼트와 스포츠 프로그램 네트워크)도 있으니까.

물론 농담이지만 진담도 섞여 있다. 이렇게 생각해보라. 남자가 여자에게 접근할 때는 어떤 목적이 있기 때문이다. 그는 '와, 드디어 꿈속의 이상형을 만났군. 난 그녀를 영원히 사랑할 테고 우리는 아주 근사한 섹스를 하겠지. 결혼에 골인하는 건 당연지사고 말이야'라고 생각한다.

그런 두 사람이 신혼여행을 마치고 집에 돌아오면 할 일이 산더미같이 쌓여 있고 친척들이 몰려오고 금전적인 현실이 고개를 쳐들고 어쩌면 아이도 한두 명쯤 생길지 모른다. 남편은 가족을 부양하느라 너무 바빠 예전처럼 당신에게 많은 관심을 보이지 않는다. (당신도 같이 밖에 나가 일을 하거나 심지어 남편보다 많은 돈을 번다 해도 가족을 부양해야 한다는 압박감을 느끼는 것은 남편 쪽이다. 남자들은 원래 그런 생각을 하도록 돼 있기 때문이다.) 당신은 소중한 아내이자 연인이라기보다는 하녀가 된 것 같은 기분을 느끼기 시작한다. 그리고 떠안아야 하는 수많은 일들 때문에 지칠 대로 지쳐 밤이면 섹스는 생각지도 못할 정도로 피곤하다.

그러나 성적 충족감은 남자에게 매우 중요하다. 내가 '섹스'가 아닌 '성적 충족감'이라고 말했다는 사실에 주목하라. 단순히 섹스를 하는 것과 성적인 충족감을 얻는 것 사이에는 차이가 있다. 오래도록 지속되는 성적 충족감을 얻으려고 이 사람 저 사람 만나고 다니면서 섹스를 하는 남녀가 많다. 그러나 과감히 말하건대 만족스러운 섹스는 남편과 아내가 서로에 대한 사랑을 약속하고 평생 함께 하겠다고 다짐

하는 결혼의 울타리 안에서만 찾을 수 있다. 결혼의 울타리를 벗어나서 하는 섹스는 안전하지 않을뿐더러 정서적인 만족감을 안겨주지도 못한다(일시적인 육체적 만족을 얻을 수는 있을지 몰라도).

그러니 당신 남편은 당신(두 사람이 처음 만나 결혼한 뒤로 몸무게가 몇 킬로그램 늘기는 했지만)을 자신의 섹스 상대로 선택한 셈이다. 그러나 단순히 섹스 상대가 되는 것만으로는 충분치 않다. 그는 당신이 적극적인 섹스 상대가 돼주기를 바란다. 그는 필요한 존재가 되기를 원한다. 성적 충족감은 그의 존재의 핵심을, 그의 남자다움을 확인시켜 준다. 이를 통해 당신을 보호하고 돌보고 사랑하며 부양하고자 하는 그의 충동이 한층 더 강해진다. 당신이 남편과 친밀한 관계를 유지하면 그는 딴 사람을 찾지 않는다. 반대로 그렇지 않으면 그는 유혹에 넘어가기 쉬운 상태가 되어 다른 이의 품에 안길 커다란 위험에 처하게 된다. 남자들은 전부 다 그런 식이냐고? 아니, 반드시 그렇지는 않다. 하지만 그런 일이 자주 일어나는 것은 사실이다. 그렇게 불륜이 시작되는 것이다. 어떤 다른 여자의 사소한 감사나 간단한 칭찬 한마디가 당신의 결혼생활을 갈라놓을 열렬한 불륜 관계로 발전할 수도 있다.

당신이 남편과 섹스를 하지 않을 경우 남편이 외도를 하는 것이 정당화될까? 절대 그렇지 않다. 내 말은 그런 뜻이 아니다. 사람들이 우연히 불륜 관계에 빠지는 법은 없다. 그것은 스스로 선택한 길이다. 만약 당신의 남편이 그런 짓을 저질렀다면(이 책을 읽는 독자들 대부분은 내가 무슨 말을 하는지 알 것이다) 그는 자기 자신이나 당신에게 치명적인 선택을 한 것이다(이 문제는 뒷부분에서 좀 더 자세히 얘기할 생각이다).

내가 하려는 얘기는 비록 당신의 우선순위 목록에서는 섹스가 별로 높은 자리를 차지하지 않을지라도 남편에게는 중요한 문제라는 것이다(이 문제도 뒤에서 좀 더 자세히 얘기해보자).

그러니 부부 관계에서 매우 중요한 이 부분을 위한 시간을 내야 한다. 그리고 남편이 섹스하자고 할 때까지 기다리고만 있지 말고 과감하게 먼저 말을 꺼내보자. 그를 원하는 모습을 보여주는 것이다.

남자들은 무엇보다 자신의 남자다움을 확인받고 싶어 한다. 남편은 "난 당신을 원해. 당신이 필요해. 당신은 내 거야" 같은 말을 듣고 싶어 한다. 이런 말은 그의 귓가에서 달콤한 음악처럼 울린다.

나는 지금까지 상담 치료사로 일하면서 자기 아내에게 존경받고 아내가 그를 필요로 한다고 믿고 아내를 통해 충족감을 얻으면서도 아내와 이혼하고 싶다고 내 사무실을 찾아온 남자를 본 적이 없다. 설령 세상에 그런 남자가 있다 하더라도 나는 만나보지 못했다. 이유가 뭘까? 이 세 가지 기본 사항은 당신의 남편이 당신이 바라는 모습의 남자가 되기 위한 토대이기 때문이다. 그리고 당신도 이런 핵심 요소에 관심을 기울인 덕분에 모든 면에서 한층 더 큰 행복과 만족감을 느끼게 될 것이다.

이것은 정말 간단하지만 그렇게 쉽지만은 않다. 자기 남편이 많은 것을 필요로 하는 것이 아니라 아주 사소한 부분에서도 만족을 얻을 수 있다는 사실을 깨달으려면 현명한 여자가 돼야 한다. 이 세

남자들이 가장 원하는 것

1 타인으로부터의 존경
2 필요한 존재가 되는 것
3 충족감

여자들이 가장 원하는 것

1 애정
2 솔직하게 터놓는 대화
2 가족에 대한 헌신

가지 분야(그를 존중하고 원하고 충족시키는)에서 남편의 욕구를 만족시킨다면 당신이 바라던 새 남편을 얻게 될 것이다.

 ## 당신에게 무엇보다 필요한 것

지금까지 남편에게 가장 중요한 세 가지 욕구, 즉 당신에게 존경받고 필요한 존재가 되고 충족감을 느끼는 것에 대해 얘기했다. 그렇다면 여자들의 경우는 어떨까? 당신이 무엇보다 원하는 것은 무엇인가?

여자들에게 가장 중요한 세 가지 욕구를 순서대로 나열해보면 다음과 같다.

1. 애정을 원한다.
2. 숨김없이 솔직한 대화를 원한다.
3. 가족에 대한 헌신을 원한다.

남편이 가장 중요하게 여기는 욕구와는 상당히 다르지 않은가? 이를 통해 두 사람의 감성이 얼마나 다른지, 그리고 때로 자신도 모르게 상대에게 거슬리는 말이나 행동을 하게 되는 이유가 무엇인지 알 수 있다.

당신은 꼭 끌어안고 귓가에 다정한 말만 속삭여주기를 바라지만 남편은 일단 목에 키스를 했으면 결국 섹스로 끝을 맺으려고 한다. 남자들은 본능적으로 섹스라는 행위를 끝마치려 하기 때문이다.

Q ▪ 남편은 해마다 사업상 중요한 저녁 모임에 참석하는데 그때마다 ▪ 저는 멋진 모습을 보이려고 엄청난 노력을 기울여야 해요. 사실 그 자리에 모이는 사람들은 매일같이 남편과 함께 일하는 사람들이고 또 남편 상사나 지역 책임자도 참석하거든요. 그러니 머리도 하고 그럴듯한 옷도 사고 손톱 손질도 하죠. 그렇게 애써서 치장한 제 모습을 보면 남편이 "당신 정말 멋진데"라고 한마디라도 해줘야 하는 것 아닌가요? 그런데 절대 안 해요. 그러니 정말 화가 치밉니다.

A ▪ 남편과 솔직하게 대화를 나눠보세요. ▪ "내가 따져보니까 말이야. 지난번에 참석한 만찬회가 당신 회사에서 주최한 아홉 번째 모임이었어. 그러니까 난 9년 동안이나 그 모임에 나가느라 머리도 하고 세일 중인 근사한 옷을 찾아 헤맸어. 그 자리에 오는 사람들이 당신한테 중요하다는 것을 아니까 멋지게 보이려고 늘 노력했어. 그런데 알고 싶은 게 하나 있는데 말이야. 내가 근사하게 차려입고 나가는 게 중요한가? 올해부터는 그냥 대충 차리고 나가도 될까?"

남편은 깜짝 놀라면서 이렇게 말할 겁니다.

"아냐, 난 당신이 멋지게 꾸몄으면 좋겠어."

그러면 이렇게 대답할 수 있죠.

"머리를 하러 가려면 그동안 아이들을 봐줄 보모도 찾아야 하고 또 옷을 고르러 갈 때는 애들을 전부 데리고 쇼핑몰에 가야 한단 말이야.

파티에 참석하려고 멋지게 차려입는 데 얼마나 많은 시간과 노력이 드는지 당신은 잘 모를 거야. 그런데 당신이 아무 말도 안 하면 나는 괜한 짓을 했나 싶고, 당신이 내 달라진 모습을 알아차리지 못하거나 별로 안 좋아하는 게 아닌가 하는 기분까지 들어. 그래서 당신과 나 스스로에게 이게 정말 가치 있는 일인지 물어봐야겠단 생각이 들더라고. 그 자리가 당신한테 별로 중요하지 않다면 그냥 있는 옷 대충 입고 머리나 빗고 나가지 뭐."

아마 남편의 태도가 180도 달라질 겁니다. 그에게는 주의를 환기시키는 경고가 필요해요. 남자들은 좋아하는 것이 있어도 그것에 대해 한마디도 안 하거든요. 그러니 당신이 중요하게 생각하는 것이 무엇인지 남편에게 알려야 합니다.

당신은 남편이 어떤 하루를 보냈는지 듣고 또 그에게 당신이 보낸 하루에 대해 들려주고 싶지만 그는 월요일마다 쓰레기통을 뒤집어엎는 너구리를 어떻게 처리해야 할지 고민하고 있기 때문에 대충 성의 없이 '응, 응' 하고 대답하고 말 뿐이다.

당신은 남편이 아들의 리틀 리그 경기를 보러 와주기를 바랐지만 그는 봉급 인상이나 승진 기회가 생겼을 때 동료들보다 유리한 위치를 차지할 수 있는 회사 프로젝트를 마무리하느라 늦게 나타났다.

내가 무슨 말을 하는지 알겠는가? 그러면 이제 두 사람 사이의 차이를 인정하고 부담을 좀 덜어보는 게 어떻겠는가? 그리고 좀 즐겨보자.

유명한 스포츠 전문 아나운서인 밥 코스타스$^{Bob\ Costas}$가 등장하는 JC페니^{JCPenney} 라디오 광고가 있다. 거기 나오는 'JC페니는 손쉽게 들어가 원하는 것을 금방 찾아서 나올 수 있게 해드립니다'라는 광고문을 누가 썼는지는 몰라도 남자에 대해 정말 잘 아는 사람임에 틀림없다. 나는 그 광고를 처음 들었을 때 정말 포복절도했다.

그리고 내 아내 샌디는 내일 쇼핑을 하러 피닉스^{Phoenix}까지 간다고 한다. 투손^{Tucson}의 상점들이 별로라서 184킬로미터나 차를 몰고 다른 도시로 쇼핑을 하러 가는 것이다.

나도 나름대로 좋아하는 것이 있는 사람이다. 나는 차를 몰고 도로로 나가 다른 차들과 은근히 경쟁하는 것을 좋아한다. 하지만 그렇게 경쟁을 하는 동안에도 내가 지금 어디를 향하고 있는지, 목적지가 어디인지 머릿속에 똑똑히 박혀 있다.

그러나 샌디는 나와 다르다. 한번은 샌디가 딸 하나와 함께 뉴욕 주 버펄로^{Buffalo}에서부터 차를 몰고 집에 온 일이 있었다. 달리던 중에 문득 도로 표지판을 본 한나가 말했다.

"어, 엄마, 우리 지금 펜실베이니아 주에 있는데요?"

샌디가 분기점을 놓쳐버린 것이다. 하지만 샌디가 이에 어떤 반응을 보였는지 아는가? 이 여인은 그냥 웃기만 했다. 자신의 실수를 변명하려 하지도 않았고 86번 주간(州間) 고속도로를 지나쳐 펜실베이니아 주에 들어선 것을 속상해하지도 않았다. 아무래도 그렇게 '흉금을 터놓는' 동안에는 빨간색, 흰색, 파란색으로 그려진 커다란 주간 표지판이 눈에 들어오기 힘들 것이라는 생각이 든다.

이것도 내가 좋아하는 샌디의 장점 가운데 하나다. 그녀는 믿어지지 않을 정도로 유쾌하고 사랑스러운 사람이며 나와 완전히 다른 쪽으로 많은 재능을 가지고 있다. 무엇보다 그녀는 날마다 다양한 방식을 통해 나를 존중하고 필요로 한다는 사실을 보여주고 또 나를 충족시키기 위해 최선을 다한다.

금요일까지 새로운 남편을 얻고 싶다면 당신이 남편에게 얼마나 큰 영향력을 발휘하는지 알아야 한다. 비록 남편이 그런 행동을 보여주지 않거나 그 사실을 인정하지 않더라도 말이다. 예컨대 샌디는 나한테 "음, 오늘은 옷을 재미있게 맞춰 입었네"라는 말을 하곤 한다. 그러면 나는 그 말의 의미를 금세 알아차린다. 해석하자면 "옷차림이 이상하잖아. 제발 갈아입어"라는 뜻이다. 나중에 내가 죽은 뒤 아내가 장례식장에서 관 속에 누워 있는 나를 바라보며 "그 옷을 안 입었잖아"라고 말할까 봐 슬쩍 겁이 나기도 한다.

보다시피 우리 부부는 이렇게 다르다. 샌디는 아침에 일어나 몸치장을 하고 머리를 매만지는 데 많은 시간을 보내기 때문에 늘 최고의 모습을 보여준다. 나는 어떻냐고? 나는 아침에 일어나 전날 입었던 티셔츠와 반바지를 다시 입고 야구 모자를 쓴다. 그리고 양치를 하고 약을 먹은 뒤 문을 나선다. 머리를 빗을 필요가 없다는 사실에 주목해달라. 왜냐고? 그야 간단하다. 모자를 쓰는데 뭐하러 머리를 빗겠는가?

남자인 내 평소 생활은 샌디보다 단순하다. '달마다 겪는 그 일'을 치를 필요도 없고 샌디를 데리고 어딘가로 저녁을 먹으러 갈 때 외에는 저녁 걱정을 할 필요도 없다. '그러면 집에서 늘 여자들이 요리를 도맡아야 한다는 말이냐'고 항의하기 전에 리먼 가의 가족이라면 누구나 샌디가 나보다 훨씬 뛰어난 요리사라는 사실을 알고 있고 또 그녀는 요리를 좋아한다는 말을 해두고 싶다.

막내로 태어난 내가 그 모든 약속과 강연 계약과 라디오·TV 쇼 출연 일정을 지킬 수 있도록 도와주는 조수(자기 일에 매우 능숙한 어느 집안의 맏이)가 한 명 있다. 하지만 샌디는 조수의 도움 없이도 수많은 일들을 능숙하게 처리한다. 그 모습을 보면 그저 놀라울 뿐이다.

그렇다면 남녀 사이의 그 모든 차이에도 불구하고 서로 공존하면서 상대방의 단점까지 보완하는 일이 가능할까? 물론이다. 샌디와 나는 날마다 그 사실을 온몸으로 증명하며 살아간다. 그리고 우리는 어느 부부 못지않게 서로 다른 점들이 많다.

어떤 이들은 만약 다시 한 번 결혼할 수 있는 기회가 주어진다면 '현재의 배우자가 아닌 다른 사람과 결혼하겠다'고 말한다. 하지만 나는 아니다. 나는 다시 한 번 기회가 주어져도 샌디를 선택할 것이다. 우리는 상대방을 우선시하는 방법을 배웠고 결코 깨지지 않을 공고한 유대를 형성해왔고 날마다 이 관계를 만끽하고 있다. 때로 서로를 짜증나게 하는 일은 없냐고? 물론 있다. 우리도 인간이니까. 그래도 많이 웃으면서 사느냐고? 당연하다.

그러니 당신이 "리먼 박사님, 남편을 우선적으로 생각해야 한다는 말인가요?"라고 묻는다면 나는 '그렇다'고 대답할 것이다. 그것이 내가 말하고자 하는 바다. 하지만 그와 동시에 남편도 당신을 우선적으로 고려해야 한다. 그것이 진정한 결혼이다. 이기적인 두 사람이 각자의 방식만을 고집하는 것이 아니라 두 사람이 공동의 선을 이루기 위해 서로 협력하는 것이다.

대부분의 남자들은 어떻게 해야 아내를 행복하게 해줄 수 있는지 잘 모른다. 그러나 방법만 알면 그들도 기꺼이 노력할 것이다. 그러니 남편에게 기회를 주고 그를 존중하고 필요로 하고 충족시켜 주면 어떻게 될지 지켜보는 것은 어떨까?

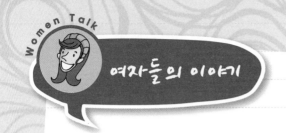

저는 10년 동안 결혼생활을 하면서 남편을 기쁘게 해주기 위해 여러모로 노력했습니다. 하지만 박사님이 TV 프로그램에서 하시는 말씀을 듣고 난 뒤에야 비로소 제가 남편을 기쁘게 해주려고 애쓰면서 늘 뭔가 구체적인 보답을 바랐다는 사실을 깨달았어요. 그래서 남편의 보답을 기대하는 일을 그만두니까 정말 흥미로운 일이 생겼답니다. 남편을 기쁘고 놀라게 만드는 일을 진심으로 즐기기 시작한 거예요. 그 이후로 우리 집에서 일어난 변화에 정말 깜짝 놀랐습니다. 남편이 지난 10년 동안보다 최근 3개월 사이에 더 많은 기쁨을 안겨준 겁니다! 덕분에 우리 결혼생활에 즐거움이 되살아났어요.

– 텍사스 주에서, 신디

남편의 비밀

그는 좋은 남편이 되고 싶어 한다.
그는 당신을 기쁘게 해주고 싶어 한다.
하지만 그 방법을 모른다.
때문에 그에게는 당신의 도움이 필요
하다.

남편이 원하는 것

그는 존경받기를 원한다.
그는 필요한 존재가 되기를 원한다.
그는 충족감을 느끼기를 원한다.

화요일

남자가 사는 동굴

남자가 사는 동굴

남자를 이해하려면
그들이 사는 동굴까지 따라가봐야 한다.

내 친구 문헤드와 내가 일고여덟 살쯤 되었을 무렵, 우리는 계획을 하나 짜냈다. 우리는 늘 뭔가를 꾸미고 있었으니 또 하나의 계획이라고 하는 편이 맞겠다. 함께 토끼를 한 마리 잡기로 한 것이다. 그래서 우리는 들판에 상자를 가져가 거꾸로 엎어놓고 적당한 각도로 기울인 뒤 쓰러지지 않도록 막대기를 괴어놓았다. 그리고 그 아래의 상자 안쪽에 상추와 당근을 약간 놔뒀다. 우리는 그렇게 해두면 근처를 깡충 깡충 뛰어가던 멍청한 작은 토끼가 당근을 보고 상자 안으로 들어가려다가 상자를 받치고 있던 막대기를 쓰러뜨려 그 안에 갇힐 것이라고 생각했다! 상자가 마법처럼 제때 쓰러지면서 우리 손으로 토끼를 잡을 수 있을 것이라고 말이다. 덤 앤 더머 같은 생각이었다.

그러나 때로 여자들도 이와 똑같은 실수를 저지르곤 한다. 남편에게 잔소리를 퍼붓기만 하면 그를 더 나은 남편으로 바꿔놓을 수 있다고 생각하는 것이다. 남편을 변화시킨답시고 들들 볶아대는 것은 토끼가 어떤 동물이고 어디에서 가장 편안함을 느끼며 서식지는 어떤 형태인지 제대로 알아보지도 않은 채 토끼를 잡으려고 하는 것과 같다.

잠깐 동안 자기 남편을 하나의 생명체로 생각해 보자. 동물학적 분류에서 당신과 다른 문(門)에 속하는 생명체(고등학교 때 배운 생물학 기초를 떠올려야 할 때다)로 말이다.

'그래, 생명체인 것은 맞지. 다른 행성에서 온 생명체'라고 중얼거리는 사람이 있다면 축하한다! 당신은 벌써 2루까지 나가 있는 셈이다. 당신의 남편이 육체적, 정서적, 심리적으로 당신과 다른 생명체라는 사실을 이해하는 것만으로도 엄청난 진보를 이룰 수 있다.

육체적인 차이는 쉽게 눈에 들어온다. 신경외과 의사가 아니라도 신체 부위 두어 곳만 훑어보면 누구나 알 수 있다. 그에게는 테스토스테론이 있지만 당신에게는 없다. 당신에게는 에스트로겐이 있지만 그에게는 없다.

그는 간섭하지 않고 놔두면 며칠 혹은 몇 주 동안 계속 같은 옷만 입을지도 모른다. 뒷주머니에 커다란 지갑 자국이 나 있는 마음에 드는 단 한 벌의 청바지를 7년 동안이나 계속 입고 다니는 것이 남자다. 그는 그런 점에 전혀 신경 쓰지 않지만 당신은 신경이 쓰인다. 당신이 사용하는 신발장에 들어 있는 구두 수와 남편 쪽 신발장의 구두 수를 비교해보라.

그는 매우 예측하기 쉬운 사람이다. 늘 똑같은 식당에 가서 메뉴판은 보지도 않은 채 늘 먹던 음식을 주문한다(뭔가에 싫증을 내는 일이 드물다). 반면 당신은 잠시 메뉴판을 훑어보다가 새로 나온 음식을 골라 먹어보는 것을 좋아한다. 그는 아침마다 늘 똑같은 방식대로 신문을 읽지만 당신은 시선을 사로잡는 기사만 읽는다.

심리학자 카렌 셔먼Karen Sherman은 남녀 간의 차이와 그것이 두 사람의 관계에 미치는 영향을 다음과 같이 요약한다.

> 여자와 남자는 정보 처리 방식이 매우 다르다. 여자의 뇌는 좀 더 미묘한 비언어적 신호에 반응하도록 돼 있다. 여자는 하루에 2만 가지 의사소통 방식(언어 및 비언어)을 사용하는 반면 남자들은 7천 가지 정도에 불과하다! 뇌의 크기는 남자가 약간 더 크기만 여자의 뇌에는 서로 연결돼 있는 신경세포가 많다. 남자들은 정보를 처리할 때 한쪽 뇌만을 쓰는 반면 여자들은 양쪽을 다 사용한다.

이것은 무엇을 의미하는가? 여자인 당신이 남편에게 어떤 일을 해줬으면 하고 넌지시 힌트를 줘도 남편이 제대로 알아듣지 못하는 까닭은 그가 남자이기 때문이다! 하지만 돌려 말하지 말고 직접적으로 요청하면 당장 들어줄 가능성이 크다. 당신이 그를 존중하고 필요로 하고 충족시켜 준다면 말이다.

남녀 사이의 관계에 문제가 발생하는 이유 가운데 하나가 이것이다. 남자는 자기가 여자를 잘 안다고 생각하고 여자도 자기가 남자를 제대로 이해하고 있다고 생각하는 것이다. 하지만 당신에게 한 가지 작은 비밀을 알려주고 싶다. 당신은 당신이 생각하는 것만큼 남편을 잘 알지 못한다.

내 말이 사실인지 알고 싶다면 남편에게 가장 중요하다고 생각되는 것들의 목록을 적어보라. 그리고 남편에게 물어보라. 관찰력이 뛰어난 사람이라면 몇 개쯤은 맞출 수 있겠지만 그의 대답에 깜짝 놀라게 될 가능성이 높다. 왜 안 그렇겠는가? 당신은 남자로 살아본 적이 한 번도 없는데 말이다!

남편을 잘 이해하려면 어떻게 해야 할까? 과학 시간에 동물을 인지하고 관찰하면서 그 동물에 대해 배웠던 것처럼 남편이라는 생명체를 서서히 알아가면서 서식지 안에서의 그의 모습을 관찰하는 것이 남자인 그를 파악하는 데 많은 도움이 될 것이다. 이런 개인적인 사파리 여행을 할 때는 시간을 거슬러 올라가야 한다. 왜냐하면 현재의 남편은 어린 소년이었을 때의 모습과 그의 주변 환경에 의해 만들어진 것이기 때문이다.

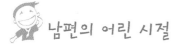

남편의 어린 시절

남편이 어린 시절에 한 경험은 성인이 된 그의 현재 모습에 엄청난 영향을 미친다. 그의 어머니가 아들을 대하던 방식, 남자 동료들이 그를 존중하던(혹은 존중하지 않던) 태도, 그리고 타인이 그를 바라보던 시선 등이 모두 합쳐져 당신이 결혼한 그 남자가 만들어진 것이다.

사춘기가 되기 직전 즈음에 이 모든 영향이 한층 더 강해진다. 이 세상에서 가장 힘든 일 가운데 하나가 바로 여덟 살에서 열다섯 살의 소년으로 살아가는 것이다. 남자아이가 여덟 살쯤 되면 더 이상 귀엽지 않으며 당연히 사랑스럽지도 않다. 당신의 남편도 나와 비슷했다면 아마 그 나이 때에는 약간 우스꽝스럽거나 심지어 기괴해 보이기까지 했을 것이다.

신체 부위가 성장하는 속도가 저마다 다르다는 사실을 아는가? 예를 들면 귀가 머리만큼 커지거나 머리가 몸집에 비해 이상할 정도로 커져서 정말 우스꽝스러운 모습이 되는 것이다. 눈에 잘 띄는 곳에 자리 잡은 여드름이 사춘기 소년의 자존심에 입히는 상처는 말할 것도 없다.

그런데 사랑스러워 보이기에는 지나치게 큰 이 소년은 아직 남들의 존경을 받기에는 너무 어리다. 남들이 부러워할 만한 이두근도 없기 때문에 더 큰 소년들이 그를 괴롭힌다. 그가 소년에서 남자로 성장하는 과정은 느리고 고통스럽기 때문에 그 시기 동안 그는 장난감 자동차 크기의 몸 안에 포르셰 크기의 엔진을 품고 고군분투한다.

그러다가 기다리던 날이 온다. 중학교 1학년이나 2학년쯤 된 어느 날 아침에 일어나 가슴이나 사타구니에 처음으로 난 털을 발견하는 것이다. 하지만 학교 샤워장에서 받는 굴욕을 면하기에는 아직 멀었다. 나이도 더 많고 신체도 완전히 발달해 온몸에 털이 더부룩한 네안데르탈인들이 결코 크다고 할 수 없는 그의 성기를 보면서 낄낄거리며 비웃는다.

내가 중학교 수영부에서 활동했을 때 남자아이들은 옷을 다 벗고 수영을 했다. 우리는 홀딱 벗은 채로 탈의실에서 나와 선생님이 점호를 마칠 때까지 수영장 가장자리에 앉아서 기다렸다. 우리 수영부에는 오랫동안 이발을 하지 않은 오랑우탄처럼 머리부터 발끝까지 털로 뒤덮인 앨런이라는 친구가 있었다. 그는 모든 중요 부위가 거대했고 완전한 남자였다. 점호 시간 내내 그의 옆에 앉아 있던 사람이 누구였을 것 같은가? 깡마른 흰 가슴에 털이라고는 단 한 올밖에 없는(그것도 짧은 스파게티 면처럼 싯누런 색깔이라 다들 볼 수 있게 사인펜으로 검게 칠해버릴까 하는 생각까지 들었던) 왜소한 케빈 리먼이었다. 내 허리 아래쪽을 보면 음… 그냥 어느 모로 보나 소년 같았다고만 말해두자. 남자아이들이 인생에서 가장 중요한 것이 경쟁이라는 사실을 일찍부터 깨닫는 이유를 알겠는가?

최근 세워진 고등학교의 남자아이들 탈의실에는 예전부터 널리 사용되던 전형적인 개방형 샤워장이 있는 반면 여자아이들 탈의실에는 커튼이 쳐진 개인용 샤워 부스가 있다니 흥미로운 사실이다. 당신의 남편은 이런 보호를 받아본 적이 없기 때문에 자기 친구들만큼 빨리 성장하지 못하는 경우에도 몸을 숨길 만한 곳이 없다. 그는 남들의 조롱을 받고 상처 입을 것이다. 나는 중학교 때 자기 속옷이 깃대에 걸렸던 일을 마흔여섯 살이 된 지금까지도 생생하게 기억하는 남자를 알고 있다.

남자아이들 가운데는 발육이 늦을 뿐만 아니라 멍청한 아이들도 있다. 언젠가 엄마 친구 집에 가서 스파게티를 먹다가 버터가 더 좋다며 소스를 거절한 적이 있었다. 그러자 엄마 친구가 말했다.

"케빈, 소스를 좀 먹으렴. 그래야 가슴에 털이 난단다."

정말 내가 꼭 듣고 싶었던 말이었다. 나는 스파게티 면 위에다가 생쥐도 익사시킬 만큼 많은 소스를 부었다.

그날 밤 잠자리에 들 준비를 마친 내가 파자마를 들쳐 올리고 있는데 엄마가 내 방에 들어오셨다.

"케빈, 뭐하는 거니?"

"털이 났나 보고 있어요."

이 말에 엄마는 크게 웃음을 터뜨리셨지만 나는 굴욕감을 느꼈다.

사춘기가 되기 전은 남자아이들에게는 힘든 시기다. 남편이 전형적인 보통 소년이었다면 그는 그 시기에 애정도, 존중도 받지 못했을 것이다. 남들 앞에서 껴안아 주기에는 너무 크고 자기보다 약간 나이 많은 애들에게서 존중받기에는 너무 작기 때문이다.

내가 요즘 만나는 성인 남자들 가운데 상당수는 자기가 어렸을 때 '저평가'된 것에 대해 여전히 부끄러움과 죄책감을 느끼고 있다. 그들 대부분은 학습 장애라는 것이 공식적으로 인정되지 않던 시대에 자랐기 때문에 자기가 정말 멍청하다는 생각을 하며 자랐고 또 소심하게 행동하는 경우가 많았다. 터놓고 얘기하다가 비웃음을 당하니 차라리 조용히 혼자 있는 편이 낫다는 것을 배웠기 때문이다.

 ## 왜 남편은 남자처럼 행동하는 걸까요?

상담 치료사로 일하면서 겪은 가장 재미있는 순간 중 하나는 한 여자가 자기 남편에 대해 불평을 늘어놓기 시작했을 때였다.

"전 그 사람을 도저히 이해 못 하겠어요." 그녀는 지극히 정상적인 남자들의 특징을 설명하면서 이렇게 말했다. "제 남편은 왜 그런 식으로 행동하는 걸까요? 그러니까 마치… 마치….”

“남자처럼요?” 내가 말했다.

“네, 바로 그거예요.”

당신도 이 여인처럼 남자형제 없이 자랐다면 때때로 남편을 도저히 이해할 수 없을 때가 있을 것이다. 그렇다면 남자들의 수수께끼를 조금만 풀어보자. 소년들은 복잡한 존재가 아니다. 그들은 경쟁심이 강하고 가끔 얼빠진 짓을 하며 거칠게 논다. 그런 소년들이 자라서 경쟁심 강하고 얼빠진 짓을 하고 거칠게 노는 남자가 되는 것이다.

경쟁심

여자아이들이 운동장에 옹기종기 모여 누가 인기가 있는지에 대해 토론할 동안 남자아이들은 지난번 시합에서 누가 이겼는지를 놓고 논쟁을 벌인다. 남자아이들은 본래부터 경쟁심이 강하다. 그들은 이기고 싶어 한다. 모노폴리 게임을 할 때든, 농구공을 던지며 놀 때든, 쿵쾅거리고 돌아다니면서 누가 개미를 가장 많이 죽이나 내기를 할 때든 간에 말이다. 그들은 최고가 되고 싶어 한다. 그들이 자라 운전면허증을 따게 되면 출근길에 다른 차를 몇 대나 추월했는지 자연스럽게 세기 시작한다. 또 자기 봉급과 사무실 크기를 남들과 비교한다. 남자들은 결코 경쟁을 멈추지 않는다.

왜 남편은 운전 중에 길을 잃어도(당신이 차에 함께 타고 있는 경우) 차를 세우고 길을 묻지 않는가?

A. 그것은 품위를 떨어뜨리는 일이니까.

B. 그는 자기 혼자 힘으로 문제를 해결하는 것을 좋아하니까.

C. 남의 도움을 구하는 것은 너무 남자답지 못한 일이니까.

D. 자기가 추월하려고 애쓰던 차가 자기보다 앞서 나가는 것이 싫으니까.

네 가지 답 모두 어느 정도씩은 맞는 말이지만 가장 정확한 답은… D다! 남자들에게 있어서는 어른 아이 할 것 없이 경쟁이 무엇보다 중요하다. 젊은 코치들은 이런 경쟁 성향을 재빨리 알아차린다. 남자아이들로 구성된 스포츠 팀의 경우에는 엄격한 훈련을 시키는 것도 중요하지만 그 강도를 높이기 위해서는 훈련에 경쟁 요소를 도입해야 한다. 팀을 둘로 나눠 서로 실력을 겨루게 하는 것이다. 그러면 아이들이 최선을 다하는 모습을 볼 수 있다.

북서태평양 지역의 한 도시에서는 어린 소년들끼리의 경쟁이 '나쁜 영향'을 미친다고 판단해 코치들이 농구 경기에서 점수를 기록하지 않기로 결정했다. 코치들은 선수들에게 최선을 다하라고 말했고 경기가 끝난 뒤 선수들이 어느 팀이 이겼느냐고 묻자 "경기에 최선을 다했다면 누가 이기고 졌는지는 중요하지 않다"고 말했다.

그러나 이 실험은 성공하지 못했다. 대부분의 소년들이 어떤 식으로든 점수를 계산하고 있었기 때문이다. 그들은 이기고 지는 문제에 관심이 많았다. 왜 안 그렇겠는가? 우리 인생에서 가장 중요한 교훈 가운데 하나가 바로 지는 방법과 다시 일어나 계속 전진하는 방법을 배우는 것이다. 이 소년들 대부분은 장차 열 명 가운데 한 명 혹은 천 명 가운데 한 명만을 뽑는 직장에 입사지원을 하게 될 것이다. 그러니 남들과 경쟁하면서 최선을 다하고 성취의 기쁨 혹은 목표를 달성하지 못한 아픔을 당당히 받아들일 수 있는 방법을 배워둬야 한다.

엑스박스^{Xbox} 온라인이 남자아이들 사이에서 그렇게 인기가 높은 이유도 경쟁심 때문이다. 사내아이들의 이런 경쟁 속성 때문에 형제들끼리는 마지막 남은 파이 한 조각을 누가 먹느냐라든가 야구 경기의 마지막 주자가 터치 아웃되었느냐 아니냐 같은 해결 불가능한 논쟁거리를 놓고 목숨을 걸고 싸우곤 한다. 당신의 남편도 이런 세계에서 자라면서 늘 공정한 자기 몫을 위해 싸워왔다.

처음 구운 팬케이크를 누가 먹느냐를 놓고 언쟁을 벌이는 두 아들을 목격한 어머니에 대한 유쾌한 (그리고 전형적인 남자들의 특성과 관련된) 이야기를 들은 적이 있다. 그 어머니는 이것이 도덕적인 교훈을 안겨줄 절호의 기회라고 생각하며 이렇게 말했다.

"만약 예수님이 이 자리에 계셨다면 '내 형제에게 첫 번째 팬케이크를 주세요. 나는 기다릴 수 있습니다'라고 말씀하셨을 거야."

그러자 큰아들이 동생을 돌아보며 말했다.

"좋아, 라이언. 네가 예수님이 되렴."

얼빠진 짓

나도 어렸을 때 하도 멍청한 일들을 많이 저질러 도저히 그 수를 다 헤아릴 수 없을 정도다. 개 비스킷을 먹는다든가 하는 얼빠진 짓을 저질렀을 때 사람들이 보여주는 관심을 갈망했던 것이다. 내 아내는 지금도 그때에 비해 변한 것이 전혀 없다고 말한다. 아마 그녀 말이 맞을 것이다. 내가 친구 문헤드와 어울려 다닐 때마다 꼬박꼬박 사내애들의 멍청함을 몸소 느꼈을 테니 말이다.

내가 말하려는 바는 이런 거다. 뉴욕의 윌리엄스빌 센트럴 스쿨 Williamsville Central School 은 해마다 자기 분야에서 두각을 드러낸 이들을 '명예의 벽'에 헌정하는 의식을 치르는데 어느 해인가 내게 그 영광이 돌아왔다.

여기서 당신이 알아둬야 할 사실이 하나 있다. 누구나 살다 보면 기적 같은 일을 겪곤 하는데 나는 살아 있는 기적이라 할 만한 인물이다. 두말 하면 잔소리다. 나는 꼴찌에서 4등의 성적으로 고등학교를 졸업했다. 치약을 먹는 여자애와 함께 읽기 지도를 받기도 했다. 타당한 이유와 대의명분을 가지고 있었던 고등학교 때 상담 선생님은 내가 졸업반이 되던 해 4월에 이렇게 말씀하셨다.

"리먼, 네 성적과 기록으로는 감화원 입학 허가도 받아줄 수가 없구나."

하지만 세월이 흐른 뒤 나는 박사학위까지 받았다. 그리고 그보다 더 놀라운 기적은 수위 일을 하면서 내 아내를 만났다는 사실이다.

그러니 6년 전에 모교를 다시 찾은 내 모습이 어땠을지 상상해보라. 예전에 나를 가르쳤던 선생님 몇 분이 여전히 학교에 남아 계셨는데 그분들은 아마도 나를 단상에 거꾸로 매달고 싶으셨을지도 모르겠다.(학창 시절에 했던 내 엉뚱한 짓들이 선생님들께는 별로 인정을 못 받았다고만 말해두겠다.) 그 자리가 더욱 특별했던 이유는 어머니(언제나 나를 굳건히 옹호하시면서 내가 구제불능의 바보였을 때에도 장차 큰 인물이 되리라 늘 믿어주신)가 아흔 번째 생신을 맞이하셨기 때문이다. 나는 그 자리에 어머니를 모시고 갔다. 단 몇 분 동안이기는 했지만 마침내 우리 어머니도 당신

아들이 자랑스러운 모습으로 고등학교 강단에 선 모습을 보시게 된 것이다. 정말 오랜 세월이 걸렸지만 결국 그런 날이 오고야 말았다.

어쨌든 식에 참석한 학생들은 식이 거행되는 동안 고등학생들치고는 유별나게 얌전한 모습을 보여주었다. (난폭하고 무례한 아이들로 가득한 고등학교에 강연을 많이 다녀봤는데 그날 그 아이들은 정말 괜찮았다.) 마침내 내가 상을 받을 차례가 돼서 나는 자리에서 일어나 무대를 가로질러 걸어가기 시작했다. 그때 누군가 소리쳤다.

"어이, 양말!"

알다시피 나는 늘 화려한 색의 양말을 신는다. TV에 출연할 때마다 강렬한 분홍색과 흰색 줄무늬 양말이나 빨간색과 흰색 체크무늬 양말, 아니면 심지어 M&M's 초콜릿이 그려진 양말을 신은 내 모습을 볼 수 있다. 일종의 나를 나타내는 표식이라 할 수 있다.

이 외침을 들은 교장은 상당히 당혹스러워했다. 그는 곧바로 선심 쓰는 듯한 말투로 학생들을 타이르기 시작하면서 윌리엄스빌 사우스의 학생이라는 그들의 위치와 우리 학교 출신들은 늘 다른 이들보다 뛰어나다는 자부심을 품고 있다는 사실을 상기시켰다.

하지만 나는 교장이 모르는 한 가지 사실을 알고 있었다. "어이, 양말"이라고 외친 사람이 누구였는지 아는가? 그 학교 출신인 것은 맞지만 나와 같은 해에 이미 졸업한 사람, 바로 그의 아내와 내 아내, 그리고 누나와 함께 청중들 가운데 앉아 있던 쉰아홉 살 된 내 친구 문헤드였다.

시상식이 끝난 뒤 다함께 뭘 좀 먹으러 가기로 했다. 그가 "어이, 양말!"이라고 외친 것을 놓고 웃고 소리 지르며 좋아하는 우리 모습에

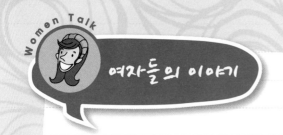
제 남편은 열성적인 미식축구 팬인데 저는 예전부터 그게 싫었어요. 게다가 우리가 사는 곳의 연고 팀은 별로 성적도 안 좋은데도(언제나 NFL 역사상 최악의 팀 신세를 못 벗어나죠) 남편은 몇 시간이고 경기 모습을 지켜보며 앉아 있는 거예요. 전 뭐가 그렇게 재미있는지 모르겠어요.

그러던 중에 남자에게 중요한 것이 무엇인지 알려주시는 박사님의 말씀을 듣고 새로운 관점을 얻게 되었죠. 그래서 뭔가 특별한 일을 위해 저축해뒀던 돈을 가지고 케이블을 통해 모든 NFL 경기를 볼 수 있는 'NFL 티켓'을 남편에게 사줬습니다. 그의 반응이 어땠느냐고요? 뭐, 두말 하면 잔소리죠. 자기가 좋아하는 홈팀의 경기를 모두 볼 수 있게 되었다며 정말 좋아했습니다. 그런데 제가 이런 결정을 내린 뒤 남편에게 매일 미식축구 경기만 본다며 잔소리하는 것을 그만두니까 그가 뭘 하기 시작한 줄 아세요? 글쎄, TV로 경기를 보면서 빨래를 개는 거예요! 이런 결과가 생기리라고는 상상도 못 했답니다.

— 버지니아 주에서, 태미

아내들은 그저 고개만 설레설레 내저었다.

내가 입버릇처럼 하는 말 가운데 하나는 사실이다. 당신이 어린 소녀나 소년이었을 때의 모습이 지금도 당신에게 그대로 남아 있다. 노인 의료보험 혜택을 받을 나이 즈음이 되면 남자들도 성숙한 어른으로 성장할 수 있을지 확신이 서지 않는다. 실제로 여자들은 남자의 유머 감각을 좋아한다는 연구 결과도 있다(샌디도 그래서 정말 다행이다). 그것은 여자가 남자에게 매력을 느끼는 정말 중요한 부분 가운데 하나다.

다 큰 남자들이라도 친구들과 함께 어울릴 때는 즐겁게 놀면서 마치 네 살짜리 아이들처럼 행동한다. 그러니 나도 명예로운 동문 상을 받은 직후에 문헤드와 함께(둘 다 50대의 나이다) 카페테리아에서 주문을 하려고 기다리다가 레슬링을 시작하는 것이다. 문헤드가 내게 헤드록을 걸었다. 우리 뒤에 서 있던 사람들이 휴대폰을 가지고 있지 않아서 정말 다행이었다. 안 그랬으면 당장 911에 신고를 했을 테니 말이다. 문헤드와 나는 개울가에 사는 두 마리 수달들처럼 뒤엉켜 레슬링을 했다. 다만 이 경우에는 무게가 100킬로그램 넘게 나가는 수달들이라는 점만 다르다.

우리 아내들은 '이런, 또 시작이군'이라는 생각을 하고 있었을 것이 분명하다. 다른 집 아내들 같으면 "두 사람 다 철 좀 드는 게 어때?"라고 말할지도 모르지만 우리 아내들은 우리를 잘 알기 때문에 그냥 계속하도록 내버려둘 뿐이다. 우리가 사실 매우 단순한 남자들이고 장난기가 심하다는 사실을 잘 알고 있기 때문이다. 그것은 우리 존재의 일부분이다.

테이블에 앉은 뒤에도 친한 친구들끼리 으레 그렇듯이 서로에게 계속 무례한 언사를 하는 것도 내버려뒀다.

"어이, 돼지야, 너 뭐 먹을래?" 문헤드가 내게 물었다.

"글쎄, 뚱보야. 난 치킨 파마잔이나 먹을까 하는데."

옆 테이블 사람들이 걱정스럽고 놀란 표정으로 우리를 쳐다본다. '이 사람들 뭐 잘못 먹었나?'

이제 당신에게 묻겠다. 남편이 정말 자기 나이에 걸맞게 행동하기를 바라는가? 그렇다면 당신이 남편에게서 주로 듣게 될 말은 이런 종류가 될 것이다.

"아이고, 무릎이 아파 죽겠네. 허리도 아프고 오른쪽 발도 좀 아파… 아, 왼쪽 발이던가."

이것보다는 차라리 사내아이들의 얼빠진 유머 같은 것이라도 당신에게 즐거움을 줄 수 있는 쪽이 낫지 않겠는가?

거친 놀이

나는 우리 형을 '신'이라고 불렀다. 자기 자신 외에는 그 누구에게도 해명할 의무가 없다는 듯한 태도 때문에 내가 붙여준 별명이었다. 그가 문에 들어서면 나는 "신이 돌아왔다"고 소리쳤다. 형은 주기적으로 변덕을 부리면서 나를 때리곤 했다. 나는 그가 이상한 사람이라고는 생각하지 않는다. 남자들은 주먹을 사용해 긴장 관계를 해소하는 경우가 많다. 이 말은 곧 당신의 남편도 다른 사람에게 맞거나 아니면 다른 사람을 때리는 두 가지 범주 가운데 하나에 속할 수 있다는 뜻이다.

내 손가락에 난 흉터를 보면 마구잡이로 뒹굴던 어린 시절이 생각난다. 이 흉터는 지미가 물어서 생긴 것이다. 우리 이웃집에 살던 지미는 "너희 엄마는 널 사랑하지 않으시는구나. 그렇지 않다면 놀러 나오기 전에 학교 갈 때 입었던 옷을 갈아입게 하실 텐데 말이야"라고 말할 정도로 무례했다. 그 후 60초 안에 지미는 우리 어머니가 날 얼마나 사랑하시는지 알게 되었고 그의 어머니는 지미의 코와 입에 흐른 피를 닦아주는 것으로 자신의 사랑을 증명하셨다.

당신은 자기 남편이 어떤 세계에서 성장했는지 알아야 한다. 남자아이들은 서로에게 매우 잔인하게 굴 수 있다. 한번은 반 친구들과 함께 어떤 아이의 바지를 찢고 '빨간 배'를 선사한 적도 있다(그 아이의 배가 벌겋게 될 때까지 찰싹찰싹 때린 것이다). 그런 뒤 건드리면 몸이 간지러워지는 풀이 잔뜩 난 잡초 밭을 걸어가(그 애는 바지도 안 입은 상태였다) 알몸으로 나무에 기어 올라가게 했다. 자라면서 사내아이들과 별로 어울려보지 않은 여자들이 보기에는 너무 과격한 행동처럼 보이겠지만 남자애들은 이런 식으로 노는 경우가 많다.

학교 운동장에서 사내아이들이 서로 코피를 터뜨리며 싸우다가도 10분 뒤에는 다시 절친한 친구가 되는 것처럼 우리 남자들은 어떤 문제를 놓고 격렬히 언쟁하다가 결국 합의에 다다르면 악수를 하고 사이좋게 골프를 치러 간다. 일이 이런 식으로 전개되는 것에 전혀 이상함을 느끼지 않으면서 말이다.

남편과 흥미진진한 대화를 나누고 싶다면 그가 어린 시절에 벌인 짓궂은 장난들에 대해 물어보면 된다. 그리고 그의 말에 진지하게 귀를 기울여주는 것이다. 그는 주로 맞는 쪽이었나, 아니면 다른 애들을 때리고 다니는 쪽이었나? 그때의 성격이 성인이 된 지금 그가 집과 직장에서 하는 행동에 어떤 식으로 반영되고 있는가?

남자에게 엄마라는 존재가 미치는 영향

자기 남편에 대해 알고 싶으면 그의 어머니를 보면 된다. 그의 어머니가 사내아이들을 편안하게 대해주는 스타일인가? 당신을 위해서라도 부디 남편의 어머니가 그의 남성성을 지지해주었기를 바란다. 그의 어머니가 자기 남편의 성품 중에서 높이 평가하는 부분은 어디인지 말하고 자기 아들이 본받았으면 하는 남성적인 자질을 키울 수 있도록 격려해줬기를 바란다. 요즘 엄마들 중에는 아들의 남자다운 특성을 키워주기보다는 여자의 기분에 민감하게 반응하는 남자로 키우는 데 더 관심을 갖는 엄마들도 있다. 그러나 이런 전술로는 아들의 인내심을 키우거나 여자들에 대한 감수성을 높이지 못한다. 오히려 아이들을 혼란스럽게 만들 뿐이며 혼란에 빠진 아이는 정신적 충격으로 인해 잘못된 선택을 하는 경향이 있다.

남자아이가 '소녀다운' 일을 해도 괜찮을까? 물론이다. 누나가 있는 남자아이의 경우 때때로 인형을 가지고 놀기도 하는 것은 자연스러운 일이다. 어렸을 때 나도 누나와 함께 종이 인형을 가지고 논 기억이 있다. 누나는 나보다 나이가 많으니까 내가 그녀의 세계에 흘러 들어가면 으레 누나가 좋아하는 놀이를 하곤 했다. 누나는 한 번도 "케빈, 뭐 하고 싶니?"라고 물어본 적이 없다. 누나가 나보다 나이가 많은 이상 함께 놀고 싶으면 누나가 원하는 방식을 따라야 했고 그것은 곧 인형을 가지고 노는 것을 뜻했다.

남편이 여자형제들 속에서 자랐다면 여자들의 세계에서 편안함을 느낄 확률이 높다. 그러나 여자들과 있을 때 편안함을 느끼는 것과 항상 여자처럼 행동하고 싶어 하는 것 사이에는 엄청난 차이가 있다.

남자가 성숙한 어른으로 성장하려면 명확하게 정의된 성 역할의 도움을 받아야 한다. 성 역할에 혼란을 느끼는 아이가 살면서 시종일관 올바른 선택을 하는 경우는 본 적이 없다. 결혼하기 전에 자신의 정체성을 제대로 확립하지 않은 남자와 그의 아내는 그로 인해 고통을 겪게 된다. 내가 상담한 힘들어하는 커플들 가운데 남편 쪽이 결혼이라는 가면 뒤에 숨은 동성애자인 경우가 얼마나 많은지 모른다. 그런 사람들의 결혼생활에 끈끈함이나 열정이 없는 것이 당연하다.

남편이 지금과 같은 모습으로 성장한 것은 그의 아버지의 영향 때문이라고 생각할 수도 있지만 사실 그에게 더 큰 영향을 미친 쪽은 어머니일 가능성이 높다. 그리고 그의 어머니는 남편이 지금 당신을 대하는 방식에 직접적인 영향력을 발휘한다.

과잉보호하는 엄마

세 살짜리 아이는 통제가 가능하지만 열두 살이 된 아이를 완전히 통제하는 것은 힘들다. 아이가 가는 길을 이끌어줄 수는 있어도 그 정도 나이의 아이를 통제할 수 있는 기회는 극히 제한적이다.

남편은 자기 어머니보다 먼저 이 사실을 알아차렸을지도 모른다. 그는 거짓말을 하고도 벌을 받지 않을 방법과 때때로 집에서 몰래 빠져나갈 방법, 그리고 잘만 궁리하면 담배 연기와 냄새를 감출 수 있는 방법이 있다는 것도 알아낸다.

여자들에 대한 남편의 태도는 성년으로 접어드는 이 여명기에 완벽한 성숙을 향해 큰 도약을 할 수도 있고 아니면 무례함의 빙하 속에

화요일에 할 일

1 남편이 평소 생활하는 환경 안에서 그를 관찰한다. 그는 어떤 환경에 있을 때 가장 편안함을 느끼는 것 같은가? 그렇게 생각하는 이유는 무엇인가?

2 그의 성장기는 어떠했는가?

3 그의 어머니는 아들에게 어떤 영향을 미쳤는가? 그의 아버지는 자기 아내를 어떻게 대했는가?

4 그의 성장 배경이 그의 현재 모습에 어떤 영향을 미쳤는가? 남편의 성장 배경은 그가 당신을 대하는 방식 그리고 인생 전반에 반응하는 방식에 어떤 식으로 기여했는가?

5 남편은 자신의 감정을 남에게 털어놓도록 용기를 북돋아주는 환경에서 성장했는가?

꽁꽁 얼어붙어버릴 수도 있다. 특히 남자아이들은 경쟁심이 강하기 때문에 아들을 지나치게 과보호하는 어머니는 재앙을 불러오는 처방이다. 숨 막힐 정도의 사랑을 퍼붓는 어머니는 아이가 상처 입을 가능성이 있는 일은 아무것도 하지 못하게 한다. 거친 운동도 안 되고 나무에 올라가는 것도 안 되고 하이킹을 가서도 안 된다. 한마디로 말해 남자아이들이 가장 좋아하는 일은 전부 다 안 되는 것이다. 그렇게 자란 아들이 어머니의 손아귀에서 빠져나오면 어떻게 되겠는가? 그는 '나도 할 수 있다는 것을 보여주겠다'는 식의 태도를 취하면서 세상에 그것을 증명하기 시작한다. 서로 사귀는 동안에는 이런 '나쁜 남자'가 매력적으로 비춰질 수도 있지만(모험, 흥분, 위험 때문에) 그런 사람과 결혼까지 갈 때는 주의해야 한다.

안타깝게도 그의 어머니가 의지가 약한 사람이었다면(늘 아들을 따라다니면서 뒤치다꺼리를 해주고 아들을 감싸기 위해 계속 거짓말을 하는 등) 그는 자기 아내에게서도 똑같은 태도를 기대한다. 그리고 어머니 슬하에 있을 때 차마 어머니에게 치지 못했던 호통을 자기 아내에게 치게 된다.

자기 어머니를 조종하고 교묘하게 다룰 수 있다는 사실을 일찍부터 깨달은 소년은 당신에게도 똑같이 할 수 있다. 당신이 남편 비위를 맞추는 데만 관심을 가진다면 남편의 이런 태도에 대항해 거부하기는커녕 그의 통제를 받게 될 것이다.

실패를 용납하지 않는 엄마

남편의 어머니가 아들의 실패를 용납하지 않거나 아들이 완벽한 모습을 보이기를 기대하는 엄마였는가? 아들에게 침대를 정리하라고 시키고는 정리 상태를 면밀히 살핀 뒤 다시 자기가 완벽하게 정리하는 식이었나? 아들이 성인이 된 뒤에도 항상 이래라 저래라 간섭을 하면서 해야 할 일들을 지시하는가?

만약 그렇다면 남편은 당신의 비판에 기분 나쁜 반응을 보이면서 종종 화를 터뜨리기도 할 것이다. 당신 입장에서는 남편이 벽에 건 거울이 약간 비뚤어졌다고 지적하는 것이 사소한 일이라고 생각할지 모르지만 그 말이 남편에게 어떻게 들리는지 아는가?

'엉망진창이잖아. 어쩔 수 없는 구제불능이네. 뭐 하나 제대로 하는 게 없어, 정말.'

당신은 그런 생각으로 한 말이 아니었더라도 어렸을 때 어머니의 양육 방식 때문에 남편 귀에는 이런 식으로 들리게 되는 것이다. 남편의 머릿속에는 성공의 단계라는 개념이 없다. 성공이냐 실패냐 둘 중하나일 뿐이다.

그렇다면 당신은 어떻게 해야 할까? 아무 말도 하지 않는 것이 정답일까? 지금 상황으로 봐서는 그것도 별 효과가 없을 것 같지 않은가?

Q ▪ 저는 결혼해 아이들을 낳기 전에는 회사에 다녔습니다. 저희 부부는 다른 사람들에게 아이를 맡기고 싶지 않았기 때문에 제가 회사를 그만두고 집에서 아이들을 기르기로 함께 결정했죠. 그런데 이제 남편은 늘 '우리 돈'이 아닌 '자기 돈'에 대해 얘기해요. 저는 돈 쓸 곳을 신중하게 결정하는 편입니다. 쿠폰도 꼭 오려놓고 한 달에 200달러 정도씩 저축도 하죠. 그런데 남편은 제가 돈 쓴 내역을 꼬치꼬치 물어보면서 식료품점에서 쓴 돈 한 푼까지 낱낱이 설명해 주기를 바랍니다. 정말 끔찍해요. 어떻게 해야 그의 이런 행동을 멈출 수 있을까요?

A ▪ 나라면 이렇게 하겠습니다. 오랫동안 식료품점에 아예 발을 들여놓지 않는 거예요. 당신은 하녀가 아니고 남편은 당신의 돈을 관장하는 주인이 아닙니다. 저녁 식탁에 왜 푸성귀와 빵 조각밖에 없냐고 남편이 의아해하면 "집에 남은 게 이것밖에 없거든"이라고 대놓고 말하세요. 그리고 그에게 돈을 받아내려고 씨름하며 사는 게 정말 진절머리가 난다는 얘기도 하세요.

"나는 하녀이고 당신은 저택의 주인이라도 되는 것 같은 기분을 느끼는 게 싫어. 다시는 그런 기분을 느끼고 싶지 않아. 그러니 이제부턴 당신이 직접 쇼핑을 하도록 해."

그러면서 클립으로 철해 놓은 쿠폰이 담긴 봉투를 건네주고 우아하게 방에서 나오면 됩니다. 아마 뒤에 남겨진 남편은 벌어진 입을 다물지 못할걸요.

　남편이 당신에게 장보기를 시키려고 하면 단호하게 거절하세요. 당신에게 장볼 돈을 주면서 불평을 하던 남편이 직접 장을 보면서 당신이 얼마나 훌륭한 장보기 선수인지 깨달을 필요가 있습니다. 물론 한동안은 평소와 다른 요상한 음식들을 먹게 되겠죠. 하지만 2~3주 정도 남편이 직접 장을 보게 하면 결국 그가 쿠폰 봉투를 돌려주면서 돈(전에 주던 액수보다 많을지도 모르죠)까지 얹어줄 것이라는 데 제 비장의 주크박스를 걸 수도 있습니다. 그리고 더 이상 불평도 하지 않을 겁니다.

이런 상황에서 팽팽한 긴장을 해소할 더 좋은 방법이 있다. 바로 그의 면전에서 대놓고 그를 칭찬하는 것이다! 당신은 남편의 어머니가 미처 알아차리지 못한 그의 성격적인 장점을 높이 평가하며 그와 결혼하게 돼 정말 기쁘다는 사실을 남편에게 알리는 것이다.

그런데 이런 말들이 단 하룻밤 만에, 혹은 적어도 일주일 안에 효과를 발휘하게 될까? 아마 아닐 것이다. 당신은 지금 그의 어머니가 최소 18년 이상 지속한 부정적인 훈련에 맞서고 있다는 사실을 기억하자. 그러니 꽤 오랜 시간이 걸릴 것이라고 각오해야 한다.

비뚤게 걸린 거울의 경우에는 어떤 식으로 말하면 좋을까?

"멋지다, 여보. 정확히 내가 원하는 곳에 거울을 걸어줬네. 정말 고마워. 그런데 혹시 거울이 좀 비뚤게 걸린 것 같지 않아? 당신 눈에도 그렇게 보여? 나만 그런가?"라는 식으로 돌려 말할 수 있다.

내 말을 믿기 바란다. 당신의 남편은 거울을 다시 한 번 살펴본 뒤, 그의 어머니가 불러일으킨 나쁜 감정에 흔들리지 않고 자신의 논리적이고 분석적인 이성을 동원해 당신 마음에 들도록 완벽하게 거울 위치를 조정해줄 것이다.

몰아치는 엄마

남편이 대체 왜 속도를 줄이고 느긋하게 행동하지 못하는지 의아하게 생각한 적이 있는가? 그는 어째서 끊임없이 움직이고 끊임없이 일하며 심지어 놀 때조차 마치 일을 하는 것처럼 열심히 최선을 다하는 것일까?

이것은 아마 어렸을 적 양육 방식과 밀접한 관련이 있을 것이다. 그의 어머니가 항상 그를 바쁘게 몰아쳤는가? 방과 후나 주말에도 미리 정해진 일과, 특히 그가 직접 나서서 뭔가를 해야만 하는 일과를 빽빽이 짜 넣어 쉴 틈을 주지 않았는가? 그가 집과 학교에서 하는 모든 일에 대해 높은 기대치를 가지고 있었는가? 그는 중간 중간 쉬면서 자기가 하고 싶은 일을 선택할 수 있는 여유가 있었는가? 그의 가족들은 저녁식사 시간이나 휴가를 다함께 보냈는가 아니면 각자 따로 보냈는가?

당신의 남편이 아들을 이런 식으로 마구 몰아치는 어머니 밑에서 자랐다면 그는 자기 가족들과 진정한 유대감을 느끼지 못할 수 있다. 자라는 동안 진정한 의미에서 가족들과 함께 있어본 적이 없기 때문에 다른 이들과 함께 나누는 시간에 익숙하지 못한 것이다. 이렇게 스스로를 몰아치는 버릇이 몸에 배어 있는 남편이라면 당신은 그의 속력을 늦추기 위해 평생 동안 애써야 한다. 하지만 남편이 점차적으로 이 속박에서 벗어나도록 도울 수 있다. 이런 버릇을 금요일까지 완전히 고치지는 못하겠지만 당신 자신의 행동을 조절하는 일부터 시도해볼 수는 있다. 또 남편에게 그의 존재가 당신 가족에게 얼마나 소중한지, 그리고 남편이 집에 없을 때 얼마나 그를 그리워하는지도 말해준다. 가족이 모두 함께 즐길 수 있는 휴가 계획을 세우자. 우선 일주일에 이틀 정도를 '가족끼리만' 모여서 저녁을 먹는 날로 정하고 뭔가 특별한 요리를 준비해보자.

남편은 당신이 그의 머릿속에서 실행되는 프로그램으로부터 그 자신을 구해주기를 바란다. 그렇지 않으면 남편은 지쳐 쓰러질 때까지 자신을 혹사하게 될 것이다. 그러니 남편이 서서히 부드럽게 브레이크를 밟도록 도와주자. 당신이 그를 존중하고 필요로 하며 그에게 충족감을 안겨주고 싶어 한다는 것을 증명한다면 남편을 집과 가족의 울타리 안에 머무르게 하는 데 많은 도움이 될 것이다.

엄하게 규율을 가르치는 엄마

이런 엄마들은 아이들을 다루는 방법을 알고 있다. 이들은 아이들이 애를 먹일 때 '아빠가 오시면 다 말씀드릴 테니 두고 보자'라고 말하는 유형이 아니다. 그보다는 "우리 지금 당장 얘기 좀 하자. 나는 너의 그런 행동을 참아주지 않을 거다. 너도 잘 알겠지만 그런 짓을 하고도 그냥 넘어가게 내버려두지 않을 거야"라고 말하는 쪽이다.

이런 엄마 밑에서 자라는 아이들은 때로 자기 엄마가 너무 모질다고 생각하지만 언제나 공평하다는 것은 인정한다. 그녀가 어떤 일이 있을 것이라고 말하면 반드시 그 일이 벌어진다. 행동 뒤에는 약속된 결과가 따르는 것이다. 만약 아들이 쓰레기를 치우지 않으면 그날 밤 가기로 약속한 친구네 집에 엄마가 데려다주지 않을 것이 분명하므로 아들은 쓰레기를 치우든지 아니면 친구에게 전화를 걸어 사정을 설명해야 하는 처지에 놓인다.

엄하게 규율을 가르치는 어머니는 아이가 스스로 할 수 있는 일을 대신 해주는 법이 절대 없다. 그녀는 아이들이 자급자족할 수 있는 강한 사람이 되기를 바란다. 그래서 아이들에게 집안에서 제 할 몫을 다하고 주어진 집안일도 제대로 끝내야 한다고 강조한다. 하지만 한편으로는 아이에게 다정하고 애정도 듬뿍 쏟는다.

이런 어머니 밑에서 자란 남자와 결혼한다면 자기 행동의 결과를 잘 알고 당신이 자기 마음대로 할 수 있는 상대가 아니라는 것을 아는 가장 멋지고 세심한 남편을 얻게 될 가능성이 매우 높다. 그는 자기 어머니를 존중하기 때문에 당신 또한 존중할 것이다.

이제 와서 시어머니의 자식 양육법을 놓고 경쟁을 벌일 수는 없다. 그러나 그 영향에서 벗어날 방법은 있다. 이런 문제가 있는 남자와 결혼했다면 당신이 손을 써야 한다. 다행히 남편에게 이런 문제가 없다면 더없이 감사할 일이다. 그리고 반드시 시어머니에게도 감사해야 한다!

 ## 남편이 갈망하는 것

지금 당신 집에 있는 다 큰 소년은 자기 엄마에게서 받고 싶어 하던 것(그것을 받았을 수도 있고 못 받았을 수도 있다)과 똑같은 것, 그러니까 수용, 소속감, 친밀한 관계를 당신에게서 받고 싶어 한다.

그는 당신이 자기를 무조건적으로 받아들여줄 것이라는 사실을 확인하고 싶어 한다.

'불경기에 직장을 잃는다 해도 당신이 못났다고 생각하지 않아. 그래도 당신은 여전히 내 남편이자 연인이자 부양자야. 다시 한 번 결혼할 기회가 생겨도 당신을 선택할 거야.'

그는 또 자기가 당신에게 속해 있다는 느낌을 받고 싶어 한다. 솔직히 말해 당신의 남편은 진정한 소속감을 느낄 만한 데가 달리 없다.

물론 직장에 나가지만 그곳에 진정으로 속해 있는 것은 아니다. 헬스클럽에서 운동을 하거나 목요일 밤마다 다른 남자들과 함께 농구 시합을 하기도 하지만 그들에게 속해 있지도 않다. 그에게는 자기 자신과 당신뿐이다. 좋은 친구를 둔 남자들은 정말 큰 축복을 받은 것이다.

이제 당신의 남편에게 직업과 바쁜 일상, 그리고 자녀들을 더한 뒤 섞어보자. 그 틀 안에서 당신의 남편에게 꼭 맞는 자리는 어디인가? 남편은 자기가 가족들에게 속해 있다는 사실을 알고 있는가? 가족들이 그를 필요로 한다는 것은? 또 남편과 아버지로서의 그의 역할이 매우 중요하고 당신은 그가 없는 삶을 감히 상상도 할 수 없다는 사실은?

그는 당신과의 친밀한 관계를 원한다. 그가 작성한 '함께 시간을 보내고 싶은 사람' 목록의 맨 윗자리는 당신 차지일 수밖에 없다. 그의 친구들이 가장 중요한 자리를 차지하거나 일에 대한 우선순위가 당신보다 높을 것 같지만 결코 그렇지 않다. 그러나 당신이 너무 바쁜 나머지 남편을 자기 인생에 끼워줄 수 없다는 태도를 보인다면 그는 결국 시간을 쏟을 다른 대상을 찾게 될 것이다. 하지만 그의 겉모습 아래에 감춰져 있는 어린 소년의 마음은 계속해서 '나는 어떻게 하고? 당신의 우선순위 목록에서 내 자리는 어디쯤이야? 나는 당신에게 전혀 중요하지 않은 사람이야?'라고 외치고 있다.

남편이 입 밖에 내지 않은 이런 갈망에 아내인 당신이 어떻게 답해주느냐에 따라 금요일까지 남편이 어떻게 변할지가 달려 있다.

 ## 예측 가능한 남편의 행동

남자들은 예측하기 쉬운 존재들이다. 이것은 장점이기도 하고 단점이기도 하다. 좋은 점은 선량하고 건실한 부양자가 될 수 있다는 것이다. 우리는 정해진 길에서 잘 벗어나지 않는다. 단점은 위험을 무릅쓰거나 변화를 시도하는 것을 두려워하기 때문에 따분한 인간이 될 수도 있다는 것이다.

뉴욕의 고층 빌딩에서 일하는 어떤 남자에 대한 고리타분한 농담이 있다. 그의 동료들은 나흘 동안 그가 도시락 통을 여는 모습을 지켜봤는데 날마다 같은 장면이 반복되었다. 그는 "오늘도 햄 치즈 샌드위치네"라면서 넌더리가 난다는 듯 도시락 통을 쾅 덮었다. 닷새째 날에도 그는 도시락 통을 열어 안을 들여다보더니 짜증을 내며 말했다.

"아, 이런. 오늘도 햄 치즈 샌드위치야. 이제 햄 치즈 샌드위치는 정말 신물이 난다고."

옆자리에 앉은 동료가 그쪽으로 몸을 기울이며 말했다.

"이봐, 내가 상관할 일은 아니지만 아내에게 햄 치즈 샌드위치는 이제 지겨우니까 다른 걸 싸달라고 말하지 그래?"

그 말을 들은 남자는 여전히 짜증을 내며 말했다..

"샌드위치를 만드는 사람은 바로 나라고!"

당신 남편에게는 살쾡이 같은 면이 있다. 그는 항상 같은 길로만 다닌다. 자기에게 익숙한 길이 있으면 늘 그곳으로만 가는 것이다.

누군가 "케빈, 레드 랍스터$^{Red\ Lobster}$에 가면 뭘 먹을 거야?"라고 물으면 나는 망설임 없이 "코코넛 쉬림프"라고 대답한다. 나는 늘 같은 음식만 주문한다. (아, 물론 남자들 중에도 항상 새로운 것을 시도하는 르네상스적 교양인들이 있기는 하지만 내가 그런 인물에 속한 경우는 거의 없다.) 나는 심지어 메뉴판조차 보지 않는 꽤나 예측하기 쉬운 손님이다.

하지만 샌디는 나와 다르다. 그녀는 우리 주변의 테이블에서 먹는 음식들을 모두 살펴본 뒤 "저쪽에 앉은 남자분이 먹는 음식은 뭔가요? 음, 맛있어 보이네요. 저도 그걸로 주세요"라고 말한다.

남자들은 병에 걸렸을 때도 뻔한 태도를 보인다. 아프다고 징징거리면서 마치 죽음의 문턱에라도 다다른 것처럼 행동한다. 고작 감기에 걸린 것뿐인데도 말이다. 때때로 누군가 응석을 받아주기를 바라는 것이다.

여자들의 경우는 어떠한가? 여자들은 목이 아프거나 감기에 걸리거나 열이 39도까지 치솟아도 아이들을 학교에 데려다주고 자기도 출근을 한다. 종합 감기약 한 알이면 못 고칠 병이 없는 것이다.

남편은 매우 예측하기 쉬운 사람이기 때문에 그가 진정으로 원하는 것을 알아내는 방법은 간단하다. 그가 투덜거리는 일이 바로 그것이다.

"여기에서는 날 존중해주는 사람이 없어… 내 말에 아무도 귀 기울여주지 않는다고."

이런 불평을 통해 그가 진짜 하고 싶은 말은 뭔지 아는가?

"이봐! 여기서 난 전혀 중요하지 않은 존재야? 내가 잘하는 일이 정말 아무것도 없어?"

당신은 멀티태스킹에 능하고 또 무슨 일이든 완벽하게 해내는 것처럼 보인다. 따라서 남편이 집안일을 도와주지 않는 것은 당신이 자기의 도움을 필요로 하지 않는다고 생각하기 때문일 수 있다. 남편들은 모두 아내에게 신뢰받고 싶어 한다.

누군가 당신이 읽고 있는 신문이나 잡지, 책을 같이 보자면서 당신 어깨너머로 고개를 들이민 적이 있는가? 그런 행동이 성가셨는가? 대부분의 사람들이 짜증내는 행동이다. 그러니 남편이 당신을 돕고 싶어 하거나 도와주겠다고 약속했는데 계속 그의 어깨 너머로 들여다보면서 "아, 그게 아니지. 이런 식으로 해봐… 이렇게 하면 훨씬 더 잘 될걸" 하고 끊임없이 참견을 한다면 남편도 짜증이 날 수밖에 없다.

자존심이 강한 남자는 당신이 마치 엄마라도 된 양 이래라 저래라 하는 것을 듣기 싫어한다. 당신은 그의 아내고 동료지 지휘관이 아니다. 당신이 헬리콥터처럼 계속 그의 주위를 맴돌면서 하는 일마다 일일이 간섭한다면 그는 당신을 돕기 위해 하던 일을 내팽개치고는 "그냥 당신이 하지 그래?"라고 말하며 나가버릴 것이다.

남자들은 주어진 일은 해내지만 반드시 당신이 하는 방식대로 하는 것은 아니다. 그들이 해놓은 일이 완전히 잘못되었는가, 아니면 단순히 당신의 방식과 다른 것뿐인가?

우리 큰딸인 홀리가 아직 아기였던 무렵의 어느 토요일, 나는 샌디에게 오랜만에 밖에 나가서 친구들과 즐겁게 지내다 오라고 말했다. "여보, 아무 걱정 하지 말고 잘 놀다 와"라고 한 내 말은 진심이었다. 그래서 샌디는 아기에게서 벗어나 절실히 필요했던 휴식을 취하기 위해 집을 나섰다.

아내가 집을 나선 지 채 몇 분도 지나지 않아 홀리의 바지가 완전히 엉망진창이 돼버렸다. 응가를 한 것이다. 당시에는 진짜 천 기저귀를 썼다. 종이 기저귀 같은 건 아예 있지도 않았다. 그러니 내가 어떻게 했겠는가? 내가 세운 계획은 완벽한 것이었다. 아이를 뒤뜰로 데려간 뒤 정원 호스를 가져와 호스에서 나오는 물로 아이를 씻긴 것이다.

며칠 동안은 아내에게 이 사실을 숨길 수 있었다. 홀리가 뒤뜰에서 한 특별한 목욕에 대한 이야기를 제 엄마에게 하기 전까지는. 그래도 어쨌든 나는 주어진 일을 완수하지 않았는가?

> ## 용서받을 수 없는 남편의 죄
>
> - 깨끗한 새 수건으로 차 닦기
> - 진흙이 잔뜩 묻은 신발을 신고 막 깨끗하게 닦아놓은 부엌에 들어오기
> - 물건을 어질러놓은 뒤 뒤처리를 하지 않기
> - 읽고 난 신문을 아무렇게나 늘어놓기
> - 미리 전화도 하지 않고 저녁 시간에 누구를 데려오기
> - 장모님 수영복 입은 모습이 근사하다고 말하기
> - 아내의 몸무게에 대해 언급하기
> - "당신 머리 멋진데"라고 말하기. 머리를 한 지 두 달이나 지난 뒤에.

당신의 남편도 맡겨진 일을 잘 해내겠지만 남자만의 스타일로 할 것이다. 그러니 당신이 계속 남편 어깨너머로 들여다보면서 다른 방법을 써야 한다고 말하면 그는 속으로 이렇게 생각할 것이다.

'당신은 내가 이 일을 잘 해낼 수 있다고 믿지 않는군? 그럼 당신이 하면 되겠네!'

그리고 당신의 비판을 또 듣고 싶지 않기 때문에 집안일을 도와주려던 의욕도 사라진다.

당신의 남편은 단순한 남자지만 그렇다고 해서 어리석은 사람으로 오해해서는 안 된다(때때로 그런 생각이 들더라도). 남자가 단순하다는 말은 사물을 틀에 박힌 1차원적인 시각으로 바라보기 때문에 나온 말이다. 그는 또 자기가 언제 남에게 속아 넘어가거나 놀림을 당하거나 이용당하는지 잘 안다. 내 말을 믿어도 좋다.

아내의 존경이나 신뢰를 받지 못한다고 생각하는 남자들은 대부분 마음의 문을 닫아건다. 그들은 조용히 침묵을 지키면서 이런 생각을 굳힌다.

'당신은 날 진짜로 사랑하는 게 아니야. 날 정말 사랑한다면 내 행동을 그렇게 일일이 고쳐줄 리가 없어. 또 당신 친구들 앞에서 내가 쩔쩔매도록 그냥 놔둘 리도 없지.'

어떤 남자들은 감정을 폭발시켜 스스로를 웃음거리로 만들기도 한다. 이런 태도는 그의 성장 환경과 밀접한 관련이 있다.

 남편이 일부러 그러는 걸까?

남자아이들의 뇌는 여자아이들에 비해 감각적인 지각 능력이 현저히 떨어진다고 말한 것을 기억하는가? 이것은 성인 남자의 경우에도 마찬가지다. 허섭스레기를 끌어안고 살아가는 자기 남편의 놀라운 능력에 좌절한 40대 초반의 한 전문직 여성이 나를 찾아온 적이 있다. 그녀는 깔끔한 집안에서 자랐기 때문에 지저분한 남편과 살다 보니 거의 미칠 지경이 된 것이다.

어느 날 아침, 그녀는 부부 침실에 딸린 욕실(크기가 가로세로 1.8미터 밖에 안 되는) 한쪽 구석 바닥에 다 쓴 두루마리 휴지 심이 떨어져 있는 것을 보았다. 그녀는 한 가지 실험을 해보기로 결심했다. 그래서 휴지 심에 날짜를 적은 뒤 그것을 발견한 장소에 도로 놓았다. 남편이 언제쯤 그것을 발견하고 치울지 알고 싶었던 것이다. 어쨌든 그녀가 남편의 뒤치다꺼리까지 할 필요는 없지 않은가? 그는 어린아이가 아니니까. 아니, 어린아이던가?

한 주가 다 지났지만 그녀가 매일 아침 욕실을 확인할 때마다 휴지 심은 여전히 욕실 바닥에 그대로 놓여 있었다. 한 달이 가고 두 달, 석 달, 그리고 넉 달이 흘러 결국 계절까지 바뀌었다! 그녀가 처음 두루마리 휴지 심을 발견한 것은 10월 말이었는데 벌써 2월 말이 된 것이다.

마침내 그녀는 더 이상 참을 수 없는 지경이 되었다. 그래서 남편이 퇴근하고 돌아오자 남편을 욕실로 데려가 말했다.

"내가 여기서 실험을 한 가지 했는데 말이야, 그 실험이 뭐였을 것 같아?"

남편은 주위를 둘러보았다.

"벽을 새로 칠한 건 아니지?"

"아니야."

"바닥도 똑같은 거 맞지?"

"그래."

"음… 미안하지만 모르겠는데?"

결국 그녀는 냉정을 잃고 날카롭게 쏘아붙였다.

"두루마리 휴지 심 말이야! 바닥에 계속 떨어져 있었는데 못 봤어? 이것 봐, 내가 날짜까지 써놨다고. 10월 30일. 자그마치 넉 달이나 여기 있었다고!"

남편은 어깨를 으쓱했다.

"미안해. 내가 미처 못 봤나봐."

내가 그 남편을 만나 직접 이 부분에 대해 물었을 때도 그는 솔직히 못 봤다고 대답했다! 이것은 그가 욕실에 들어갈 때는 단 한 가지 일을 끝내는 데만 집중하기 때문이다. 따라서 주변 시야에 비치는 다른 것들은 전혀 알아차리지 못한다. 그러나 만약 아내가 "여보, 두루마리 휴지를 갈 때 바닥에 떨어진 휴지 심 좀 버려줄래? 그래주면 정말 고맙겠어"라고 말했다면 휴지 심을 버리는 일도 그의 레이더망에 들어왔을 것이다. 그리고 아내의 입장에서도 넉 달씩이나 스트레스를 받을 필요가 없었다.

집에서 일을 하며 아이들을 키우는 또 다른 여성도 자기 나름의 테스트를 실시했다. 그녀는 남편이 마치 치약을 사올 수 있는 사람은 그녀뿐인 것처럼 행동하는 데 화가 치밀었다. 한번은 텅 빈 치약 튜브를 쥐어짜고 또 쥐어짜는 남편의 모습을 보면서 '언제쯤 되면 자기가 직접 마트에서 치약을 사와야겠다는 생각을 하게 될까' 하는 궁금증이 들었다. 하지만 그런 일은 벌어지지 않았다. 대신 남편은 어느 날 저녁에 아래층으로 내려오더니 이렇게 말했다.

"여보, 애들 양치를 시켜야 하는데 튜브에서 더 이상 치약을 못 짜내겠어. 새 치약 있어?"

"모르겠는데." 아내가 말했다. "당신 최근에 치약 사온 적 있어?"

남편은 이런 질문을 받은 여느 남편들만큼 당황스러워했다.

"아니."

그러면서 마치 치약을 사오는 것이 자기가 상상할 수 있는 가장 이상야릇한 일이라도 되는 것처럼 웃었다. 할 말을 잃은 남편을 보며 아내가 말했다.

"그럼 아마 치약이 다 떨어졌을걸."

그녀의 남편은 단순한 남자일지는 몰라도 멍청하지는 않다. 아내의 태도를 보고 뭔가 심상찮은 일이 있음을 알아차린 그는 이렇게 말한다.

"내가 가서 사올까?"

아내는 "좋은 생각이야"라고 말하면서 이렇게 생각한다.

'좋아, 드디어 기다리던 때가 왔군. 이제야 알아차렸어!'

적어도 남편이 (그녀의 표현에 따르면) '갈라틱 블루 버블민트 스타워즈 치약'을 사오기 전까지는 이것이 아주 좋은 아이디어라고 생각했다.

나도 남자라서 그런지 솔직히 말해 도대체 뭐가 문제인지 알 수가 없어 상담실 의자에 앉아서 이 이야기를 듣는 동안 당혹감을 느꼈음을 고백해야겠다. 어쨌든 그녀는 남편이 치약을 사오기를 바라던 게 아니었나?

"그걸 닦아내본 적 있으세요?" 그녀는 세상에 이런 어리석은 사람을 봤냐는 듯이 반쯤 고함을 지르며 대답했다. "그 끈적거리는 파란색 치약은 사방에 들러붙는다고요!"

그녀는 치약을 살 때 '어떤 치약이 가장 주위를 덜 어지럽힐까'를 고민한다. 반면 남편은 치약을 사면서 '아이들이 가장 좋아할 만한 치약은 어떤 것일까'를 생각했다.

결국 단순한 오해에서 비롯된 일이며 이런 일은 어느 집에서나 생긴다. 여자가 중요하게 여기는 일과 남자가 중요시하는 일 사이에 존재하는 커다란 격차 때문이기도 하다. 그러나 당신이 결혼한 그 피조물을 제대로 이해하려면 남편을 조금은 신뢰해야 한다. 만약 그녀가 남편에게 "오늘 저녁에 퇴근하는 길에 마트에 들러서 크레스트^{Crest} 치약 좀 사다줄 수 있어? 치약이 다 떨어졌는데 오늘은 내가 사러 갈 시간이 없거든. 당신이 사다 주면 정말 고맙겠어"라고 말했다면 그렇게 화를 내며 속을 끓일 필요가 없었을 것이다. 그 남자가 집에 오면서 뭘 사들고 올 것 같은가? 크레스트 치약이다. 그에게 구체적인 임무가 주어졌고(자기가 정확히 뭘 사야 하는지 안다) 아내는 그를 필요로 하고 있고 고맙게 여긴다는 말까지 했다.

이제 어느 쪽이 더 나은 방법인지 알겠는가? 화장실의 두루마리 휴지 심 사건처럼 당신이 뭔가를 원한다는 사실을 남편이 알아차릴 때까지 기다린다면 아주 오랜 시간을 기다리게 될 것이다. 그러니 직접 말하는 편이 훨씬 낫지 않을까?

약간만 노력을 기울이면 열 배의 보답이 돌아온다. 일이 그런 식으로 풀리는 것을 늘 봐왔기 때문에 장담할 수 있다. 남편이 어떤 일을 제대로 해냈을 때는 기를 북돋아줘야 한다. 그가 해준 일에 얼마나 감사하는지 말하자. 친구들 앞에서 남편 자랑을 하자.

"그이가 뭘 해줬는지 알아? 내가 큰 프로젝트를 맡아 야근을 하느라 집에 늦게 들어왔는데 글쎄 그이가 라자냐를 만들어놓은 거야. 난 그이가 라자냐를 만들 줄 안다는 것도 몰랐지 뭐야. 게다가 벌써 설거지까지 싹 다 해놨더라고. 너무 기뻐서 거의 울 뻔했다니까."

그보다 좋은 방법은 그가 같이 있는 자리에서 친구들에게 남편 자랑을 하는 것이다. 그는 '내가 이런 남자라니까'라고 생각하며 속으로 우쭐댈 것이다.

 ## 말보다는 결과로

때로 남편에게 자기 행동의 결과를 몸소 느끼게 해줄 필요가 있다. 집안일을 돕는 것을 예로 들어보자. 대부분의 남자들은 집안일을 잘 도와주지 않는다. 그들은 요리도, 청소도, 장보기도 하지 않는다. 옷은 벗은 자리에 그대로 놔둔다. 이 남자들은 그런 일은 여자들이 할 일이라고 생각한다. 그러나 그것은 잘못된 생각이다. 가족으로 산다는 것은 곧 모든 구성원이 필요한 집안일을 도와야 한다는 뜻이다.

남편이 집안일을 도와주지 않을 때 버럭 화부터 낼 필요가 없다. 또 사소한 일을 가지고 크게 법석을 떨 필요도 없다. 그냥 남편을 교육시키기만 하면 된다. 강아지도 훈련시키는데 자기 남편을 훈련시키지 못할 이유가 뭐 있겠는가? 남자들은 교육이 가능한 생물이며 그들이 뭔가를 배우는 데 있어 가장 좋은 방법은 결과를 보여주는 것이다.

예컨대 당신 혼자 집안일을 도맡아 하는 데 염증이 났다고 하자. 그러나 남편은 집이 돼지우리처럼 변해도 별로 신경 쓰지 않을 것이다. 이럴 때 남편의 뒤치다꺼리를 다 해주면서 당신의 주장을 입증한 뒤 그의 얼굴 앞에 대고 손가락을 흔들 수도 있다.

"내가 뭘 치웠는지 봐. 자기가 어지른 거잖아. 그런데 그 뒤치다꺼리는 내 차지야? 당신은 전혀 도와주지도 않고 항상 어지르기만 하지…."

그런데 당신이 손을 허리에 얹고 남편 앞에 버티고 서서 그런 잔소리를 늘어놓으면 그 말이 남편의 귀에 어떻게 들리는지 아는가? "웅얼웅얼웅얼." 당신이 하는 말은 그의 양쪽 귀 사이에 자리 잡은 컴퓨터에 아예 입력조차 되지 않는다.

하지만 이런 간단한 방법을 시도해보면 어떨까. 남편이 사방에 흩어놓은 물건들을 정리하지 않고 며칠이고 그대로 놔둔다면? 그러다가 예상치 못했던 손님이 불시에 찾아와 잔뜩 어질러진 거실을 목격하고 남편이 그 때문에 당혹감을 느낀다면? 그래서? 그것 때문에 뭐 남편이 죽기라도 하는가? 그렇지 않다. 다만 그에게 소중한 교훈을 안겨줄 뿐이다.

남편이 월요일에 쓰레기 버리는 것을 잊는 바람에 차고에 있는 그의 소중한 코르베트^{Corvette} 옆에 계속 쓰레기 봉지가 놓여 있다면? 이걸 당신이 치워줘서는 안 된다. 그냥 놔둬서 그가 소중히 여기는 영역에 악취가 풍기게 해야 한다. 그가 다음 월요일에는 절대 쓰레기 버리는 것을 잊지 않을 것이라고 장담할 수 있다. 역시 남자는 훈련이 가능하다.

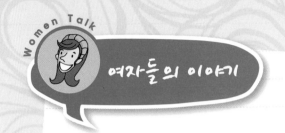
박사님이 말씀하신 대로 해봤습니다. 스스로를 방어하면서 남편이 자기 행동의 결과를 몸소 체험하게 한 거죠. 어떤 일이 있었는지 말씀드릴게요. 어느 날 저녁에 남편이 좋아하는 베이비 백립을 만들어주려고 준비를 하는데 하필이면 바비큐 소스가 똑 떨어진 거예요. 저희 집에는 차가 한 대밖에 없기 때문에 회사에 있는 남편에게 전화를 걸어서 말했죠.

"미안한데 부탁 하나만 할게. 퇴근길에 마트에 좀 들렀다 올 수 있어?"

그런데 남편은 "아니, 안 돼. 너무 바빠"라면서 전화를 끊어버리더군요. 솔직히 말해서 정말 기분이 상했습니다. 저는 일부러 힘들여서 그가 좋아하는 음식을 만들어주려고 하는데 겨우 5분 정도만 시간을 내면 되는 장보기 심부름을 해줄 수 없다니 말이에요. 그러나 평소처럼 화를 내거나 앙갚음을 하는 대신 박사님 말씀을 떠올리면서 그에게 자기 행동의 결과를 알려주기로 했습니다.

그날 저녁 식탁 앞에 앉은 남편은 마치 도살장에 끌려온 돼지처럼 투덜거렸습니다.

"대체 바비큐 소스도 없이 어떻게 베이비 백립을 먹으라는 거야?"

저는 조용히 말했죠. "기억할지 모르겠는데 아까 내가 전화를 걸어 마트에 좀 들렀다 와달라고 부탁했잖아. 난 차가 없으니 마트에 갈 수가 없고. 그런데 당신은 너무 바빠서 안 되겠다고 했지. 내가 당신에게 부탁하려던 건 딱 하나였어. 바로 바비큐 소스지."

그의 표정을 보니 제 말을 제대로 이해했다는 걸 알겠더군요. 그는 더 이상 불평하지 않고 립을 먹었습니다(그런 일은 처음이었어요. 남편은 늘 제가 만든 요리에 대해 쉬지 않고 불평을 늘어놓았거든요.)

그게 한 달 전의 일이에요. 그리고 그 일이 있은 뒤에 남편에게 전화를 걸어 마트에서 뭘 좀 사다 달라고 부탁한 적이 딱 한 번 있는데 남편은 곧장 "그래, 사갈게"라고 말하더군요. 그리고 어제는 퇴근하기 전에 전화를 걸더니 '퇴근하면서 혹시 뭐 사갈 것 없느냐'고 묻기까지 하는 거예요. 이런 변화가 믿어지세요? 음, 아마 믿으실 수 있겠네요. 이런 일이 벌어질 거라고 말씀하신 게 바로 박사님이니까요.

제 남편이 이렇게 변할 수 있으리라고는 생각도 못 했어요. 자기 행동의 결과를 보여주는 방법이 정말 효과가 있었어요. 다음에는 우리 아이들에게 이 방법을 써봐야겠네요.

— 미시시피 주에서, 파멜라

칭찬받고 싶어 하는 어린 소년

남편에게 실망감을 느끼기 전에 '대부분의 남자들은 관계의 속성을 잘 이해하지 못한다'는 사실을 기억해야 한다. 때로는 나도 더없이 멍청하게 굴 때가 있다(내 아내에게 물어보면 알 것이다). 나는 이 분야의 박사학위까지 받은 사람인데도 말이다. 남편이 당신의 생각을 알아차려주기를 기대하지 말고 그가 해줬으면 하는 일을 구체적으로 말해야 한다. 당신이 중요하게 여기는 것이 무엇인지 단서를 주자. 당신이 이것을 부드럽게 말해주면 남편이 매우 고마워할 것이라고 장담할 수 있다. 당신은 타고난 언어의 마술사니까 여기에서도 뛰어난 솜씨를 발휘할 수 있을 것이다.

하지만 여기서 기억해야 할 것은 당신의 말과 태도가 일치해야 한다는 사실이다. 말로는 온갖 칭찬을 늘어놓으면서 정작 행동으로는 남편을 존중하는 모습을 보이지 않는다면 차라리 밖에 나가서 뒤뜰에 있는 나무에 대고 말을 하는 편이 나을 것이다.

남을 비판하기 전에 먼저 그의 입장이 돼서 생각해보라는 옛말이 있다. 우리 남자들은 타인과의 관계에는 취약할지 몰라도 가족을 부양하는 데서 상당한 심리적 만족감을 얻는다. 물론 그로 인한 압박감도 만만치 않지만. 그러나 정서적인 충족감이 가장 큰 것은 뭐니 뭐니 해도 부양을 위한 노력을 가족으로부터 인정받을 때다. 모든 남자의 내면에는 아내에게서 "정말 잘했어!"라는 칭찬을 듣고 싶어 하는 어린 소년이 살고 있다.

그러니 남편 얼굴을 보면 돈 한 푼 들지 않는 엄청난 선물을 안겨주자. 평소 당연하게 생각했던 서너 가지 일들에 대해 "정말 고마워"라고 말하는 것이다.

이렇게만 한다면 평생 당신만을 사랑하고 기꺼이 온 마음을 다해 당신을 부양할 남편을 얻게 될 것이다. 그리고 남편도 행복해질 수 있다. 그는 당신을 기쁘게 해줄 수 있는 일이라면 무엇이든 다 할 것이다. 어쨌든 그것이 바로 당신이 금요일까지 얻고 싶어 하는 새 남편에게서 바라는 바 아닌가?

Q ■ 제게는 남편과 2명의 10대 자녀, 그리고 자주 출장을 다녀야만 ■ 하는 업무 강도가 높은 직업이 있습니다. 출장을 마치고 집에 돌아와 보면 완전히 엉망진창이 된 집이 절 기다립니다. 깨끗이 치우는 데 한나절이 걸릴 정도죠. 자진해서 저를 도와주는 사람은 아무도 없습니다. 남편은 "잘 다녀왔어?"라고 말하고는 다시 신문 뒤로 얼굴을 감춥니다. 그의 눈에는 부엌 식탁 위에 널려 있는 빈 피자 상자나 음식 찌꺼기들이 안 보이는 걸까요?

A ■ 음, 왜 화가 치밀었는지 충분히 이해가 됩니다. 엉망진창으 ■ 로 어지럽혀진 집에 돌아오는 것을 좋아할 사람은 아무도 없습니다. 또 당신은 가족을 위해 노예처럼 일하려고 존재하는 사람도 아니고요. 그런데 이런 식으로 생각해 보신 적 있으십니까? 댁의 남편 눈에 정말 그 난장판이 보였을까요? 혹시 봤더라도 당신만큼 짜증이 났을까요? 아마 아닐 겁니다. 그는 당신을 분통 터지게 하려고 일부러 그런 것이 아닙니다. 그저 우선순위가 다를 뿐입니다. 남편에게 "집에 돌아와서 엉망이 된 집 안 꼴을 보는 게 정말 괴로워. 다음에 내가 출장을 가면 돌아오기 전에 당신이 애들을 데리고 집을 좀 치워 줄 수 있을까?"라고 말하세요. 그 말을 들은 남편의 머릿속에 환하게 전구가 켜지면서 '그거 참 좋은 아이디어로군. 난 왜 지금까지 그 생각을 못했지?'라고 생각할 가능성이 높습니다.

한 달 뒤…

리먼 박사님, 정말 믿을 수가 없어요. 지금 막 출장에서 돌아왔는데 집 전체가 눈부실 정도로 깨끗하네요. 주방까지요. 피자 상자도 보이지 않아요. 누군가 마법을 부린 게 아닌가 생각될 정도예요. 틀림없이 남편이 치웠을 거예요. 아이들은 수학여행을 떠나서 오늘 밤에야 돌아오거든요. 선생님의 조언이 정말 효과가 있었습니다!

그렇게 생각하시다니 기쁘군요. 해드리고 싶은 조언이 몇 가지 더 있습니다. 이제 당신이 원하는 바를 깨달은 남편에게 그 깨달음을 한층 더 보강해 줄 필요가 있습니다. 그는 진심으로 당신을 기쁘게 해주고 싶어 합니다. 그러니 오늘 밤 그가 집에 돌아오면 기분 좋은 깜짝 선물을 주는 것은 어떨까요? 이렇게 말해보세요. "여보, 집을 이렇게 깨끗이 치워놔 줘서 정말 고마워. 보고 깜짝 놀랐어."

그런 뒤 남편을 침실로 데려가 혹시 아이들이 일찍 돌아올 경우를 대비해 문을 잠그고 그와 멋진 시간을 즐기는 겁니다. 이것은 남편에게 '나를 위해 이런 일을 해줘서 정말 기뻐. 그래서 당신과 사랑을 나누고 싶어졌어. 당신 같은 남자와 결혼하다니 난 참 행운아야' 등의 내용이 담긴 광고를 슬쩍 전달하는 한 방법입니다. 남편은 이제 당신이 부탁하는 일이라면 뭐든지 다 들어줄 테고 당신의 집은 그 근방에서 가장 깨끗해질 겁니다!

보너스 1

존중받지 못하는 삶

트집 잡기 좋아하거나 무례하거나 아내를 학대하는 남편은 어떻게 해야 할까? 세상에는 자기 아내를 이용하는 남자들이 있다. 만약 당신 남편이 그런 남자라면 당신은 이런 태도를 참고 살 필요가 없다. 이 코너는 지금껏 참고 산 아내들, 남편의 무례한 말과 행동에 지칠 대로 지친 아내들을 위한 코너다.

존중받지 못하는 삶

얼마 전 아침에 라디오 프로그램에 출연했는데 스물세 살의 한 여성이 전화를 걸어 질문을 했다. 그녀는 일곱 살과 3개월 된 아이를 둔 어머니였다. 결혼식은 올리지 않은 채 한 남자와 동거 중이다. 생활비는 전부 그녀가 벌어오고 남자는 아무 하는 일 없이 빈둥거리며 지낸다.

"그가 하는 일이라고는 저를 비난하는 것뿐이에요." 그녀가 말했다.

그녀는 요리사이자 가정부이자 섹스 파트너지만 남자는 두 사람의 관계를 유지하기 위한 일에 손도 까딱하지 않는다. 그녀를 이용하고 있는 것이다.

"그런 놈은 차버리세요." 내가 격한 어조로 말했다. "아직 살아갈 날이 창창한데 그 남자는 당신과 평생을 함께 할 자격이 없습니다."

그러나 일단 결혼을 한 상태에서는 아무리 괴로운 관계라도 거기에서 벗어나기가 그리 쉽지만은 않다.

당신이 이 책을 집어든 데는 나름의 이유가 있었을 것이다. 지금의 남편은 남편이라고 할 수조차 없기 때문에 새로운 남편을 원하는 것이라는 걸 속으로는 다들 알고 있다. 당신이 결혼한 그 남자는 당신을 자기 멋대로 조종하고 당신을 존중하지 않으며 소리만 버럭버럭 질러대고 심지어 때리기까지 한다. 당신을 속이고 거짓말을 하며 속속들이 불성실한 바람둥이에 그 밖에도 셀 수 없이 많은 단점을 가지고 있다. 그런 것은 결코 당신이 남자에게서 바라던 바가 아니다.

솔직하게 말하겠다. 이런 상황에서 두 사람의 관계를 개선하거나 남들 보기에 번듯한 가족을 이룰 수 있는 마법의 가루 같은 것은 존재하지 않는다. 그것은 현실적으로 불가능하며 인생이 그런 식으로 굴러가지도 않는다. 자신과 맞지 않는 사람과 결혼하는 사람들이 많은 것이 현실이다. 스스로에게 만족하지 못하거나 건전한 자아상을 가지고 있지 않은 사람들은 자신과 어울리지 않는 사람에게 마음이 끌리는 경향이 있다. 오늘날 결혼한 부부의 절반 이상이 이혼으로 끝나는 것도 당연하다고 할 수 있다.

이혼까지 고려하고 있는 상황이라면 결정을 내릴 때 고려할 일이 몇 가지 있다. 현행 이혼법은 의료 혜택, 퇴직 급여, 남편의 수입에서 당신이 받을 수 있는 몫, 자녀 양육권 등에 대해 어떻게 규정하고 있는가? 당신에게 직업이 있는 경우 혼자 버는 수입으로 생활비(주택, 자동차 등)를 충당할 수 있는가? 필요한 생활비를 충당하고 미래를 위한 밑천을 모을 추가 수입을 얻으려면 어떻게 해야 하는가? 학업을 계속할 생각이라면 낮에 아이들을 돌볼 좋은 방법이 있는가? 결제 계좌와 저축 계좌가 당신과 남편의 공동 명의로 돼 있는가, 아니면 계좌에 남편 이름만 등록돼 있는가? 어디에서 살 생각인가? 만약 지금 사는 집에 계속 살 수 있다면 그 비용을 감당할 능력이 되는가? 아이들 나이와 성장 단계가 어느 정도이며 엄마 아빠가 따로 떨어져 사는 것에 어떤 반응을 보일 것 같은가? 휴일 면접권을 비롯해 자녀 양육권 문제를 어떻게 처리하고 싶은가? 아이들이 어디에서 학교를 다닐 것인가?

이런 문제에 대한 정보를 수집하는 것이 매우 중요하다. 학대(육체적, 성적, 감정적, 언어적)를 당하는 경우에는 결혼이 장기간 지속될 수 없으며 그래서도 안 된다. 그 어떤 종류의 학대도 용납해서는 안 된다.

그러나 이혼은 그렇게 쉽지도 않고 즉각적인 해결책이 아니다. 이혼은 관련된 모든 이들에게 장기적인 영향을 미친다. 그런 영향을 미리 고려해서 확실한 정보를 바탕으로 당신 자신과 자녀의 행복을 위해 신중한 선택을 해야 한다.

이 점만은 확실하게 강조하고 싶다. 만약 내가 카운슬러로서 잘못하는 일이 있다면 일을 해결하는 데 너무 치중한다는 점일 것이다. 때로는 목적지에 도달하기 위해 불쾌한 일들도 헤쳐 나가야 한다. 그러나 당신은 어떤 남자의 샌드백(육체적, 성적, 감정적, 언어적)으로 살아가서는 안 된다. 비록 그 남자가 당신의 남편일지라도 말이다. 남편이 바람둥이라면 그는 이미 오래전에 결혼 서약을 저버린 것이다. 당신을 학대하는 사람과 결혼했다면 당신은 스스로를 지켜야 한다. 법적, 경제적으로 자신을 보호하기 시작할 필요가 있다. 당신 자신의 안전과 아이들의 정서적, 육체적 안전을 위해 자기 삶을 스스로 통제해야 한다.

 부전자전

'부전자전'이라는 말을 누가 처음 만들어냈는지 몰라도 정말 현명한 사람이었음이 분명하다. 꽃으로 뒤덮인 결혼식장 카펫 위를 행진하는 것은 결혼 당사자 두 사람뿐만이 아니다. 당신의 부모와 남편의 부모, 그리고 가족들 모두 함께 그 길을 걸은 것이다. 고기와 치즈만 가지고는 타코를 만들 수 없다. 상추와 핫소스, 콩, 토마토, 사워크림 등 모든 것이 다 갖춰져 있어야 한다.

남편의 타코에는 가족을 통해 배운 갖가지 개념에 자신의 가치관을 더한 재료들이 가득 들어차 있다. 만약 그가 자기 어머니를 존중하지 않는 아버지의 모습을 보고 배웠다면 누구에게 그 행동을 적용할 것 같은가? 바로 당신이다. 당신은 시아버지가 시어머니를 함부로 대하는 모습을 보고, 또 당신 아들은 자기 어머니가 거친 대우를 받는 모습을 본다면 어떻게 앞으로 일이 잘 풀릴 것이라고 생각할 수 있는가? 언젠가는 남편이 존중과 애정이 담긴 긍정적이고 예의 바른 태도로 당신을 대해줄 것 같은가?

Q 제 남편은 8년 넘게 직장 동료와 외도를 하고 있습니다. 그 사실을 안 지는 오래됐지만 두 아이를 아빠 없이 키우고 싶지 않았기 때문에 계속 참았습니다. 하지만 남편은 가족들과 함께 지내는 시간이 별로 없어요. 날마다 저 혼자 저녁 준비를 하고 아이들 숙제를 도와줍니다. 저희 딸은 학교생활에 잘 적응하지 못하고 있습니다. 선생님 말씀으로는 행동에 문제가 많고 다른 사람들을 존중하지 않는다고 하네요.

현재 남편이 이혼 소송을 제기한 상태입니다. 제가 맞서 싸워야 할까요? 저희가 화해할 수 있다고 생각하세요? 그럴 만한 가치가 있을까요?

A 8년 동안이나 당신을 무시하고 결혼 서약을 저버린 남자와 왜 화해하고 싶은 겁니까? 그가 당신이나 아이들을 배려하지 않는다는 사실은 자명하며 게다가 당신 혼자 모든 책임을 덮어쓰게 했습니다. 그런데도 참은 것은 그가 돈을 벌어오기 때문인가요?

아이들 때문에 할 수 없이 계속 결혼생활을 유지했다고 말했는데 솔직히 말해 이런 생활은 아이들에게도 좋지 않습니다. 특히 현재 어떤 일이 벌어지고 있으며 또 당신이 그것을 참고 있다는 사실을 아이들이 아는 경우에는 더욱 그렇습니다. 아버지가 그렇게 부정적인 역할 모델을 하고 있으니 따님 행동에 문제가 생기고 윗사람들을 존경하지 않는 것도 당연합니다. 제가 그 아이였더라도 마찬가지였을 겁니다.

이제 당신과 아이들의 행복을 위해 자기 자신을 옹호해야 할 때입

니다. 화해는 성립될 수 없습니다. 그는 이미 오래전에 당신 곁을 떠났는데 이제야 서류 작업을 하고 있는 것뿐입니다. 남편을 놓아주고 대신 당신과 아이들이 편히 사는 데 필요한 돈을 받아내기 위해 싸워야 합니다.

당신은 "나도 알아요, 안다고요. 하지만 우리는 서로 사랑했고 결국 모든 일이 잘 풀릴 것이라고 생각했어요"라고 말할지 모른다. 행복에 도취되어 데이트를 즐기던 시절에는 두 사람 다 자신의 가장 좋은 모습만을 보여줬을 가능성이 높다. 그 당시에는 혈통 좋은 순종 개처럼 보였던 남자가 결혼한 뒤에 알고 보니 잡종이었던 것이다.

돌이키기에는 너무 늦어버린 지금에 와서 내가 이런 얘기를 하는 이유가 무엇일까? 혹시 지금의 관계를 청산한 이후에 다시 새로운 관계를 맺게 된다면 이런 중요한 사항을 고려하는 것이 아직은 너무 늦지 않았을 수 있기 때문이다.

내가 나쁜 남자는 차버리라고 했던가? 아니, 내 말은 그런 뜻이 아니다. 아이들까지 있다면 고려해야 할 문제가 더 많다. 하지만 그것이 서로에 대한 배려가 전혀 없는 결혼생활을 영원히 유지하라는 말인가? 절대 그렇지 않다. 내 말은 결혼생활을 하면서 남편의 무례한 언동이 지속되도록 용납해서는 안 된다는 것이다. 그 사이클을 바꾸기 위해서는 남편과 관계를 맺는 방식부터 바꿔야 한다.

남편이 바뀌기를 기다리고만 있으면 아무 변화도 생기지 않는다. 남편에게 잔소리를 하면서 들볶는다면 남편보다 오히려 당신이 더 비참해질 것이다(그리고 잔소리는 나약함의 표시처럼 느껴지기 때문에 당신에 대한 남편의 존중심이 더 약해진다). 그렇다면 어떻게 해야 할까?

남편이 습관의 동물이라는 사실을 기억하라. 남자가 뭔가에 관심을 기울이게 하려면 판에 박힌 그의 일과를 깨야 한다. 남자들은 문제를 해결하려는 성향이 있기 때문에 때로는 어떤 대상에 관심을 기울이기 전에 그것이 망가져버릴 수도 있다는 사실을 몸소 느낄 필요가 있다.

예를 들어 당신의 남편이 어느 날 저녁 퇴근하고 돌아오자마자 버럭 소리를 질렀다고 해보자.

"세탁소에 맡긴 내 옷 어디 있어? 왜 옷을 안 찾아온 거야?"

당신은 이 말싸움에서 도저히 이길 수 없다는 사실을 알기 때문에 아예 시작조차 하지 않는다. 그리고 만약 그 일이 정말 당신의 잘못이라면 세탁물 찾아오는 것을 잊은 것에 대해 사과한 뒤, 비록 당신이 실수를 저질렀다 하더라도 남편에게 정중한 대우를 받을 자격이 있다는 사실을 기억해야 한다. 그리고 그날 밤 이 문제에 대해 조치를 취해야 한다.

그로부터 한 시간 30분쯤 뒤, 남편은 식탁에 저녁이 차려져 있지 않다는 사실을 알아차린다. 그는 아마 머리를 긁적이다가 저녁 준비가 조금 늦어지나 보다 생각하며 다시 자기 자리로 돌아갈 것이다. 그러나 다시 30분이 지나도 부엌에서 아무 소리가 들리지 않으면 분명히 이렇게 물어볼 것이다.

"저녁은 어떻게 된 거야?"

이때 발끈 화를 내서는 안 된다. 푸념을 늘어놓는 것도 금물이다. 평상시대로 차분한 목소리로 이렇게 말한다.

"저녁을 할 기분이 아니야."

"저녁을 할 기분이 아니라니, 그게 대체 무슨 말이야?"

냉정을 잃지 말자. 말싸움을 시작해서는 안 된다. 그냥 이렇게만 대답하면 된다.

"두 시간 전에 당신이 집에 돌아오자마자 벌컥 화를 내면서 세탁소에 맡긴 옷이 어디 있냐고 했잖아. 사실 오늘 오전에는 당신이 어젯

밤 친구들을 불러서 연 미식축구 파티 뒷정리를 하느라 시간을 다 보냈거든. 그리고 오후에는 어머니가 전화를 하시더니 집에 와서 심부름을 좀 해달라고 하시지 뭐야. 세탁물을 깜박하고 안 찾아온 건 미안해. 하지만 나는 아까 당신이 보여준 태도보다 좀 더 나은 대접을 받을 자격이 있다고 생각해. 내가 얼마나 바쁜 하루를 보냈는지 알려고 하지도 않고 그렇게 비난만 해대면 당신이 날 전혀 존중하지 않는다는 생각이 들어. 그리고 그런 기분일 때 요리가 하고 싶겠어?"

대부분의 남편들은 언제 자기 아내가 모욕감을 느끼는지 알아차리지 못한다. (남자들은 감각적 지각 능력이 떨어진다는 사실과 관련이 있다.) 그러니 관계에 금이 갔다는 사실을 남편이 깨달을 수 있도록 뭔가 조치를 취해야 한다. 그냥 말로 해서는 많은 성과를 거둘 수 없다. (다음 장에서는 당신이 어떤 말을 했을 때 남편이 그것을 어떻게 받아들이는지 살펴볼 것이다.) 적절한 상황을 조성한다면 당신이 전하고자 하는 메시지가 확실하게 전달될 가능성이 크게 높아진다.

또 남편의 성장 환경도 면밀히 살펴봐야 한다. 남편의 아버지는 자기 아내를 어떻게 대했는가? 그의 어머니는 남편을 어떻게 대했는가? 당신의 남편이 자기 어머니에게 난폭하게 굴거나 애정이 없는 아버지 밑에서 자랐다면 결혼생활에 대해 뭘 배웠겠는가? 또 여자나 자기 자신에 대해서는? 그의 부모들은 힘든 고비를 어떻게 넘겼는가? 어떤 식으로 의사소통을 했는가? 소리 지르며 싸우다가 한쪽이 죄책감을 느끼고 사과할 때까지 서로 말도 하지 않고 지냈는가? 견원지간처럼 싸워댔지만 결과가 시원찮았는가? 어쩌면 상대방에게 원한을 품고 집안 분위기를 살벌하게 만들었을지도 모른다. 문제는 해결되지 않은

제 남편은 제가 해주는 모든 일들을 매우 당연하게 생각합니다. 그는 늘 제가 하는 모든 일에 혹평을 퍼부어요. 그의 마음에 흡족했던 적이 한 번도 없었죠. 그리고 툭하면 저와 이혼하겠다며 협박합니다. 저희에게는 아이가 셋 있기 때문에 남편이 그 말을 꺼낼 때마다 전 정말 겁이 나요. 제가 뭘 어떻게 할 수 있겠어요? 그저 남편 비위를 맞추기 위해 최선을 다할 뿐이죠. 다음에 또 그가 성질을 폭발시키기 전까지요.

그러던 중에 리먼 박사님의 조언을 받았습니다. 박사님은 제가 남편을 깜짝 놀라게 해줘야 할 때라고 말씀하셨죠? 이혼하고 싶다고 먼저 말을 꺼내고 남편이 그것을 통해 자기가 한 짓을 깨닫게 될지 지켜보라고요. 박사님 말씀이 맞았어요. 다시 저를 비난하기 시작하려고 할 때 그 말을 꺼내니까 남편의 행동이 뚝 멈추더군요. 입이 떡 벌어져서는 저를 멍하니 쳐다보기만 했어요.

지금은 함께 상담을 받으러 다닌답니다. 남편은 저와 아이들을 잃을 수도 있다는 사실을 깨닫자 마치 머릿속에서 폭탄이 터진 것 같았다고 카운슬러에게 말했어요. 변화를 일으키려면 때로는 위험을 무릅쓰고 용감하게 행동할 필요가 있다는 박사님 말씀이 이번에도 맞았습니다. 이제 저희 집은 변하고 있어요. 느리지만 확실한 변화랍니다.

— 워싱턴 주에서, 앨리샤

채 조용히 묻혔다가 치아에 치석이 쌓이듯 계속 쌓여만 간다. 당신의 남편이 자기 부모에게서 배운 이런 패턴이 남편과 당신 사이의 관계에 어떤 영향을 미치는가?

이것은 도미노 효과를 일으킨다. 나는 60년 넘게 살면서도 아직 자동차나 그와 관련된 문제들을 전혀 모른다. 그러나 자동차 전기 부분에 문제가 있다는 말을 들으면 돈이 엄청나게 들어간다는 사실은 알고 있다. 그 문제가 너무나 다양한 방식으로 드러날 수 있기 때문이다. 요즘 같은 하이테크 엔진 시대에도 나는 우리 동네 정비소에 많은 돈을 퍼붓고 있다. 근원지를 추적하기 어려운 전기적 문제가 발생하는 것이 정말 싫다. 한 곳에 문제가 생긴 것 같다고 생각하는 순간 다른 부분에서 문제가 드러난다. 건초더미에서 바늘을 찾는 것 같은 기분이다.

사람을 구성하는 전선은 저마다 다른 방식으로 연결돼 있다. 그 전선 가운데 일부는 제자리에 잘 있지만 어떤 것은 그렇지 못하다. 오랫동안 간섭이 일어나지 않고 적절한 방식으로 다룬다면 완벽한 상태가 유지돼 문제가 생기지 않는다. 그러나 어떤 환경에서는 이 전선들을 함부로 잡아당기거나 무시하거나 학대하기도 한다. 그러니 시간이 흐르면 이렇게 망가진 전선이 겉으로 드러나 문제를 일으키는 것은 당연한 일 아닌가?

착실형

결혼생활을 하는 동안 남편과 아내는 서로를 기쁘게 해주기 위해 노력해야 한다. 그러나 한쪽만 노력을 하고 다른 한쪽은 가만히 앉아서 그것을 받기만 한다면 문제가 있다. 착실형은 겉보기에는 자신감이 넘치고 성공한 것처럼 보이지만 그 아래에 숨겨진 또 다른 그녀는 자기가 결코 다른 사람들을 기쁘게 해주지 못할 것이라고 속삭인다. 그녀는 부모의 압력을 강하게 받은 완벽주의자인 경우가 많다. 그녀는 아버지의 관심이나 지원, 사랑을 거의 받지 못하는 비판적이고 불행한 가정에서 자랐다. 결혼한 뒤에 남편이 자기를 함부로 대해도 자기는 더 나은 대접을 받을 자격이 있다고 생각하지 않기 때문에 꾹 참기만 한다. 사실 그녀의 엄마 아빠도 그렇게 생각하지 않았는가. 그들의 생각이 옳을 것이다.

착실형은 모든 것이 자기 잘못이라고 생각한다. 자기가 그렇게 행동하지 않았더라면, 그런 말을 하지 않았더라면 남편이 고함을 지르거나 화를 폭발시키거나 그녀를 때리지 않았으리라 생각하는 것이다. 이런 사람은 자기 인생행로가 울퉁불퉁한 굴곡 없이 평탄하기를 바란다. '어떤 대가를 치르더라도 평화를 지키자'는 것이 그녀의 모토다. 그러나 피해를 입는 쪽은 그녀뿐이다. 그녀는 남에게 짓밟혀도 잠자코 참기 때문에 모든 이들(남편을 비롯해)이 그녀를 이용한다. 그녀의 가치는 존재 자체가 아니라 하는 일에 따라 평가를 받는다. 역설적이게도 착실형은 자기를 이용하는 '지배자'나 '의존형 낙오자'와 결혼하는 경향이 있다.

지배자

지배자는 자기 아버지가 어머니를 모욕하고 괴롭히고 언어적 또는 육체적으로 학대하는 모습을 보고 자라면서 여자들은 나약하고 남자의 지배를 받는 존재라는 생각을 키웠다. 그는 성질을 폭발시키고는 나중에 후회하는 경우가 많다.

"미안해, 제발 용서해 줘. 다시는 안 그럴게."

착실형 아내는 그 말을 믿고 싶기 때문에 스스로에게 이렇게 말한다.

'그는 정말 미안해하고 있어. 자기 입으로 그렇게 말하잖아.'

그러나 그 뒤에도 똑같은 시나리오가 계속 되풀이된다. 지배자는 자기보다 약한 사람을 지배하는 것에서 심리적인 만족을 얻는다. 그는 육체적, 언어적으로 아내를 지배하거나 집안의 돈의 흐름을 통제하는 등의 방법을 쓴다.

하지만 지배자가 항상 언어적, 육체적으로 아내를 학대하는 것은 아니다. 때로는 아내의 동정심이나 그를 돕고 싶어 하는 마음을 이용해 아내를 통제하기도 한다. 나는 이런 유형의 남자를 '의존형 낙오자'라고 부른다. 그의 아내는 자기가 열심히 노력하기만 하면 남편을 원하는 모습으로 바꿔놓을 수 있다고 생각하는 개혁가다. 그러나 그녀는 남편 주위를 조심스럽게 맴돌면서 자기 인생을 허비하고 있는 것이다.

 ## 지배를 미연에 방지하라

세상에는 여자의 치맛자락 뒤에 숨어 사는 남자들이 매우 많다. 그들은 자기가 사왔지만 제대로 작동하지 않는 TV 같은 물건들에 대해 불평을 늘어놓는다. 닫힌 문 뒤에 앉아서 투덜거리고 또 투덜거린다.

하지만 정작 TV를 판 점원과 얘기해야 할 때가 되면 당당하게 나서지 못한다. 그래서 결국 그의 아내가 상점에 TV를 도로 가져다주는 경우가 많다. 내가 무슨 말을 하려는지 알겠는가? 당신은 뒤로 한 걸음 물러나고 남편이 직접 일을 해결하도록 해서 비겁한 생쥐가 아닌 진짜 남자가 되게끔 해야 한다는 말이다.

당신은 남편의 바닥 깔개나 하인이 되려고 이 세상에 태어난 것이 아니다. 남편이 존경하는 사람들 가운데 그에게 좋은 영향을 미칠 만한 사람이 있는가? 당신의 남편에게 도움을 주면서 좋은 남편이 되는 방법을 가르쳐줄 멘토는? 당신이 나가는 종교 모임에 가입할 만한 소모임이 있는가? 부부 관계를 좋게 만드는 데 도움이 되는 모임은? 남편이 전문가에게 상담을 받는가?

남편의 반응을 통해 그가 변화하려는 의지가 있는지 없는지 알 수 있다. 의지가 엿보인다면 정말 좋은 일이다! 당신 힘으로는 불가능한 모든 부분에서 그 변화를 이어나가도록 독려할 수 있다. 반면 남편이 변하려는 의지가 없다면 결혼생활을 청산하는 편이 낫다. 이런 생활이 길어질수록 상처만 더 많이 쌓일 뿐이다.

안드레아라는 여성은 활동적인 기업 임원과 결혼했다. 하지만 그는 파렴치한 인간이었다. 여러 여자와 관계를 가지면서 결혼 서약을 수없이 깼다. 그는 별로 좋은 남편도, 좋은 아빠도 아니었다. 그녀가 나를 만나러 온 것은 그가 이혼 서류를 내밀었을 때였다. 그는 아이들을 데려가려고 했고 그에게는 돈과 유능한 변호사가 있었기 때문에 안드레아는 궁지에 몰린 상태였다. 그녀는 아이들을 잃는다는 생각에 완전히 겁에 질려 있었고 아이들에게 벌어질 일에 대해 걱정했다.

나는 결국 그녀에게 남편은 지배자이고 그가 '엄마 곰의 약점이 새끼 곰들'이라는 사실을 알고 있다는 사실을 납득시켰다. 그가 정말 아이들을 원할까? 아니다. 제트기를 타고 날아다니는 기업 임원이 어떻게 두 아이를 온종일 돌보겠는가? 아이들을 출장길에 데려간다고? 공항에서 업무 회의를 할 때는 아이들을 자기 옆에 앉혀두고? 학교나 바이올린 교습소까지 데려다주고 데려오는 일은?

나는 안드레아에게 말했다. "그가 다음에 또 아이들 양육권을 독차지하겠다고 협박하거든 그의 눈을 똑바로 보면서 이렇게 말하세요. '그것 때문에 변호사를 동원할 필요는 없어. 아이들은 당신이 데려가. 그리고 아이들이 언제 뭘 해야 하는지 알 수 있도록 여기 일정표도 적어왔어.' 그리고 아이들의 다음 달 일정이 적힌 달력을 건네주는 겁니다."

"하지만 리먼 박사님," 그녀가 말했다. "만약 그가 제 말을 받아들이면 어떻게 하죠?"

"그럴지도 모르죠." 내가 말했다. "그렇다면 그동안의 시간을 현명하게 활용하세요. 학교에 들어가서 빽빽하게 수업을 듣고 학위를 따는 겁니다. 싱글 맘으로 살려면 자기 자신과 아이들을 부양하기 위해 가능한 모든 업무 기술을 익혀야 할 테니까요."

그리고 싱긋 미소를 지었다.

"하지만 남편이 아이들을 데려가더라도 한 달도 채 못 돼서 돌려보낼 것이라고 장담할 수 있습니다."

내 말이 맞았다. 심지어 일주일도 채 가지 못했다. 안드레아는 남편에게 용감히 대항함으로써 그의 지배를 미연에 막을 수 있었다.

만약 처음으로 돌아가 다시 시작할 수 있다면 당신이 똑같은 남자를 고르지는 않을 것이다. 그러나 이미 그 남자를 선택한 이상, 결과에 대한 당신의 태도에 따라 당신 자신과 자녀들의 미래가 달라진다. 하지만 일정한 선을 그어놓고 절대 넘지 말아야 할 영역도 분명히 존재한다.

보너스 Ⅰ

얼룩말을 말로 바꾸려 하는가?

이 장은 모든 사람을 위한 것은 아니지만 어떤 이들에게는 생명줄 같은 역할을 할 수도 있다. 결혼생활을 유지하려는 필사적인 노력의 일환으로 이 책을 집어든 사람도 있을 것이다. 당신은 남편을 변화시키기 위해 온갖 방법을 다 동원했다. 지금까지 남편에게 깊이 상처받고 멸시당하고 학대당하고 완전히 무시당했기 때문에 금요일까지 새로운 남편을 얻을 가능성에 대해 어디서부터 생각해 봐야 하는지도 알수가 없다. 당신의 남편은 불성실하고 육체적 또는 언어적으로(혹은 둘 다) 당신을 학대했으며 사방에서 자기 아내를 모욕하고 아이들에게까지 해를 미쳤기에 더 이상은 참을 수가 없다. 금요일까지 새로운 남편을 원하는 것은 분명하지만 과연 지금의 남편을 그대로 원하는지는 확신이 가지 않는다. 어쩌면 처음부터 다시 시작하는 편이 나을 수도 있다. 당신이 결혼한 그 남자는 당신에게 너무 많은 상처를 입혔기 때문에 당신은 더 이상 그를 사랑하지 않는다. 지금부터 내가 하는 이야기는 그런 사람들을 위한 것이다.

얼룩말을 말로 바꾸려 하는가?

대부분의 남자들은 자기 아내를 기쁘게 해주고 싶어 한다. 적어도 건전한 생각을 가진 사람들은 모두 그렇다. 성실하고 도덕적인 남자들은 무엇이 옳은지 잘 알고 그것에 따라 행동한다(때로는 부부 관계에 있어 멍청한 모습을 보이기도 하지만). 하지만 당신이 결혼한 남자는 그런 건전한 생각을 가지고 있지 않을 수도 있다.

마리화나를 피우거나 보드카를 마시거나 코카인을 흡입하면서 시간을 보내는 남편들도 있다. (공공연히 또는 은밀하게) 바람을 피우며 다니거나 아내를 때리는 남자들도 있다. 어쩌면 포르노에 푹 빠져 살아서 당신은 남편의 그런 모습을 보거나 그가 억지로 시키는 일에 넌더리가 났을지도 모른다. 그렇다면 하나 묻겠다. 그가 당신이 존경하고 사랑하고 높이 평가할 수 있는 남편이었던 적이 있는가? 아니면 얼룩말을 잡아 늠름한 종마로 바꾸려고 애쓰고 있는가?

　내가 말하려는 바는 이것이다. 어떤 사람은 발굽 소리를 듣고 "아, 저기 말이 오네"라고 말할지도 모른다. 하지만 말이 아닌 얼룩말이 달려오는 소리를 들었을 가능성이 크다. 그런데 사람들은 자기가 믿고 싶은 것을 믿는 경향이 있다. 당신도 그런가? 장래 남편감의 모습을 그의 실제 모습과 다르게 그리려는 함정에 빠졌는가? 그렇다면 당신에게 알려줄 소식이 있다. 얼룩말의 줄무늬를 지워 말로 만드는 것은 불가능하다. 아무리 그래봐야 본질은 변하지 않는다.

　독신이거나 다시 독신이 된 여성들 가운데 독신 남녀가 데이트 상대를 찾아 모이는 술집에 가서 자기가 꿈에 그리는 남자(평생을 함께 하고 싶은, 온화하고 다정하며 관계를 소중히 여기는 빛나는 갑옷의 기사)를 찾으려는 이들이 많다. 이것은 마치 레이크쇼 애비뉴^{Lakeshore Avenue}를 한가롭게 걸어 다니거나 시카고의 워터 타워 플레이스^{Water Tower Place}에서 에스컬레이터를 타고 있는 얼룩말을 찾으려는 것과 같은 일이다.

　이런 남자들의 저속한 행동을 지켜보거나 그들이 전 부인이나 예전 여자 친구에 대해 얘기할 때 어떤 식으로 묘사하는지 들으면 이들이 어떤 남자인지 뚜렷이 알 수 있다. 그들 대부분은 자기 자신조차 별로 좋아하지 않는데 어떻게 다른 사람을 좋아하거나 사랑할 수 있겠는가? 그들은 직장을 계속 옮겨 다니고 사귀는 여자도 자주 바뀌며 자기 자신 이외의 모든 이들에게서 결점을 찾아낸다. 화를 잘 내는 이들이 많다. 또 그들 대부분은 장기적인 관계를 원하는 것이 아니라 한두 번 같이 잘 여자를 원할 뿐이다.

당신은 정말 그런 술집 같은 환경을 자기 집에 옮겨놓고 싶은 것인가? 당신을 위해? 아이들을 위해? 그런 술집에서 노닥거리는 남자를 정말 평생의 파트너로 삼고 싶은가?

이런 남자가 정말 변할 수 있을까? 가능하기는 하다. 그러나 전능한 신이 던진 벼락에 맞아야만 가능하다. 개중에는 단순한 낙오자도 있다. 그들은 여자를 사랑하고 또 그녀가 마땅히 받아야 할 대접을 해 줄 수 있는 강인한 남자가 될 만한 능력이 없다. 어쩌면 이것은 그들의 성장 환경과 자라면서 집에서 받은 대우 때문인지도 모른다. 아니면 약물 중독이 원인일 수도 있다. 그러나 세상에는 자기 이외의 타인을 아예 생각할 줄 모르는 남자들도 있다.

만약 당신도 이런 경우에 속한다면 정말 유감이다. 좋은 연인이 돼 주지도 못하고 자기 이외의 다른 사람을 생각하지도 못하는 남자와 결혼했다니 유감이다. 당신도 지금쯤이면 자기가 당시에는 사랑이라고 생각했지만 결국 완고한 지배와 소유욕으로 발전한 감정에 눈이 멀어 끔찍한 선택을 했다는 사실을 깨달았을 것이다.

혹시 위로가 될지 모르겠지만 그런 잘못된 선택을 한 사람이 당신만은 아니다. 세상에는 그런 남자가 넘치도록 많다. 나는 카운슬링 일을 하면서 (완곡하게 말해서) 상당히 불쾌한 남자들도 만나봤다. 그들은 아무하고나 잠자리를 같이 하며 언제든 그럴 태세가 돼 있다. 결혼 생활에 충실하겠다는 서약을 수도 없이 깨는 것이다.

자기 아내가 보는 앞에서 내게 이런 말을 하는 남자도 있었다.

"저는 좋은 남편입니다. 결혼한 뒤로 만난 여자가 고작 4~5명밖에 안 된다고요. 왜 아내가 그걸로 만족하지 못하는지 모르겠네요."

몇 차례 상담을 하는 동안 남편이란 작자에게서 이런 말도 안 되는 소리를 되풀이해서 들은 뒤 내가 그 여자에게 어떤 조언을 해줬는지 아는가?

"그 멍청이를 차버리세요!"

전능한 신이 개입하지 않더라도 어쨌든 그 남자는 사랑이라는 것을 아예 할 줄 모르는 사람인데 그녀와 아이들은 그런 사람 밑에서 23년이나 고통을 겪었다. 이제 아이들도 다 커서 집을 떠났으니 그녀도 남편의 학대에서 벗어나야 한다. 그녀는 그런 남자와 사랑에 빠진 데 대한 죗값을 충분히 오랫동안 치렀다.

남편과의 관계를 되돌아보면 그가 지배자 성향을 지닌 남자라는 조짐을 일찍부터 알아차렸는가? 그를 위해 핑계를 대줬는가? 지배자의 특징은 자신이 항상 옳다는 것이다. 혹시 그가 틀렸더라도 그것은 다른 누군가의 잘못이지 자기 잘못이 아니다. 그러니 그에게는 늘 희생양이 필요하다. 그렇다면 그의 심리적(혹은 육체적) 샌드백은… 누구일까? 바로 당신이다.

이제는 멈춰야 할 때다. 지금 당장.

아마 그와 결혼할 때는 당신의 힘으로 그를 변화시킬 수 있으리라 생각했을 것이다. 결혼생활 내내 그 목표를 이루려고 애썼지만 소용이 없었다. 겉보기에는 멀쩡한 직업을 가진 괜찮은 사람일지 몰라도 도덕적으로는 성격 파탄자다. 그의 행동에 이렇게 문제가 많은 것은 건전한 환경에서 자라지 못했기 때문이다. 그는 자기 집에서 보고 자란 불성실, 오만, 게으름, 부정, 학대를 그대로 답습한다. 문제 있는 환경에서 자란 남자와 결혼생활을 시작했다면 당신이 이 책에 소개된 원칙을 모두 따른다 하더라도 그가 180도 달라질 가능성은 희박하다.

그런 남자도 바뀔 수 있을까? 물론 언제나 희망은 있다. 그러나 내가 알기로 그런 남자를 변화시킬 수 있는 유일한 방법은 영적 갱신뿐이다. 얼룩말의 줄무늬를 없애기 위해 손바닥이 다 벗겨질 때까지 계속 문질러댈 수도 있겠지만 그래도 그는 여전히 얼룩말이지 말이 아니다.

집을 지을 때 처음부터 품질 좋은 자재를 가지고 일을 시작하지 않는다면 먼저 토대에 금이 가고 그 다음에는 벽에…. 그리고 결국에는 집 전체가 무너져 버린다. 결혼생활의 토대 또한 신뢰, 서로에 대한 찬탄과 존경, 애정이라는 회반죽으로 단단히 굳혀서 튼튼하게 쌓아 올려야 한다. 그런 것이 존재하지 않는 결혼생활에서는 현실을 직시할 필요가 있다. 그런 결혼은 지속될 수 없다. 만약 그것을 지속시킨다면 어떤 대가를 치러야 할까? 남편이 계속 지금 같은 태도로 당신을 대하게 놔둔다면 당신과 당신의 자녀(만약 자녀가 있다면)는 장차 어떤 대가를 치르게 될까?

세상에는 술을 마시며 주정을 하고 마약을 하고 다른 여자를 꾀어 잠을 자는 남편과 같이 사는 여자들도 있다. 당신도 남은 인생을 그런 식으로 보내고 싶은가? 당신의 남편에게는 전문가의 도움이 필요하다. 남편이 그런 도움을 받으려 하지 않는다면 당신과 당신의 미래를 위해 선택을 해야만 한다. 특히 아이들이 있는 경우에는 더욱 그렇다.

Q ▪ 저는 결혼한 지 25년이 됐습니다. 저희 결혼생활은 당연히 잘 풀려야 했습니다. 전 집안의 맏이고 남편은 막내니까요(박사님이 쓰신 『타고난 승리』를 막 읽어봤죠). 하지만 어린 시절에 그는 사람들을 교묘하게 조종해 나쁜 짓을 하고도 벌을 받지 않는 교활한 아이였습니다. 그는 상상할 수 있는 모든 상황에서 자기 어머니를 이용했습니다.

결혼한 이후에 남편은 세 차례 외도를 했습니다. 첫 번째 외도는 결혼한 지 겨우 한 달 뒤에 있었고 두 번째는 결혼하고 10년 뒤에, 그리고 마지막 한 번은 바로 작년에 벌어졌습니다. 심지어 그는 제가 질투하는 모습을 보려고 제 친구들 가운데 한 명과 데이트를 하기도 했어요.

더 이상은 못 참겠습니다. 하지만 저는 이혼은 꿈도 꾸지 못하는 집안에서 자랐기 때문에 결심을 하기가 몹시 힘들었습니다. 제가 남편에게 우리는 얘기를 나눌 필요가 있다고 말하니까 그는 "뭐에 대해서?"라고 하더군요. 그래서 그에게서 벗어나고 싶다고 말했죠. 남편은 우리 10대 딸에게 아무 얘기도 하지 않고 그냥 작별 인사만 하겠다는 데 동의했습니다. 하지만 나중에 제가 잠깐 집을 비운 사이에 몰래 찾아와 딸애에게 자기는 집을 나가고 싶지 않은데 제가 억지로 쫓아낸 것이라고 말했답니다. 자기가 외도를 했다는 얘기는 절대 하지 않았어요. 그저 모든 게 제 잘못이라고만 말했죠. 제 아이 앞에서 아빠를 깎아내리고 싶지 않은데 어떻게 해야 할까요? 도와주세요! 정말 어찌할 바를 모르겠어요.

A. 당신은 지배자와 결혼한 착실형 인간의 전형적인 표본입니다. 지배자들은 대개 맏이인 경우가 많지만 막내들 가운데도 반사회적인 성격 이상자의 성향을 지닌 이가 있습니다. 당신 남편이 바로 그런 예지요. 그는 오랜 세월 동안 당신의 피를 말리면서 계속 이용만 해왔습니다. 이제는 그런 악순환을 끝내야죠. 그는 그동안 즐겁게 시간을 보냈을 겁니다. 자기 마음 내키는 대로 집에 들락날락거리고 집에 오면 깨끗한 옷과 음식을 즐기고 아무에게도 책임지지 않은 채 아내가 아닌 다른 여자들과 관계를 가졌습니다(그리고 아마 당신과도 계속 했겠지요). 그러니 그가 왜 집을 나가거나 변화를 모색하고 싶겠습니까?

그러나 이 경우에는 당신이 단호한 태도를 취해야 합니다. 그 남자는 더 이상 당신 집에서 환영받을 수 없는 존재죠. 지금까지 자기 아빠가 엄마를 어떻게 대하는지 쭉 지켜봐온 10대 딸에게 진실을 말해줘야 합니다(하나하나 자세히 설명하지는 말고 결혼한 이후 아이 아빠가 세 차례 외도를 했다는 전체적인 내용만 이야기하면 됩니다). 그리고 변호사를 만나 당신에게 어떤 선택권이 있는지 알아보세요. 이제 당신 쪽에서 강경한 태도를 취할 때입니다. 남은 인생도 계속 이런 식으로 살고 싶으십니까? 당신과 당신 딸은 그보다 나은 인생을 살 권리가 있습니다.

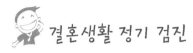

결혼생활 정기 검진

나는 6개월마다 한 번씩 치과에 간다. 치과에서는 "케빈, 치아를 깨끗하게 청소할 때가 됐습니다"라고 적힌 카드를 보내곤 한다. 최근에 검사를 받으러 치과에 들렀을 때 스케일링을 해주는 치위생사에게 농담을 던졌다.

"내가 치실을 사용해서 정말 기쁘죠?"

"리먼 박사님," 그녀가 말했다. "이제 그것이 얼마나 중요한지 아셨겠죠."

그렇다. 그것을 잘 알기에 치실 사용을 좀 더 손쉽게 하려고 마트에서 이상하게 생긴 플라스틱 물건도 샀다. 아직 치실을 썩 훌륭하게 사용하지는 못하지만 예전보다는 훨씬 나아졌다. 우리는 때때로 이렇게 검진을 받을 필요가 있다. 치석을 제대로 제거하지 않으면 치아에 계속 쌓여 문제를 일으킬 수 있다. 병원에서 정기 검진을 받지 않으면 혈관에 콜레스테롤이 쌓여 심각한 심장 발작이 일어난다.

이와 마찬가지로 당신의 결혼생활도 시시때때로 점검해볼 필요가 있다. 당신을 이용하기만 하는 남자와 결혼했다면 당당하게 자신의 입장을 밝혀야 한다. '아니'라고 거절할 수 있는 힘을 기르자. 그것이 당신 자신과 아이들, 그리고 다음 세대를 위한 당신의 의무다.

예전에 매우 심한 충격을 받은 어떤 여자에게서 가슴 아픈 편지를 받은 적이 있다. 그녀는 남편이 부주의하게 흘려놓은 영수증을 하나 발견했는데 거기에는 남편이 집 근처 한 상점에서 '특별한 날을 위한 12.99달러짜리 장미'를 샀다고 적혀 있었다. 그것을 본 그녀는 당연히 자기 앞에 장미 꽃다발이 등장하기를 기다렸다. 그러다가 문득 영수증에 찍힌 날짜를 보니 벌써 3일이나 지난 평일 낮에 지불한 영수증이었다.

그녀는 남편이 외도를 하고 있다고 의심하기 시작했다. 현명한 여자라면 이럴 때 어떻게 하겠는가? 그녀는 사설 탐정을 고용해 남편을 미행해서 그가 어디에서 무엇을 했는지 상세하게 기록한 보고서와 사진까지 손에 넣었다.

결국 영업 일을 하는 남편이 그녀의 친한 친구(고등학교 때부터 친하게 지낸 친구)와 내연 관계이며 점심시간을 틈타 그녀 집에서 두어 블록 떨어진 친구네 집에 찾아가곤 한다는 사실이 밝혀졌다. 친구의 남편은 항공기 조종사라 한 번 비행을 가면 3~4일씩 집에 들어오지 않았다. 그녀와 친구는 함께 점심을 먹으러 다니면서 자주 얼굴을 맞대고 머리 모양이나 패션, 구두, 아이들에 대한 이야기를 나누는 사이였고 양쪽 집 아이들은 같은 축구 팀에 소속돼 있었다.

"리먼 박사님, 전 대체 어쩌면 좋을까요?"

"친구를 만나러 가세요." 내가 말했다. "그리고 이렇게 말하는 겁니다. '네 남편에게는 네가 직접 말할래, 아니면 내가 할까?' 남편에게도 직접적으로 부딪혀서 증거를 보여주세요. 그리고 그들이 당황스러워하는 모습을 지켜보는 겁니다."

이런 경우는 상처가 너무 크고 충격적이며 결혼생활과 우정이 동시에 깨진 것이기 때문에 남편과의 관계가 원래대로 회복될 가능성은 거의 없다고 봐야 한다. 상처는 그리 쉽게 사라지지 않는다. 그 상처를 떠올리게 하는 사적인 기억들이 너무 많기 때문이다.

당신의 짐작대로 이 부부는 화해하지 못했다. 남편은 아내가 이 사건을 가지고 왜 그렇게 호들갑을 떠는지 이해하지 못했고(그는 아내에게 "그냥 같이 자기만 했을 뿐이야. 진짜 사건 게 아니라고"라고 말했다) 아내는 그의 이런 생각이나 태도를 더 이상 참지 않겠다고 결심했다(올바른 결정이다). 그녀는 한 달도 안 돼 이혼 절차를 밟기 시작했다. 그녀는 자기 남편과 친구를 따로 만나 그들이 자기의 신뢰를 깨고 얼마나 큰 상처를 줬는지, 또 두 가족에게 어떤 돌이킬 수 없는 피해를 입혔는지 똑똑히 말했다.

그녀는 두 사람이 함께 있는 모습이 계속 머릿속에서 떠나지 않고 또 여전히 그들과 이웃에 산다는 사실이 마음에 걸려 인근 도시(20분 정도 떨어진)에 새로 이사 갈 집을 찾았다. 직장은 그대로 다녔지만 아이들은 다른 학교로 전학시켜 자기와 자기 아이들이 그 친구나 그녀의 아이들과 더 이상 만날 일이 없도록 했다. 그리고 유능한 변호사를 고용해 자신과 아이들의 권리를 보호하면서 아이들이 주말이나 휴일에 아빠와 만날 수 있게 해주었다.

후속 상담을 위해 만난 자리에서 그녀는 가깝게 지내던 이웃들 사이에 이 충격적인 소문이 퍼지자 친구는 회사에 하루 휴가를 냈다가 다시 복귀하지 않았다고 말했다. 또 그 친구는 자기 남편에게 이메일을 보내 아무래도 자기는 다른 주로 이사 가는 것이 좋을 듯하며 아이들 양육권을 완전히 그에게 넘긴다고 말했다. 상황이 이렇게 되자 친구의 남편도 필요한 조치를 취했다. 아이들을 돌볼 수 있도록 업무 일정을 조정하고 한 시간 떨어진 곳에 사는 그의 어머니가 와서 두 아이를 돌봐주었다.

만약 당신이 이와 비슷한 (가까운 사람들에게 배신당해 신뢰가 무참히 깨지는) 상황에 처했다면 이런 일을 겪는 사람은 당신뿐만이 아니다. 매일 전국 곳곳의 수많은 여자들에게 이런 일이 일어나며 그들의 친한 친구가 연루되곤 한다. (내가 상담한 그녀와 그녀의 남편은 고등학교 졸업반일 때 실시한 한 투표에서 '결혼해서 영원히 행복하게 살 것 같은 커플'로 뽑힌 사람들이었다.)

그러니 당신도 당장 변호사에게 전화를 걸어 이혼 절차를 밟기 시작하라. 그러나 이혼이 힘든 이유는 관련된 모든 이들이 고통을 받아야 하기 때문이다. 아이들은 마음의 상처를 입고 당신은 경제적, 관계적, 감정적 상처를 입으며 남편은(비록 지금은 별로 유감스러워하는 것처럼 보이지 않아도) 앞으로의 관계에서 계속 대가를 치르게 될 것이다.

그렇기 때문에 다음과 같은 일들을 해보는 것이 좋다.

1. 충분한 시간을 들여 결혼할 남자에 대해 잘 알아봐야 한다. 그가 자기 가족들과 어떻게 지내는지 유심히 관찰한다. 그의 아버지가 아내를 대하는 방식과 그의 어머니가 남편을 대하는 방식도 지켜본다. 그런 것들이 모두 남편이 자라면서 어떤 대접을 받았고 당신과의 관계에서 어떤 패턴을 따를지 알아낼 수 있는 실마리가 된다. (이 조언은 두 번째 선택을 하려는 이들이 좀 더 현명한 선택을 할 수 있도록 도와줄 것이다.)
2. 항상 상대방을 먼저 생각하고 날마다 대화를 나눠 서로에 대한 마음이 긴밀하게 유지되도록 한다.
3. 화가 난 채로 잠자리에 들지 않는다.
4. 문제를 해결되지 않은 채로 남겨두지 않는다.

Q ▪ 제 남편은 항상 거짓말만 합니다. 구직 지원서를 쓸 때도 흡연, 음주, 약물 사용에 대해 거짓말을 하지요(그가 지난 2년 사이에 코카인을 흡입하는 걸 일곱 번이나 봤거든요). 항상 예민한 상태이고 밤늦게 일할 때면 제가 자기 방에 들어가는 걸 싫어해요. 신용카드를 늘 한도액까지 쓰고 저에게는 말도 없이 비싼 물건을 사들이는 바람에(제가 지금껏 한 번도 타본 적 없는 보트 같은 것 말이에요!) 저희 집 재정 상태는 지금 엉망입니다. 어떻게 하면 좋을까요?

A ▪ 남편에게 똑바로 말해야 합니다. 지금 당장 얘기를 좀 하자고 하세요. 그리고 약물 중독을 치료하기 위해 전문적인 도움을 받아야 한다고 말하세요. 뭔가 숨기는 듯한 그의 태도를 볼 때 현재 포르노에 중독돼 있는데 당신에게 알리고 싶어 하지 않는 것일 가능성도 높습니다. 제 말이 사실인지 확인하고 싶다면 남편이 사용하는 컴퓨터의 '기록' 버튼을 클릭하면 그가 최근에 본 사이트들을 추적할 수 있습니다.

당신이 변태적이라고 생각하거나 불편하게 느끼는 방식으로 섹스를 하자고 남편이 제안한 적이 있습니까? 당신이 성적으로 하고 싶어 하지 않는 일들을 강요한 적은요? 그것도 남편이 포르노에 빠져 있을지 모른다는 것을 알려주는 또 다른 단서입니다.

신용카드 청구 내역을 살펴보고 정확한 사용처를 확인해야 합니다. 여기에서도 포르노 사이트 결제 내역을 찾게 될지도 모릅니다.

그런 경우 남편에게 직접적으로 말씀하십시오. 남편의 포르노 중독이 사실임을 확인한 경우에는 "당신 포르노 봤어?"라고 물어서는 안 됩니다. 빠져나갈 여지를 줘서는 안 되니까요. 그보다는 "당신이 포르노에 빠져 있는 거 알아. 그건 불결하고 역겨울 뿐만 아니라 나를 비롯한 모든 여자들에게 굴욕적인 짓이니 당장 그만둬야 해. 앞으로도 그런 행동을 계속한다면 이 집에서 살게 할 수 없어. 이 문제와 끊임없이 거짓말을 늘어놓는 버릇에 대해 상담할 카운슬러와 당장 약속을 잡아"라고 말해야 합니다.

신용카드가 부부 공동 명의로 돼 있다면 신용카드 결제를 보류해 더 이상 요금이 청구되지 않도록 할 수도 있습니다.

그 남자는 당신을 이용하고 있는 겁니다. 그의 행동을 참아주지 마세요. 전문가의 도움을 받으라고 계속 주장해야 합니다. 그리고 그 말에 따르지 않는다면 집을 나가 다시는 돌아오지 못하게 해야 합니다. 거짓말쟁이는 신용할 수 없고 변태 성욕자도 마찬가지입니다. 당신 집에는 그런 인간이 발붙일 곳이 없지요.

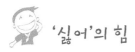 ## '싫어'의 힘

결혼생활에서 어떤 형태로든(육체적, 성적, 감정적, 언어적) 학대가 자행된 경우에는 확실하게 선을 그을 필요가 있다. 되도록 남편이 집을 나가도록 하고 그것이 여의치 않으면 여자가 떠나야 한다. 그런 남자와는 같은 집에 머무를 수 없다. 그것이 상황을 위기로 몰아넣는다 하더라도 그렇게 해야 한다. 남편이 육체적인 학대를 가한 경우에는 언제 짐을 꾸려서 떠날 것인지(남편이 집에 없을 때를 골라서)와 단기 및 장기적으로 안전하게 지낼 수 있는 장소에 대해 신중하게 계획을 세워야 한다.

이렇게 말할 사람이 있을지도 모른다.

"하지만 리먼 박사님, 그이는 교회 집사예요. 제가 그렇게 행동한다면 남편이 창피를 당하고 교회에서 망신을 당하게 될 거예요."

그가 어떤 인물이든 관계없다. 심지어 교회 집사가 아니라 목사일 수도 있다. (그런 위치에 있는 이들이 아내를 학대하는 경우도 우리가 생각하는 것보다 훨씬 많다.) 당신을 학대하는 남자의 체면 때문에 당신 자신이나 자녀들을 위험한 곳에 계속 놔둘 수는 없다. 또 남편이 언제 또 화를 낼까 불안해하며 하루 24시간 살얼음판 위를 걷듯이 살 수도 없다.

물론 먼저 상담을 받아볼 수도 있다. 그에게 이렇게 말하라.

"내 얘기 잘 들어. 당신이 변하고자 하는 의지만 있다면 내가 같이 가서 손도 잡아주고 열심히 응원도 해줄 거야. 하지만 그 일을 대신 해줄 수는 없어. 당신이 직접 1대 1로 맞부딪혀서 해결해야 해."

그가 당신에게 책임을 떠넘기려는 것을 단호히 거절하고 그가 직접 책임지도록 해야 한다. 분명하게 말해두겠다. 당신이 이 지상에 존재하는 이유는 다른 사람, 특히 자기 남편에게 짓밟히기 위해서가 아니다. 남편의 노예로 살아갈 이유가 없다. 당신은 그보다 훨씬 나은 삶을 살 자격이 있다.

지배자에게 하나를 양보하면 그는 백을 가지려 할 것이다. 그렇기 때문에 재빨리 단호하게 선을 긋고 높은 기준을 정해야 한다. 남편이 당신에게 폭언을 퍼붓고 욕을 하고 아무짝에도 쓸모없는 인간이라고 말한다면 그것을 참고만 있으면 안 된다. 결혼생활을 하면서 남편의 위협과 무례한 태도를 그 어떤 이유로도 참고 살아서는 안 된다.

나는 실제로 많은 여성들에게 그녀의 말이 진심이고 실제로 행동에 나설 것임을 보여줘 남편의 주목을 끌기 위한 목적으로라도 이혼 서류를 제출하라고 권유했다. 믿을지 모르겠지만 때로는 그런 방법을 통해 아내를 학대하던 남자가 자신이 지금까지 잘못했다는 것을 인정하고 상담과 도움이 필요하다는 사실을 깨닫기도 했다.

두 사람 모두 열심히 노력하면 때로는 결혼생활을 유지할 가능성이 생기기도 한다. 하지만 그것은 매우 드문 경우다. 학습 패턴이 워낙 단단하게 뿌리를 내리고 있어 쉽게 떨쳐버릴 수 없기 때문이다.

비열한 인간에게 본때를 보여줘야 할 때도 있다. 남편에게 이렇게 말하라.

"이런 식으로는 안 되겠어. 이제 더 이상은 당신 잘못을 감싸거나 그런 태도를 용납하고 싶지 않아."

그리고 집에 남아서 계속 말싸움을 벌일 필요도 없다. 일단 말을 꺼냈으면 그대로 등을 돌리고 떠나면 된다.

내가 어디에 선을 그어야 한다고 말했는가? 절대로 용납할 수 없는 행동이 두 가지 있다. 육체적 또는 성적 학대, 그리고 당신이나 아이들을 해치거나 죽이겠다는 위협이 바로 그것이다. 남편이 육체적 또는 성적으로 학대하거나 총이나 칼을 가지고 당신의 생명과 신체적인 안전에 위협을 가한다면 절대 그 결혼생활을 유지해서는 안 된다. 당신과 아이를 위해 되도록 빨리 그 집에서 벗어날 계획을 세워야 한다. 그러나 현명하게 행동하는 것이 중요하다. 당신이나 아이들이 위험에 처하지 않을 적절한 시기를 택해 집을 나와야 한다. 다시 말해 남편에게 직업이 있다면 그가 일터나 사무실에 나간 시간을 이용해 주도면밀하게 탈출 계획을 세우는 것이다.

그 지역에 있는 여성 쉼터에 미리 연락해서 일단 집을 나온 뒤에는 당신과 아이들의 행복을 위해 어떤 조치를 취해야 하는지 구체적인 제안을 듣는다. 물론 여성 쉼터는 일시적인 보금자리일 뿐이므로 장차 머무를 곳에 대한 장기적인 계획을 세워둬야 하지만 그곳 직원들은 위기가 발생한 초반에 당신을 도울 수 있도록 훈련을 받았다.

집에서 벗어난 뒤 머무를 곳과 다시는 그 집으로 돌아가지 않기 위해 해야 할 일 등을 계획한다. 남편이 출근한 뒤 당신과 아이들에게 필요한 물건을 챙기고 아이들을 학교에서 데리고 나와 곧장 여성 쉼터로 가는 것도 한 방법이다. 그곳 직원들은 화난 남자들을 다루는 훈련을 받았으며 당신에게는 그런 식의 보호가 필요하다. 몇 블록 떨어진 곳에 있는 당신 친구의 집으로 가는 것은 좋은 생각이 아니다. 특히 당신 남편이 화를 잘 내고 난폭한 사람인 경우에는 더욱 그렇다. 어쩌면 남편이 친구네 집까지 찾아와 당신과 친구, 그리고 아이들을

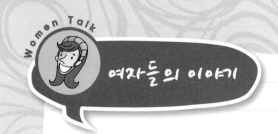
제 남편은 17년 동안이나 알코올 중독 상태로 살고 있습니다. 그가 술에 취해 아침에 못 일어나면 제가 그의 직장에 전화를 걸어 핑계를 대곤 했죠. 그러던 중 한 세미나에서 '남편을 도와준다고 생각하면서 실제로는 그를 망치는 사람이 되지 말라'는 박사님의 말씀을 들었습니다. 그날 집에 돌아와서 한번 시도를 해보기로 했죠. 남편은 그날 밤에도 술을 진탕 마시는 바람에 다음날 숙취에 시달렸습니다. 평소 같으면 제가 그의 직장에 전화를 걸어 남편이 아파서 회사에 좀 늦을 것 같다고 말했을 겁니다. 그의 상사는 11시나 돼야 출근을 하기 때문에 남편은 그렇게 자주 지각을 하면서도 문책을 받지 않았죠. 하지만 그날 아침에는 제가 먼저 전화를 걸지 않았습니다. 남편 회사에서 그가 어디 있는지 물어보려고 집에 전화를 걸었지만 전 받지도 않고 그냥 벨이 울리도록 놔뒀어요. 남편은 일어난 뒤 저한테 불같이 화를 냈습니다. "왜 전화를 안 받은 거야?"라며 소리를 지르더군요. 그래서 앞으로는 그를 대신해서 변명해주는 일은 없을 것이라고 말했습니다. 더 이상 그를 위해 거짓말을 하지 않을 겁니다. 이미 할 만큼 했거든요.

　그날 회사에 지각한 남편은 정말 중요한 회의에 참석하지 못했고 그의 상사가 그 사실을 알았습니다. 상사가 별로 유쾌해하지 않았고 남편은 그날 밤 내내 일에 매달려 있어야 했다고만 말해두죠. 그러고도 다음에 또 지각을 하자 상사가 눈치를 챘습니다. 상사는 남편에게 계속 회사에 다니고 싶으면 알코올 중독자 치료 모임에 나가라고 말했습니다. 그래서 요새 남편은 모임에 나가는 중이랍니다. 별로 내켜하지 않을 때도 있지만 어쨌든 꾸준히 나가고 있어요. 지금도 제가 보기에 과하다 싶을 정도로 술을 마시기는 하지만 제게 소리를 지르는 일은 없어졌습니다. 리먼 박사님 말씀이 맞았어요. 자기 행동의 결과를 보여주니 정말 효과가 있더군요. 저희 집은 이제 지난 몇 년에 비해 훨씬 평온을 되찾았습니다.

– 텍사스 주에서, 재닛

끌어낼지도 모른다. 접근 금지 명령까지 받았는데도 남편 손에 살해 당하는 아내들이 많다. 그러니 집에서 빠져나와 도망친 뒤 법적 자문을 구하고 당국에 남편을 고소해야 한다.

사랑은 상대방에게 자신의 방식을 강요하지 않는다. 만약 그렇다면 그것은 사랑이 아니므로 거기에 속아 일이 잘 풀릴 것이라고 낙관해서는 안 된다.

감정적 · 언어적 학대

"하지만 리먼 박사님, 그는 절 때리거나 하지는 않아요." 이렇게 말하는 여자들이 있다. "그저 고함을 지르면서 제가 쓸모없는 인간이라고 말할 뿐이에요."

하지만 감정적 · 언어적 학대도 육체적 학대만큼이나 큰 해를 끼친다. 거친 말은 마음에 상처를 입히며 그 상처는 오랫동안 아물지 않는다. 그리고 만약 자녀가 이런 모습을 보거나 자녀까지도 학대를 받는 경우에도 그렇다. 이렇게 학대를 받으면서 관계를 계속 유지하는 것은 불가능하다.

육체적, 성적, 감정적, 언어적인 학대를 받는다면 그 상황을 통제해 당신 자신과 자녀를 지배자의 손길에서 피신시켜야 한다. 하지만 인생의 바다가 늘 평온하기를 바라면서 다른 이들과의 대립을 피할 수만 있다면 무슨 일이든 하는 착실형 인간의 경우에는 이것이 매우 어려울 것이다. 죽을 것을 뻔히 알면서도 불 속으로 뛰어드는 나방처럼 당신이 그 남자에게 끌린 이유도 그가 모든 것을 지배하기 때문이었다. 그러나 이제는 거기에서 벗어나야 한다. 이것은 건전하지 못할 뿐만 아니라 위험하기까지 한 상황이다.

자신의 삶을 스스로 통제해야 한다. 자기 자신을 위해서 그렇게 할 수 없다면 아이들을 위해서라도 하라. 아이들은 날마다 남편이 당신을 어떻게 대했는지 머릿속에 새기고 있다. 엄마는 그런 무례한 행동과 학대를 용납하지 않을 만큼 스스로를 존중하는 사람이라는 사실을 아이들에게 보여줘야 한다.

완벽한 가족이란 존재하지 않지만 아이들은 집에서의 경험을 통해 배운다. 집은 학대와 두려움이 지배하는 곳일 수도 있고 아니면 사랑과 존중이 만족스러운 관계의 초석이 되는 곳일 수도 있다. 다음 세대에게 어떤 경험을 물려주고 싶은가? 반드시 필요한 일을 해내는 당신의 용기에 박수를 보낸다.

수요일

게임의 법칙

게임의 법칙

어떻게 말해야 남편이 진지하게 귀를 기울일까.
그리고 어떻게 귀를 기울여야 남편이 자기 심중을 털어놓을까.

나는 비행기나 기차의 2등석에 타는 것을 싫어한다. 나를 속물이라고 생각할지도 모르지만 이 부분에 있어서만큼은 어느 정도 속물근성이 있다는 사실을 인정한다. 그러나 내가 비행기 1등석에 타야 하는 진짜 이유는 심한 밀실 공포증 때문이다(일주일에도 몇 번씩 비행기를 타야 하는 사람이 이 모양이다). 아마 정신과 의사를 만나봐야 할지도 모른다. 어쨌든 내게 있어 비행기 안에서 가장 좋은 좌석은 언제나 오른쪽 첫째 줄 좌석이다. 이 자리에서는 내 앞에 앉은 사람이 의자를 뒤로 젖힐 수 없기 때문에 밀실 공포증을 억제하는 데 많은 도움이 된다. 그러나 어쩌다 한 번씩은 최선의 노력을 다했음에도 불구하고 2등석에 틀어박혀야 하는 경우가 있다.

내가 2등석에 탔다는 것도 나쁜 소식이지만 그보다 더 나쁜 소식은 2등석에는 내가 무사히 살아서 비행을 마칠 수 있는 좌석이 단 한 개밖에 없다는 것이다. MD-80 기종의 경우에는 7D 좌석이다. 이 좌석은 통로로 약간 튀어나와 있기 때문에 답답하게 갇힌 것 같은 기분이 덜하다. 예전에 아내와 함께 비행기를 탔을 때 7D 좌석에 앉은 적이 한 번 있는데 샌디는 아내로서의 의무를 다해 가운데 좌석인 7E에 앉았다. 그리고 창가 좌석인 7F에는 다른 여자가 앉아 있었다.

투손에서 시카고까지 가는 (세 시간 20분이 걸리는) 비행기에 자리를 잡고 앉은 지 얼마 되지 않아 샌디는 옆자리 여자와 대화를 나누기 시작했다. 두 사람은 거의 두 시간 반 동안 쉬지 않고 얘기를 했다. 어찌나 소소한 얘기까지 다 꺼내는지 샌디에게 그 처음 보는 여자의 인생에 대한 100문제짜리 퀴즈를 내도 다 맞힐 기세였다.

나는 그들이 나누는 방대한 대화 주제(아이들, 손자들, 요리, 친구, 사위와의 관계, 투손, 시카고, 시카고에서 학교에 다녔던 딸 등)에 넋이 나갔다. 심지어 즉석에서 떠오르는 몇 가지 요리법까지 교환했다. 그러니까 내 말은 그들이 끊임없이 새로운 주제를 꺼내 얘기를 나눴다는 것이다. 내가 어쩌다 한 번씩 신선한 공기를 쐬려고 헤드폰을 벗고 일어설 때에도 여전히 대화를 계속하고 있었다.

그러니까 샌디는 총 세 시간 20분이 소요되는 비행 시간 중 두 시간 30분 동안을 생전 처음 보는 사람과 얘기를 나눈 것이다. 두 사람은 짧은 시간 안에 서로에 대해 잘 알게 되었다. 그리고 그동안 나는 계속 헤드폰을 쓰고 앉아 있었다. 나는 아메리칸 항공에서만도 거의 4백만 마일 가까운 거리를 여행했지만 비행기에 타서 창가 좌석에 앉아 있는 사람을 보면 그냥 "굿 모닝"이라는 인사만 하고 말 뿐이다. 그 짧은 두 단어의 인사, 그게 전부다. 투손에서 시카고까지 가는 여행의 경우에는 평균 한 시간 45분마다 한 단어씩 말한 셈이다.

나는 옆자리 남자에 대해 알고 싶지 않다. 그냥 그렇다. 그러나 샌디나 그 옆자리의 승객 같은 여자들은 서로 '맘을 터놓는' 커뮤니케이션을 정말 좋아한다. 다시 한 번 말하지만 남녀 사이에 그렇게 크나큰 차이가 생기는 것도 이런 점 때문이다. 여자들은 콘서트나 운동 경기를 보러 가 화장실에 줄을 서 있으면서도 토론을 시작한다. 반면 남자들은 그냥 들어가서 볼일을 본 뒤 조용히 나온다.

내게는 임신선이 없다. 생리를 경험해보지도 않았다. 하지만 아내는 내가 인간관계와 관련된 문제에 있어서만큼은 사냥개 같은 본능을 가지고 있다고 말한다. 나는 멀리 떨어진 곳에서도 시궁쥐(다시 말해 '비열한 인간') 냄새를 맡을 수 있다. 오랜 기간에 걸쳐 여자들과 함께 살면서(아내와 딸들) 여자들을 상담하고 여자들을 관찰했다.

최근에 쇼핑몰에서 세 친구의 열광적인 만남을 목격한 적이 있다. 그들의 대화는 이런 식으로 진행되었다.

"어머, 몰리, 머리가 정말 멋지다! 홀딱 반하겠어."

서로 포옹을 나눈 뒤 1번 여자가 이렇게 말했다.

그러자 몰리는 이 말을 신호 삼아 기나긴 논문을 읊기 시작했다.

"설마 그럴 리가. 말도 마, 얘. 나는 이 각진 턱과 긴 목, 코 때문에 이렇게 층을 내서 가볍게 쳐달라고 말했어."

그러면서 자기가 원하던 헤어스타일이 담긴 사진을 꺼냈다.

"그런데 미용사가 완전히 망쳐놓은 거야. 다음 주에 남편 회사에서 여는 파티에 참석해야 하는데 이걸 어떻게 수습해야 할지 모르겠어."

"그 정도로 이상하지는 않아." 1번 여자가 말했다.

"게다가 구두와 옷도… 정말 색다르다. 어디에서 산 거야?" 2번 여자가 덧붙였다.

몰리는 어깨를 으쓱였다.

"아, 그저 뭔가 새로운 걸 시도해보고 싶었을 뿐이야. 정말 마음에 드니?"

"넌 뭘 입어도 다 잘 어울리잖니." 1번 여자가 말했다.

그리고 다시 5분 동안 쉴 새 없이 수다를 떨더니(나는 커피를 마시면서 그들을 지켜보고 있었다. 그들에게서 도저히 눈을 뗄 수가 없었기 때문이었다.) 몰리가 작별 인사를 하고 자리를 떴다. 그러자 남은 두 친구가 어떤 얘기를 했는지 아는가?

"세상에, 그 머리 모양 봤지? 정말 끔찍하더라. 하지만 그렇게 솔직하게 말할 수야 없지. 얼마나 상처받겠어." 1번 여자가 말했다.

"옷은 또 어떻고." 2번 여자가 장단을 맞췄다. "우리 집 다섯 살짜리 딸애가 잔뜩 옷을 차려입은 것 같더라니까. 게다가 엉덩이도 그렇게 크면서. 걔한테 정말 안 어울리더라. 그런데 나도 평소와 좀 다르게 머리를 해보려고 하는데 말이야…."

그러면서 계속 토론을 이어나갔다.

이것을 쇼핑몰에서 우연히 만난 두 남자의 경우와 비교해보라.

"켄."

악수.

고개 끄덕끄덕.

"케빈."

"날씨 정말 좋지?"

"그렇군."

그런 뒤 정말 사교적인 대화를 나누고 싶은 기분이라면 그중 한 명이 한마디 덧붙인다.

"머리를 잘랐네."

"응."

그게 끝이다. 남자들의 대화 범위는 여기까지가 한계다. 그리고 우리는 이것만으로도 충분히 만족한다. 두 남자는 상대가 무슨 옷을 입었는지 눈치도 못 채거나 혹시 옷에 대한 인상이 희미하게 남았더라도 돌아서는 순간 바로 잊어버릴 것이라고 장담한다.

하지만 이런 상호작용의 가장 큰 차이점인 말수에 주목해보자. 당신은 다른 이들과 별로 얘기를 나누고 싶지 않은 날조차도 자기가 남편에 비해 일곱 배나 말을 많이 한다는 사실을 알고 있는가?

최근에 여성들을 대상으로 즉석 설문조사를 실시해보았다. 결혼한 여성 열 명과 대화를 나누면서 남편의 가장 짜증나는 면이 무엇이냐고 물었다. 그러나 열 명 가운데 아홉 명이 '나한테 아무 말도 하지 않는 점'이라고 답했고 그 다음으로 '그에게 아무 일도 시킬 수가 없다'는 말이 나왔다. 그렇다면 이런 식으로 한번 생각해보자. 당신이 쉴 새 없이 말을 하고 있다면 거기에 남편까지 굳이 거들 필요가 있을까?

알다시피 당신의 남편은 실용적인 사람이다. 이미 충분히 많은 말이 허공을 맴돌고 있으면 거기에 자기까지 나서서 더 보태야 할 필요성을 느끼지 못한다. 그리고 다시 한 번 말하지만 당신이 그가 아무

박사님이 지난달에 저희 교회 세미나에 오셔서 말씀해주신 원칙들을 결혼생활에 적용하기 시작한 이후로 저희에게 커다란 변화가 나타났습니다. 사실 결혼생활을 하면서 제가 가장 힘들어한 문제는 남편이 제가 원하는 방식대로 의사소통을 하지 않는다는 것이었거든요. 그런데 박사님이 '그는 친구가 아니라 남편'이라고 말씀하신 순간 머릿속에 환하게 불이 들어온 기분이었어요. 간단한 얘기지만 그 진리를 적용하니까 인생이 변하기 시작했어요. 그리고 그것을 깨닫기까지 겨우 17년밖에 안 걸렸죠(그것도 박사님 도움을 받아서요). 전 정말 학습 지진아인가 봐요.

– 텍사스 주에서, 앨리샤

생각 없이 멍하니 앉아 있다고 여길 때에도 그의 양쪽 귀 사이에 있는 컴퓨터는 많은 생각들을 처리하느라 바쁘게 움직인다. 그는 그저 대답을 하기 전에 여러 각도에서 생각해볼 시간이 필요한 것이다. 그러니 당신이 지나치게 억지를 부리거나 독촉을 해대면 그것을 어떤 식으로든 움직이라는 압력으로 받아들여 아예 작동을 중지하고 입을 닫아버린다.

나는 결혼한 지 40년이 지난 뒤에야 겨우 아내 눈을 똑바로 쳐다보면서 "당신은 너무 두목 행세를 하는 경향이 있어"라는 말을 할 용기를 그러모을 수 있었다.

그녀의 대답은 어땠을까?

"아니, 그렇지 않아. 그저 내 생각이 당신 생각보다 더 나을 뿐이야."

이 말에 뭐라고 대꾸할 수 있겠는가? 대부분의 경우 그녀의 말이 옳은데!

 ## 원활한 커뮤니케이션 법칙

금요일까지 새로운 남편을 얻고 싶다면 몇 가지 간단한 규칙을 따라보자.

하고 싶은 말을 열 개로 나눈다

이 장에서 뭔가 도움이 될 만한 정보를 얻고 싶다면 남편의 가슴과 머리로 통하는 길은 그 거리가 똑같다는 원칙을 기억해야 한다. 그의 머리에 가닿으면 그의 마음과도 통할 수 있다. 반대로 그의 마음에 가닿으면 그의 머리와 연결된다. 그러나 과도하게 많은 언어를 퍼부으면 그는 흥미를 잃는다. 입 밖으로 꺼내지는 않겠지만 속으로 '그냥 요점만 말하면 안 돼?'라고 생각할 것이다. 남편은 당신만큼 말을 많이 하지 않으므로 여자 친구들이 그렇듯이 세부적인 내용까지 모두 알고 싶어 하리라고 생각해서는 안 된다. 그는 그렇지 않다. 그는 상황의 요지를 재빨리 파악한 뒤 시간을 낭비하지 않고 곧바로 문제 해결에 착수할 수 있는 간략한 요약본을 원한다.

그러니 남편이 모든 것을 알고 싶어 한다고 생각했다가는 자기 자신과 남편에게 좌절감을 느끼게 된다. 남자들은 1차원적이며 자기 생각을 엄격하게 고수하는 경향이 있다. '이런 일이 생긴 뒤에는 저런 일이 생기고 그 다음에는…' 이렇게 1, 2, 3 번호를 매겨가며 생각하는 것이다. 반면 여자들의 대화는 자기 생각을 먼저 말한 뒤 실제 일어난 일에 대한 정보를 대화 도중에 조금씩 알려주는 순환적인 방식으로 진행된다. 그러는 사이에 '실제로 어떤 일이 일어났고, 당신이 왜 화가 났는지' 이해하려고 애쓰는 1차원적인 남자를 잊어버린다. 여자들은 대화 중에 이리저리로 튀는 공을 잘 따라가지만 남자들은 그렇지 못하다.

그러니 남편에게 말을 할 때는 세부사항 하나하나까지 조목조목 설명하는 것이 아니라 최대한 간략하게 상황을 정리해줘야 한다. 그런 뒤 남편이 스스로 상황을 깨닫고 문제를 풀 수 있도록 도움을 준다. 남자들은 문제를 해결하거나 암호를 푸는 것을 좋아한다. 그런 일을 하면서 자기가 제임스 본드라도 된 것 같은 기분에 취하는 것이다. 그러니 남편에게 문제를 설명할 때는 간략하게 핵심만 얘기해서 그가 직접 해결할 수 있게 해줘야 한다. 더 좋은 방법은 그가 해결책 가운데 일부라도 제시하면 그를 꼭 껴안고 이렇게 말하는 것이다.

"당신과 결혼하다니 난 정말 운이 좋아. 당신은 정말 똑똑하다니까."

뉴스 앵커처럼 그가 꼭 알아야 하는 내용만 골라 간략하게 정보를 전달하자. 당신의 얘기를 들으면서 남편은 '내게 문제를 알려주면 당신이 얘기하는 동안 그것을 해결하겠어'라고 생각한다.

남편에게 질문을 던졌는데 침묵만이 돌아온다면 그가 슈퍼볼 게임을 보면서 TV 앞에 늘어져 있거나 당신이 워낙 비판적이라서 할 말을 신중하게 골라야 한다는 사실을 알고 있기 때문이다. 그는 정확한 사실과 근거를 바탕으로 자기 의견을 확실하게 정하고 어떤 내용을 어떻게 말할지 정확하게 정리되기 전까지는 함부로 의견을 제시하지 않을 것이다.

남편이 당신 마음을 알아주리라 기대해서는 안 된다

"남편에게 내가 무엇을 원하고 무엇이 필요한지 말하는 데 진절머리가 날 때가 있어요. 왜 그는 내 마음을 알아차리지 못할까요?"

그것은 포기하라. 남편은 당신의 마음을 알지 못한다. 남편에게는 여성의 신체 부위도 없고 사고방식도 여자와 다르다. 그의 입장에서는 당신 생각을 알아내려고 애써봤자 승산이 없다. 틀릴 것이 분명하기 때문이다. 아니면 당신이 원하는 바를 말해서 남편이 그것을 실제로 해준 뒤에 당신은 이렇게 말했을 수도 있다.

"그래, 그게 바로 내가 원하는 거야. 하지만 당신은 내가 해달라고 부탁한 뒤에야 겨우 해줬지. 사실은 나한테 전혀 관심이 없다는 얘기 잖아.”

내가 하려는 말을 알겠는가? 당신과의 관계에서 함부로 위험을 무릅쓰고 싶어 하지 않는 남편은 그 말에 속아 넘어갈 만큼 어리석지 않다. 그는 당신의 남편이지 독심술사가 아니다. 그러니 남편이 뭔가를 알아차리거나 무슨 말을 하거나 어떤 일을 해주기를 바란다면 그냥 직접 부탁하는 편이 낫다. 계략을 쓸 필요가 없다. 구체적이고 솔직하게, 그리고 상대방을 존중하는 태도로 의사를 전달하면 된다.

주말에 휴식을 취하고 싶다면 남편에게 넌지시 암시만 줘서는 원하는 결과를 얻을 수 없다. 그냥 원하는 바를 솔직하게 말하라.

“이번 주말에 하고 싶은 일을 말할게….”

그의 몸에 손을 얹고 눈을 똑바로 쳐다보면서 주말에 그가 해줬으면 하는 일을 똑똑히 전달한다.

불필요한 질문은 하지 않는다

대답을 이미 알고 있다면 굳이 질문을 던질 필요가 없다.

“쓰레기봉투 일찍 내다 놨어?”

쓰레기통이 바깥에 나와 있다면 그가 버리고 온 것이 분명하지 않은가. 혹시 남편에게 이런 식의 설명을 듣고 싶은가?

“물론 일찍 버리고 왔지. 신문을 보니까 공휴일 때문에 쓰레기를 일찍 수거한다고 하더라고. 이 일은 내가 매주 하는 일인데 언제 쓰레기를 내놔야 하는지도 모를 정도로 멍청하다고 생각하는 거야? 그래서 그렇게 묻는 거야? 당신 정말 날 바보로 아는군.”

기분을 전하려 하지 말고 사실만 말한다

남편에게 하고 싶은 말이 있으면 '기분을 전하려' 하지 말고 사실만 말해야 한다. "정말 미치겠어. 어떻게 이런 일이. 그놈의 개가… 어휴, 또 양탄자를 다 적셔놨다고. 이번 주에만 벌써 세 번째야. 그리고 변기 물도 마셨어. 그 개를 사지 말았어야 했는데…"라고 장황하게 설명을 이어가는 것이 아니라 "우리 개가 또 변기 물을 마시고 양탄자를 적셔놨어. 어떻게 막을 방법이 없을까?"라고 말해야 한다.

남편에게 요약된 내용을 전달하고 도움을 청하는 것이다.

"오늘 티모시가 시험 중에 커닝을 하다가 걸렸다고 학교에서 전화가 왔어"라고 말했다고 치자. 여기에는 "내가 당신에게 원하는 것은 이거야. 당신이 생각하기에 내가 어떻게 했으면 좋겠는지, 당신은 어떻게 할 생각인지, 또 우리가 해야 할 일은 무엇이라고 생각하는지 알고 싶어. 대답 좀 해줄래?"라는 의미가 담겨 있다. 문제가 무엇인지 그리고 남편이 무엇을 해줬으면 좋겠는지 말한 뒤 남편이 혼자서 그 상황을 찬찬히 생각해볼 수 있는 시간을 준다.

이것을 이런 식으로 생각해보자. 여자들은 천성적으로 심중을 털어놓고 세세한 부분까지 다 얘기하고 싶어 하는 성향이 있다. 하지만 그런 식으로 했다가는 남편이 흥미를 잃어버릴 것이다. 당신이 얘기를 시작하면 남편은 반사적으로 '내가 그 문제를 해결해줄게'라는 식의 반응을 보인다. 하지만 당신이 항상 문제 해결을 바라는 것은 아니다. 그냥 얘기를 들어줬으면 할 때도 있지 않은가? 남자에게 문제 해결을 부탁하지 않은 채 뭔가를 얘기한다는 것은 곧 굶주린 개 앞에 먹음직스러운 뼈다귀를 놔두고 침을 흘리지 말라고 하는 것과 같다는 사실을 알아야 한다. 하지만 남편이 해주기를 바라는 일을 먼저 얘기한다면 그는 자신의 자연스러운 충동을 억제할 것이다(대부분의 경우).

딱 한 번만 말한다

남편이 어떤 일을 해주기 바란다면 다음과 같은 놀라운 3단계 과정을 시도해보라. 분명 좋은 결과가 있으리라고 보장한다.

1. 딱 한 번만 말한다.
2. 더 이상 아무 말 하지 않고 자리를 뜬다.
3. 그에게 다시 상기시키고 싶은 유혹을 이겨낸다.

내가 하려는 말은 이것이다. 토요일 저녁 6시에 친구 부부가 저녁을 먹으러 온다고 하자. 남편이 벌여놓은 일 때문에 안뜰이 정말 엉망이기 때문에 손님들이 도착하기 전에 깨끗이 치우고 싶다. 남편이 스스로 깨닫고 움직여주기를 바라지만 그는 그러지 않는다. 그러니 토요일 아침 10시에 남편에게 이렇게 말하는 것이다.

"여보, 존슨 부부가 오늘 저녁을 먹으러 올 거야. 손님들이 도착하기 전에 뜰을 좀 치워줄 수 있어? 남들에게 멋진 집을 보여주는 게 나한테는 정말 중요해."

전형적인 남자는 고개를 끄덕여 대답할 것이다. 아직 그날 사용할 단어 수가 남아 있는 경우에는 "알았어. 해놓을게"라고 대답할지도 모른다.

그러면 당신은 자기 일로 돌아가 그날 해야 할 다른 일들을 처리한다. 하지만 대답만 해놓고 남편이 아무런 움직임도 보이지 않으면 안절부절못하게 된다. 혹시 그가 잊어버렸을까 봐 걱정이 된다. 그는 차고에서 빈둥거리면서 어질러진 앞뜰에는 손도 대지 않는다. 그러니 만약 당신도 어핑턴 부인(사랑하는 내 아내) 같은 성격이라면 1시간 30분쯤 뒤에 다시 남편에게 할 일을 일깨워줄 것이다.

"여보, 앞뜰 곧 치울 거지?"

"그럼."

남편은 이렇게 대답하고는 자기 할 일만 계속한다. 그 모습을 두어 시간쯤 더 지켜보다가 슬슬 화가 치밀어 오르기 시작한다. 벌써 시간은 2시가 됐고 네 시간 뒤면 친구 부부가 도착한다. 그때까지 앞뜰이 저렇게 엉망진창인 상태로 남아 있다면 정말 창피할 것이다. 하지만 이때 다시 한 번 그에게 할 일을 상기시킨다면 지금 당장이나 앞으로도 자진해서 도움을 주지 않을 부루퉁한 남편을 각오해야 한다.

당신이 실수한 부분은 남자들의 사고방식을 제대로 고려하지 않은 것이다. 그는 아마 이렇게 생각했을 것이다.

'아침 10시에 아내가 앞뜰을 치우라고 말했지. 좋아, 치워야겠다. 그런데 차고에서 하던 작업을 먼저 끝내야겠어. 어디 보자, 손님이 6시에 온다고 했고 샤워하고 옷을 차려입는 데 10분 정도가 걸리니까 앞뜰 정리는 4시에 시작하면 시간이 넉넉하겠군.'

이렇게 생각을 정리한 뒤 자기가 정한 하루 계획을 시작하는 것이다.

남편은 당신이 부탁한 일을 기꺼이 할 작정이다. 그는 아내를 기쁘게 해주고 싶어 한다는 사실을 기억하라. 심지어 당신이 말한 일을 할 시간까지 정해놓았다. 그러나 그에게 할 일을 자주 일깨워주면 그의 '하고자 하는 의지'와 당신을 위해 뭔가를 하면서 얻는 기쁨이 저하된다. 남편에게 같은 얘기를 되풀이할 때마다 그는 '내가 주어진 일을 단 몇 시간 만에 잊어버릴 거라고 생각하는 거야, 뭐야? 당연히 할 거라고'라는 생각을 한다.

누구에게나 자기만의 논리, 즉 인생을 바라보는 고유의 방식이 존재한다. 남편에게 몇 시까지 두 사람이 함께 어디에 가야 한다고 말하면 대부분의 남자들은 머릿속으로 계산을 시작한다.

'어디 보자. 7시까지 그곳에 도착해야 한다는 말이지. 그 시간쯤이면 러시아워라 교통 상황이 매우 안 좋을 테니까 6시 10분에는 집에서 출발해야겠다.'

그리고 A 지점에서 B 지점까지 가는 최단 경로를 파악한 뒤 전체적인 계획을 세운다. 그럼 남편이 이 계획을 당신에게 말할까?

"그런데 여보, 7시까지 거기 도착해야 한다고 하기에 당신을 기쁘게 해주고 싶어서 교통 정보를 알아보려고 뉴스를 들었어. 그래서 내 생각에 한 6시 10분쯤에 출발해서 오하이오 출구 램프로 연결되는 고

속도로를 타면 시간이 넉넉할 것 같아. 아마 예정 시간보다 빨리 도착할 거야."

남편이 이런 말을 하는 모습을 상상할 수 있는가? 아니. 이런 일은 결코 벌어지지 않는다. 하지만 그렇다고 해서 그가 머릿속에서 이미 모든 상황을 정리해놓지 않았다는 뜻은 아니다. 남편에게 자꾸 잔소리를 하고 할 일을 상기시키면 그는 속으로 어이없어하면서 혼잣말을 할 것이다.

'아내는 정말 나에 대해 아무것도 모르는군. 나도 할 일이 뭔지 알아. 다시 말해줄 필요 없다고.'

'이 사람이야말로 진정한 맏이다'라고 할 수 있는 내 사랑스러운 아내 샌디를 예로 들어보자. 우리는 사회복지센터에 가던 길이었는데 아내는 빨리 출발해야 한다는 사실을 세 번이나 반복해서 얘기했다. 한 번도 아니고 두 번도 아니고 자그마치 세 번이나. 나는 그런 말을 들을 필요가 없었다. 사회복지센터까지 가는 데 시간이 얼마나 걸리는지 (25분이다) 정확히 알고 있기 때문이다. 다시 한 번 말하는데 25분이 걸린다.

남자와 여자는 완전히 다른 피조물이지만 그래도 서로 잘 지낼 방법을 배울 수 있다. 당신이 남편에게 말하는 방식에 따라 큰 차이가 생겨난다. 남편이 얼간이가 된 것 같은 기분을 느끼게 하려면 그가 언제 무슨 일을 해야 하는지 계속 일깨워줘라. 그냥 끊임없이 그 얘기를 하는 것이다. 이런 잔소리는 남편을 화 잘 내는 사람으로 만든다.

이런 상황이 돼서는 안 된다. 남편을 성숙한 어른으로 대접하고 신용하면 그도 그에 걸맞는 행동을 보여줄 것이다(어쨌든 대부분의 경우에는 그렇지만 모든 남자의 내면에는 어린 소년의 모습이 남아 있는 것도 사실이다).
그에게 필요한 내용을 딱 한 번만 말한 뒤 그 정보가 남편의 컴퓨터로
들어가 그곳에서 계속 맴돌면서 문제를 해결할 때까지 기다린다.

"하지만 리먼 박사님," 당신은 이렇게 말할지도 모른다. "제가 그런
식으로 행동했을 때 남편에게 부탁한 일들이 하나도 해결되지 않으면
어떻게 하죠? 그가 부탁한 일을 안 할 수도 있잖아요."

정말? 그렇게 확신하는가? 시험 삼아 앞으로 이틀 정도 내 말대로
해보면서 금요일까지 좀 더 만족스럽고 협조적인 남편을 얻을 수 있
을지 지켜보는 것은 어떨까?

1. 딱 한 번만 말한다.
2. 더 이상 아무 말 하지 않고 자리를 뜬다.
3. 그에게 다시 상기시키고 싶은 유혹을 이겨낸다.

그리고 남편이 일을 해놓지 않을 경우 또 하나의 단계를 추가한다.

4. 현실을 통해 깨닫게 하라.

이런 방식은 아이들에게도 효과가 있고(『5일 만에 우리 아이가 달라졌어
요』라는 책에 이 방법을 소개한 바 있다) 아이들 아빠에게도 효과가 있다. 그
가 자기 할 일을 제대로 해놓지 않는다면 실제 경험을 통해 깨달음을
얻도록 해야 한다.

다음날 신용카드 대금으로 고액 수표를 보낼 수 있도록 남편에게

퇴근길에 은행에 들러 급료 수표를 입금하고 오라고 부탁했다고 가정하자. 하지만 그는 은행에 들르는 것을 잊어버렸고 당신은 나흘이나 지나서 그의 바지 주머니에 들어 있는 수표를 발견했다. 그날 은행에서는 신용카드 수표가 부도 처리되었으며 납부해야 하는 요금이 얼마인지 알리는 편지를 받았고 거기에 은행 계좌까지 차월되었다.

이 문제를 혼자 힘으로 처리할 생각인가? 은행에 전화를 걸거나 당장 달려가 사과를 하고 문제를 처리할 것인가? 신용카드 사에는 전화를 걸어 지금 곧 새 수표를 보내겠다고 약속하고? 그런 뒤 남편에게 손가락을 흔들면서 "이건 전부 당신 잘못이야. 그 수표를 입금시키라고 했잖아. 지금 일이 어떻게 됐는지 좀 보라고!"라고 말할 것인가?

아니, 당신이 할 일은 그의 급료 수표와 은행에서 온 편지를 저녁 식탁에 놓인 그의 접시 위(혹은 그의 눈에 확실히 띌 만한 다른 장소)에 올려 놓는 것이다. 그가 문제를 처리했느냐고 물으면 당신은 아니라고 대답해야 한다. 당신은 이미 그에게 문제를 처리해달라고 부탁했는데 그가 제대로 들어주지 않아 일이 이렇게 된 것이니 이제 그 결과를 처리하고 사후 문제를 해결할 사람은 남편이다. 그리고 이제부터 그에게 뭔가를 부탁하면 그는 당신이 부탁한 일을 다른 무엇보다 중요하게 처리할 것이라고 장담할 수 있다.

당신은 심판관 행세를 할 필요가 없다. 그냥 남편이 눈앞에 닥친 현실을 통해 깨닫게 하기만 하면 된다. 그러니 딱 한 번만 말하자. 구체적으로. 남편에게 주어진 일을 언제까지 해야 하는지(구체적인 시한이 있는 경우)와 그 일을 해야 하는 이유를 알려준다.

"여보, 존슨 부부가 오늘 저녁 6시에 올 거야. 당신이 그릴에 갈비를 구워먹고 싶다고 했으니까 그들이 오기 전에 정원 정리를 마쳐줬으면 좋겠어. 당신도 나만큼이나 손님들에게 깔끔한 잔디밭을 보여주고 싶어 한다는 걸 알아."

남편에게 어떤 일을 하라고 명령하면 그는 계속 같은 자리만 맴돌 뿐 앞으로 나아가려 하지 않을 것이다. 그는 명령을 받은 남자들이 기본적으로 보이는 반응인 '누구도 감히 나한테 이래라 저래라 할 수 없어'라는 태도로 되돌아간다. 다른 사람, 특히 여자에게 명령받는 것을 좋아하는 남자는 없다. 지나치게 성 차별적인 발언처럼 들리겠지만 이것이 사실이다.

어떤 아내가 자기 남편은 뭘 부탁할 때마다, 심지어 머리 위쪽에 있는 찬장에서 물건을 좀 꺼내달라는 간단한 부탁을 해도 툴툴거리며 싫어한다고 말했다. 결국 그녀는 남편에게 물었다.

"왜 당신은 날 도와주는 걸 싫어해?"

"당신이 나한테 명령하는 게 마음에 안 드니까."

그녀는 아연실색했다.

"찬장에서 뭘 좀 꺼내달라고 부탁하는 것조차 명령같이 들려?"

"확실히 그런 느낌이 들지. 당신 말투가 그러니까."

"그럼 내가 어떤 식으로 부탁을 했으면 좋겠어?"

남편은 어깨를 으쓱였다.

"그냥 목록을 만들어줘. 거기에 적힌 대로 할 테니까."

이제 당신도 '남편의 할 일' 목록이 필요한 이유를 깨달았을 것이다 (지나치게 길지만 않다면). 그것은 남자에게 할 일을 알려주면서도 특정한 '말투'는 담겨 있지 않다.

남자들은 말도 안 되는 얘기를 할 때가 있다

남편이 아무리 어리석은 얘기를 꺼내도 "어떻게 그런 생각을 할 수가 있어?"라고 말해서는 안 된다. 정말 몰상식해서 정나미가 다 떨어진다는 표정을 짓는 것도 금물이다. 대신 그의 눈을 똑바로 쳐다보면서 "계속 얘기해봐"라고 말한다. 남편이 계속 이야기를 하도록 해서 그가 무슨 일을 꾸미고 있는지 알아내는 것이 중요하다. (하지만 당신이 눈치 챘다는 사실은 비밀로 해야 한다!) '식초보다는 설탕을 써야 파리를 더 많이 잡을 수 있다'던 할머니의 현명한 말씀을 기억하자. 그 말씀이 옳다.

남편은 당신에게 멋진 모습을 보여주고 싶어 한다는 사실을 명심하라. 그는 당신 눈에 자기가 능력 있는 남자로 비춰지는지 알고 싶어 한다. 그러니 이렇게 말해보자.

"토요일에도 당신은 너무 바빠서 꼼짝 못할 지경이라는 거 알아. 하지만 오늘 밤에 손님이 오기로 돼 있어. 힘든 부탁이라서 당신이 들어줄 수 있을지 모르겠는데 이따가 당신이 좋아하는 갈비를 구워 먹을 때 주변이 깔끔해 보이도록 뜰을 좀 치웠으면 좋겠어. 너무 바빠서 시간이 도저히 안 되겠으면 해줄 만한 다른 사람을 알아볼게. 괜찮은지 알려줘."

이제 공이 남편 쪽으로 넘어왔으니 그가 결정을 내릴 차례다. 대부분의 남자들은 자기 집 잔디를 깎고 개똥을 치우기 위해 사람을 고용해 돈을 지불하는 것보다는 차라리 자기가 직접 그 일을 하는 쪽을 택한다.

남편에게 어떤 말로 어떻게 접근하느냐에 따라 상황이 완전히 달라

172

진다. 그러나 남편은 당신이 시켜서 하는 것이 아니라 자기가 자진해서 그 일을 한다고 생각하고 싶어 하므로 일단 부탁을 한 뒤에는 다시 일깨워줄 필요가 없다. 여기에서는 신뢰라는 요소가 매우 큰 역할을 한다. 어린아이에게 하듯이 할 일을 자꾸 일깨워주지 말고 당신이 부탁한 일을 남편이 끝까지 완수할 것이라고 굳게 믿어야 한다. 그는 여섯 살짜리 아들이 아니라 당신의 남편이다.

반발하지 않고 반응한다

당신은 반응을 보일 때 현재 상황을 평가하고 자기가 할 일을 결정한 뒤 그에 따라 행동한다. 반면 상대방에게 반발할 때는 감정이 이성을 압도하도록 놔둔다. 남편과 아내가 시간을 들여 상대에게 반응을 보이는 것이 아니라 서로에게 반발하기만 하는 부부가 너무나 많다.

남편에게 식기 세척기를 고쳐달라고 부탁했다고 하자. 다음 주에는 정말 정신없이 바쁠 예정이라 설거지하는 시간을 줄이는 것을 비롯해 가능한 모든 방법을 동원해야 하기 때문에 늦어도 일요일까지는 식기 세척기 수리를 끝내야 한다고 말했다. 일요일이 되었지만 식기 세척기 수리는 진척이 없다. 그리고 그 다음 주 수요일쯤 당신은 화

> ### 남편의 관심을 끌 수 있는 아홉 가지 말
>
> "여보, 이게 무슨 뜻인지 좀 알려줘."
> "나는 정말 모르는 일이라 당신 도움이 꼭 필요해."
> "논리적이고 직선적인 당신의 놀라운 머리를 좀 빌릴 수 있을까?"
> "당신은 _____를 정말 잘해."
> "나도 당신처럼 생각할 수 있었으면 좋겠다."
> "묻고 싶은 게 있는데 _____하는 게 괜찮은 생각 같아?"
> "미안해. 진심으로 사과할게."
> "당신을 아무리 사랑해도 모자라."
> "어떻게 생각해?"

가 머리끝까지 치밀었다. 그렇다면 남편의 회사로 전화를 걸어 "식기 세척기를 고쳐놓겠다고 약속했잖아!"라고 마구 퍼부어댈 텐가? 저녁 식사 자리에서 그를 무시할 생각인가? 아니다. 그냥 수리공을 부르면 된다.

남편이 좀 둔한 사람이라도 당신이 식기 세척기에 다시 접시를 넣는 모습을 보면 일이 어떻게 돌아가고 있는지 감이 올 것이다. 그는 매우 논리적인 태도로 묻는다.

"어, 식기 세척기가 다시 작동이 되는 거야?"

"그럼," 당신이 대답한다. "오늘 고쳤거든."

그는 어리둥절한 표정이다.

"고쳤다고?"

"응. 당장 고쳐야 되겠기에 수리공을 불렀지. 전화하니까 바로 오더라고. 수리비 청구서는 탁자 위에 있어."

이렇게 말하고는(기분 좋은 말투로) 등을 돌려 부엌에서 나가면 된다. 당신은 "그러게 진작 당신이 고쳤어야지. 그랬으면 180달러를 절약할 수 있었을 텐데 게으름만 피우고 있었지"라며 남편을 비난하지 않았다. 대신 간략하게 사실만을 말하고 자리를 떴다. 문제는 해결되었다. 혼자 남겨진 남편은 '음, 아내가 고쳐달라고 부탁했는데 고쳐놓지 않았지. 그런데 화를 내지 않네. 그냥 혼자 일을 처리했군'이라고 생각할 것이다.

다음번에 남편에게 어떤 일을 부탁하면 그가 당장 시작할 것임을 보장할 수 있다. 남자들은 다른 남자의 '도움'을 받기 전에 스스로 문제를 해결하는 것을 좋아한다. 그는 당신이 자기에게 그 일을 할 기회

174

를 준 뒤 자꾸 들볶지 않을 것이라는 확신을 얻고 싶어 하지만 한편으로는 당신이 필요한 것을 얻기 위해 영원히 기다리고 있지만은 않을 것이라는 사실도 알아야 한다. 이런 현실 치료 요법은 금요일까지 새로운 남편을 얻는 데 큰 도움이 된다.

당신이 일을 마치고 7시까지 그의 회사 사람들과 만나는 저녁 모임에 나갈 수 있도록 딸을 학교에서 데려오는 일을 남편이 맡기로 했다고 가정하자. 그런데 남편이 딸을 데려오는 것을 잊는 바람에 학교에서 전화가 와서 당신이 직접 딸을 데리러 가야만 했다. 6시 30분이 되자 남편이 부른다.

"여보, 준비 다 됐어?"

(남편은 정말 뭘 모른다. 연구실 약제사로 온종일 일하고 게다가 딸을 데려오다가 비까지 맞은 지금 당신은 몰골이 말이 아닌데 말이다.)

당신은 퉁명스러운 말투로 "내가 준비가 다 된 것처럼 보여?" 혹은 "당신이 잊어버린 당신 딸을 데려오느라 아직 준비가 안 됐어"라며 떽떽거릴 수도 있다. 아니면 깊게 심호흡을 한 뒤에 "여보, 나 아직 샤워도 못 했어. 집에서 나서기 전에 필요한 몸치장을 하려면 40분쯤 걸릴 거야"라고 말할 수도 있다. 남편이 놀란 표정으로 쳐다보면 직접적으로, 하지만 친절하게 설명한다.

"당신이 오늘 메건을 데려오지 않는 바람에 생각했던 것보다 일정이 40분이나 지연됐어. 그러니 모임에 늦을 수밖에 없겠네."

남자들이 원치 않는 상황이 한 가지 있다면 바로 회사 관련 모임에 늦는 것이므로 그는 이 일을 통해 깨달음을 얻게 될 것이다.

남편이 저녁식사 자리에서 당신을 실컷 비난한 뒤 그날 밤에 같이 자고 싶어 하면 싫다고 말하라.

"지금은 당신이랑 자고 싶은 기분이 아니야. 저녁 먹는 동안 내내 날 비난했잖아. 로맨틱한 기분이 전혀 들지 않는단 말야."

A가 완료되기 전에는 B가 일어나지 않는다. 저녁식사 자리에서 있었던 일을 얘기하기 전까지는 기꺼이 섹스 파트너가 돼줄 수 없다. 그러니 남편에게 자기가 왜 기분이 상했는지를 구체적으로 얘기한다. 그것이 당신을 화나게 했다는 사실을 남편이 모르면 문제가 해결되지 않는다.

부드럽게 의견을 제시한다

당신이 강력하게 의견을 제시하려고 하는데 남편이 당신과 같은 시각에서 상황을 바라보지 않을 것 같다면 이런 식으로 말을 시작해보라.

"내가 이런 일을 잘 모르기는 하지만 집을 증축하기 전에 아무래도 로저와 다시 한 번 상의를 해보는 게 좋을 것 같아."(자기가 해당 분야에 대해 잘 모른다는 사실을 인정하는 것은 현명한 방법이다. 그러면 남편의 방어적인 태도가 즉각적으로 사라진다.)

"당신도 알다시피 난 그런 일에는 재주가 없어. 하지만 비용이 정확하게 산정되었는지 확인하기 위해 로저에게 다시 검토해달라고 해야겠어. 물론 내 생각이 완전히 틀렸을 수도 있지만."

주제넘지 않은 태도로 이런 얘기를 하면 남편이 틀림없이 귀를 기울일 것이다.

얘기할 시간을 잘 고른다

남편에게 중요하게 할 얘기가 있다면 그 말을 할 시간을 현명하게 고른다. 미식축구 경기의 마지막 쿼터가 진행되는 동안은 그에게 속내를 털어놓기에 좋은 때가 아니다. 두 사람 가운데 한 사람이 청구서 대금을 지불한 직후도 마찬가지다. 특히 당신이나 남편이 '이번 달에 이 돈을 메울 수 있을지 잘 모르겠다'고 생각하는 경우에는 더욱 그렇다. 그런 순간에 부탁을 하면 원하는 답을 얻지 못할 가능성이 높다.

'남편이 할 일' 목록은 짧게

여자들은 여러 가지 일을 동시에 처리하는 데 뛰어난 능력을 가지고 있기 때문에 머릿속에서는 늘 한 가지 이상의 생각이 진행되고 있다. 일, 자녀 양육, 학교에 대한 중압감을 동시에 느끼고 해야 할 일을 생각하는 동시에 끝내야 하는 다른 일의 목록을 만들기 시작한다.

하지만 남편이 해야 할 일의 목록은 되도록 짧게 작성하라고 조언하고 싶다. 한 번에 한 가지 일만 부탁하는 것이 가장 좋다. 그가 멍청하기 때문이 아니다. 남자들은 대개 한 번에 한 가지 일을 끝내는 데만 집중하기 때문이다. 그런 뒤에 "당신이 11월에 해줬으면 하는 일이 하나 있어"라고 말한다. 당신은 그 일을 지금 당장 하라고 말하지 않았다. 당신이 부탁한 그 중요한 일을 할 시간을 내기 위해 남편이 스스로 일정을 조정할 것이라 믿는다는 신뢰를 보여준 것이다. 아내가 원하는 일을 해주되 엄연히 자기 자신의 의지로 그 일을 자기 일정에 끼워 넣는 것이 남편 입장에서는 매우 중요하다.

리먼 박사에게 묻다

Q ▪ 전 더 이상 참을 수가 없어요. 제가 도움을 청할 때마다 불평을 ▪ 늘어놓는 남편한테 아주 질려버렸어요. 도움이 필요하니까 좀 도와달라고 말해도 요지부동이에요. 제 말은 들은 척도 않는다니까요. 그러니 저 혼자 모든 책임을 떠맡아서 그가 해야 할 일까지 제가 다 합니다. 남편은 아예 손도 안 대니까요. 말도 안 하고 도와주지도 않아요. 그는 제 인생에 있으나 마나 한 존재에요. 정말 넌더리가 납니다. 당장 도움이 필요해요.

A ▪ 남편이 일을 도와주지 않을 때마다 머릿속에 어떤 생각이 듭 ▪ 니까? 아마 '그는 신경도 안 써. 남편은 나를 사랑하지 않는 거야. 그의 눈에 나는 존재하지도 않는 인간이라니까. 난 대체 왜 이 남자와 결혼한 거지?' 등의 생각이 떠오를 겁니다. 솔직히 말해 당신은 상당히 문제 있는 가정에서 자란 남자와 결혼했을지도 모릅니다. 어쩌면 그는 자기 자신 외에는 생각할 줄 모르는 남자일 수도 있습니다. 하지만 그보다는 당신을 도와주지 않는 것이 곧 당신에게 관심이 없다는 메시지로 받아들여진다는 사실을 모르고 있을 가능성이 높습니다.

이렇게 한번 해보세요. 남편과 진지하게 얘기를 나눠보는 겁니다. 하고 싶은 말을 있는 그대로 솔직하게 말하세요.

"오늘 당신에게 ○○를 도와달라고 부탁했잖아. 그런데 도와주지 않았지. 당신이 그렇게 나올 때마다 당신은 나나 나한테 중요한 모든

일에 전혀 관심이 없다는 생각이 들어. 정말 관심이 없는 거라면 나는 다른 계획을 세우기 시작해야겠지. 그런데 만약 관심이 있다면 지금까지와는 달라져야 해. 이런 식으로는 우리 사이가 잘 돼갈 수 없거든. 당신이 행복한지 불행한지는 잘 모르겠지만 어쨌든 나는 행복하지 않은 것이 사실이야. 밤에 아이들 재우고 숙제 도와주고 빨래하고 어머니를 병원에 모시고 가는 등의 일을 전부 나 혼자 도맡아서 하니까 당신은 좋을지 모르지. 하지만 나는 싫어. 무시당하고 존중받지 못하는 것 같은 기분이 든다고. 더 이상 이렇게 살고 싶지 않아."

이런 대화를 나누는 것은 상당히 어려운 일입니다. 그 결과가 마음에 들 수도 있고 들지 않을 수도 있기 때문입니다. 남편이 당신과 함께 사는 것을 정말 중요하게 여기지 않는다면 그런 사실을 20년 뒤에 깨닫는 것보다 차라리 지금 아는 편이 낫지 않습니까? 하지만 이런 충격 요법은 당신이 무엇을 원하는지 전혀 모르는 채 자기 영역 안에서만 살아가는 남자를 각성시키는 기적을 일으키기도 합니다. 결과가 어떻게 나오든 간에 꼭 알아야 하는 사실인 것만은 분명합니다.

남편의 비밀을 지킨다

남편이 저지른 명청한 짓을 절대 친구들에게 얘기해서는 안 된다. 그가 직장에서 받는 스트레스에 대해 당신에게 털어놓았을 때도 당신은 그 얘기를 절대 그 누구에게도 말해서는 안 된다. 남자가 용기를 내 자기 속마음을 털어놓은 것은 그 심정을 당신과 공유하기 위해서지 다른 사람들과 공유하기 위해서가 아니다. 그를 존중해 그의 비밀을 지켜줘야 한다. 당신도 다른 사람이 자기 비밀을 폭로하면 싫지 않은가? 남편에게도 똑같은 예의를 갖추자.

친구들에게 당신의 남편이 얼마나 대단한 사람인지, 그가 어떤 다정한 행동을 보여주었는지, 얼마나 도움이 되는 일을 해주었는지, 또 그가 얼마나 사려 깊은 사람인지 등에 관한 얘기는 해도 된다. 그런 이야기는 틀림없이 그 남편들의 귀에까지 들어가게 돼 있다(그리고 아마 거기에 "당신은 왜 그런 남편이 못 되는 거야?"라는 말이 덧붙을 것이다). 그리고 친구들의 남편이 그 칭찬을 다시 당신의 남편에게 전하면 그의 가슴은 만족감으로 한껏 부풀어 오를 것이다.

'와, 난 정말 행운아야. 아내가 나를 그렇게 대단한 남자라고 생각하다니. 난 진짜 멋진 여자와 결혼했어!'

이런 종류의 소문이 남편에게 기적을 일으킨다.

더 좋은 방법은 이런 말들을 그의 귀에다 직접 들려주는 것이다. 그러면 아마 그는 당신을 위해 당장 재주라도 넘을 것이다.

원하는 것을 분명하게 말한다

최근에 오랜만에 집에 일찍 들어가 샌디를 깜짝 놀라게 해준 뒤 함께 저녁을 먹으러 나가려고 한 적이 있다. 아내에게 "몇 시에 나가고 싶어?"라고 물었다.

"아, 6시 좋은데."

"어디에 가고 싶어?"

"당신이 가고 싶은 곳이면 어디든 좋아. 당신이 골라."

"좋아, 그럼 수프와 샐러드를 주로 파는 식당에 가자."

"여보, 나 이제 거기는 가기 싫어."

"음, 그럼 이탈리아 식당은 어때?"

"아니, 거기에서 저녁 먹기 싫어. 음식에 이상한 걸 넣는다고."

이쯤 되자 나도 슬슬 화가 나기 시작했다.

"그럼 당신이 골라!"

그리고 대화가 계속 진행되었다. 결국 샌디가 먹고 싶어 하는 것은 연어였다. 만약 샌디가 연어가 먹고 싶다는 말을 미리 했더라면 내가 필요한 정보를 전부 얻을 수 있었을 것이다. 나는 어느 식당으로 가야 할지도 정확히 알고 있었다. 전에 샌디가 어떤 식당에서 연어를 먹으면서 칭찬을 아끼지 않은 적이 있기 때문이다.

샌디와 함께 어디에 가려고 준비를 하던 중에 친구에게서 전화가 왔다. 그는 우리 집에 들러 15분만 얘기를 나누고 싶

일방적으로 말할 것인가, 함께 얘기할 것인가?

내 상담소를 찾아오는 여자들은 늘 남편과 대화를 나누고 싶다는 얘기를 한다. 그러나 그들의 속내를 좀 더 깊이 파고들어 보면 그들이 원하는 것은 '남편에게 일방적으로 내 얘기를 하고 싶다'는 것이었다. 여자들은 꾸준히 이어지는 말의 홍수가 남자를 얼마나 질리게 만드는지 모른다. 그러니 남편을 남편으로 대하라. 여자 친구가 아니라.

다고 말했다.

"그래, 어서 와."

내가 전화기에 대고 말했다. 그러자 샌디가 문에서 고개를 들이밀고 말했다.

"여보, 잠깐만. 지금 친구가 오면 안 돼. 5시까지는 준비를 마치고 떠나야 한다고."

시계를 보니 아직 1시간이 남아 있었다.

"여보," 내가 말했다. "전화를 건 사람은 마크야. 남자라고. 남자가 15분만 얘기를 하자고 했으면 정말 15분 안에 끝나는 거야."

샌디는 그저 눈썹을 치켜 올릴 뿐이었다. 하지만 내 말이 맞다. 남자는 이럴 때 거짓말을 하지 않는다. 쇼핑몰에서 "몇 분만 둘러보고 나올게"라는 여자들의 말과 비교해보라. 나는 그 말에 속지 않는다. 아내가 이렇게 말하고 사라지면 나는 밖의 벤치에 앉아 장시간 기다려야만 한다. (다행히 휴대폰을 이용해 그 시간 동안 많은 일을 할 수 있다.) 하지만 내가 왜 기꺼이 그런 일을 하는지 아는가? 샌디는 쇼핑하느라 정신이 없고 나는 타고난 성격상 쇼핑을 좋아하지 않지만 샌디는 내가 같이 다니는 것을 좋아한다는 사실을 알기 때문이다. 그런 이유라면 내 시간을 들일 만한 가치가 충분하지 않은가?

남편을 말로 누르려 하지 않는다

"여보, 아주 중요한 얘기니까 잘 들어. 마리 캘린더^{Marie Callender's}에서 레몬 머랭 파이 한 개랑 호박 파이 한 개를 사다줘. 지금 당장 사다줬으면 좋겠어. 레몬 머랭 파이 한 개랑 호박 파이 한 개야."

어핑턴 부인이 집게손가락을 치켜들고 이렇게 말했다. 그녀는 본격적인 맏이 모드에 돌입해 있었다. 여섯 살짜리 아이를 상대로 말하는 선생님처럼. 하지만 아내는 이미 그 전날에 파이를 사다 달라고 부탁하면서 어떤 종류의 파이를 사와야 하는지에 대한 지시까지 내려놓은 상태였다. 똑같은 얘기를 되풀이할 필요가 없는 것이다. 당신 남편이 때로 어린아이처럼 행동할 수도 있지만, 어린아이 취급을 받는 것은 원치 않는다.

눈물을 흘려서는 안 된다

여자들은 호르몬의 영향을 자주 받는다. 열 살 무렵에 사춘기에 이르면 감정이 뒤틀리기 시작한다. 다섯 아이의 엄마이자 40년 넘게 심리학자인 남편과 살면서 인간관계에 있어 박사학위를 따고도 남을 정도의 수준이 된 샌디 리먼 박사는 여자의 인생에 있어 최악의 시기가 열 살 때라고 말한다. 이 말에도 일리가 있다. 사춘기에 앞서 사춘기 전 시기가 있는데 이때 아이들의 몸이 변하기 시작하고 호르몬 분비에도 변화가 생긴다. 그리고 PMS(월경 전 증후군)도 의학적으로 충분히 입증되었다. 이것은 잘못된 인식을 가진 남자들이 생각하는 것처럼 '지어낸 이야기'가 아니다(당신은 그 사실을 잘 알고 있을 것이다).

남자들은 결코 감정에 휘둘리지 않는다는 의미가 아니다. 그들도 낚시, 사냥, 미식축구, 하키 등에 열광하면서 감정적인 모습을 보이지만 거기에는 약간의 차이가 있다. 하루 일과를 마치고 학교 문을 나서는 두 쌍의 아이들의 모습을 지켜보자. 열 살짜리 여자아이들은 어떤 모습인가? 손을 잡고 걸으면서 서로를 바라보고 상호작용을 하고 자기가 느끼는 감정을 함께 나눈다. 그럼 열 살짜리 남자아이들은 어떤가? 서로의 머리를 때리면서 "야, ○○는 내가 너보다 잘해. 알아?"라고 소리를 지른다. 사내아이들은 이렇게 어린 나이에도 자신의 감정을 상대방과 '공유'하지 않는다. 그저 감정에 따라 행동할 뿐이다.

앞서 얘기했던 주제로 되돌아가보자. 여자가 결혼생활에서 가장 원하는 것은 무엇인가? 애정이다. 남자의 목록에도 애정이 올라가 있는가? 아니. 그가 원하는 것은 아내에게 존경받고 필요한 존재가 되며 충족감을 느끼는 것이다. 애정을 갈망하는 당신의 욕구는 넓은 범위로 뻗어나간다. 날마다 남편의 애정을 확인하지 못하면 집안에 여러 가지 문제가 생기기 시작하는 것도 이런 이유에서다.

그러나 감정을 지나치게 분출하면 남자의 마음이 닫힐 수 있으므로 주의해야 한다. 눈물은 남편을 무력감에 빠뜨린다. 눈물 앞에서 어찌할 바를 모르는 것이다. 그리고 본질적으로 중립적인 입장을 취하게 된다. 눈물은 그가 대처할 수 있는 사안이 아니다. 하지만 많은 여자들은 눈물을 이용해 남자들을 교묘하게 조종하려고 한다.

이 방법은 효과가 없다. 남편은 눈물을 보자마자 끔찍한 기분에 사로잡힌다.

'어어, 내가 울린 거야? 만약 나 때문이라면 얼른 이 자리를 피하는 편이 좋겠군.'

대부분의 남자들은 "여보, 나 때문에 마음 상한 거야? 정말 미안해"라고 말하지 않는다. 그저 '대체 왜 저러는 거야? 진정될 때까지 그냥 TV나 봐야겠다'고 생각하면서 줄행랑을 칠 뿐이다.

남편을 무력감에 빠뜨리면 그는 마음의 문을 닫아건다. 그는 어떻게든 당신을 기쁘게 해주고 싶어 하지만(이 책이 계속해서 그 주제를 부각시키고 있다는 것을 알아차렸는가?) 그 방법을 모르기 때문에 좌절감을 느낀다는 사실을 기억하라. 그는 섣불리 시도했다가 제대로 해내지 못할까 봐 걱정한다. 그의 입장에서 어떤 일을 제대로 해내지 못한다는 것은 누군가 당신에게 뚱뚱하고 못생겼다고 말하는 것과 비슷한 일이다. 그 정도로 언짢게 받아들이는 것이다.

커다란 짐을 번쩍번쩍 들어올리고 아이들을 공중으로 던져 올렸다가 받기도 하고 쓰러진 나무 둥치를 가뿐하게 옮기는 덩치 크고 튼튼한 남편도 감정적으로는 섬세한 부분이 많다. 이것은 남편에게는 친한 친구가 한 손으로 꼽을 정도밖에 없고 대개의 경우 당신도 거기 포함된다는 사실과도 관련이 있다. 당신이 하는 말이 그에게 중요하다는 뜻이다.

하지만 그것을 잘 이해하지 못하는 남자늘이 있다. 그들은 여자의 욕구와 감정을 제대로 감지하지 못한다. 안과에 가서 자기 바로 앞에 커다란 E자가 놓여 있어도 알아보지 못하는 형국이다. 나는 그런 남자를 수도 없이 봤다. 이들은 바람이 불어도 구부러지지 않고 꼿꼿이 서 있는 나무처럼 절대 남을 끌어안지 않는 사람들이다. 우리 친구 중에도 그런 사람이 있다. 샌디가 그를 열광적으로 끌어안아도 그는 가만히 서서 꼼짝도 하지 않는다. 로봇처럼 뻣뻣하고 기계 같은 유형의 남자인 것이다. 그들의 행동을 관찰해보면 더할 나위 없이 무미건조하다. 날마다 똑같은 일만 되풀이하기 때문이다. 심지어 잔디까지 늘 똑같은 방식으로 깎는다. 그들은 모눈종이와 일단 정지 표지를 통해 틀에 박힌 방식으로 인생을 바라본다. 그리고 모든 일을 완벽주의에 입각해서 처리한다.

당신이 이런 남자와 결혼했다면 어떻게 해야 할까? 그의 이마를 똑똑 두드리면서 "똑똑… 거기 누구 안 계세요?"라고 말할 수도 있다. 당신의 남편이 내 상담소를 찾아온다면 나는 이렇게 말할 것이다.

"저 바깥에서는 인생이라는 파티가 열리고 있습니다. 파티에 참석하라는 초대장도 여기 있고요. 인생의 기복을 직접 경험하고 즐기세요. 다른 사람에게 완전히 헌신하는 삶에서 얻을 수 있는 기쁨과 슬픔도 느껴보시고요. 위험을 무릅쓰고 친밀한 관계를 맺어보는 것이 어떻습니까?"

하지만 이런 유형의 남자들은 이렇게 말한다는 것이 문제다.

"내가 왜 여기서 상담을 받고 있는지 모르겠군요. 나는 인생을 즐깁니다."

이것은 그가 자기 주위에 쌓아올린 고치 안에서 만족감을 느끼기 때문이다. 이것이 그의 본모습이다. 그리고 아마 당신이 그와 결혼할 당시에도 이런 모습이었을 확률이 높다.

그렇다면 여기서 생기는 의문은 '왜 당신이 그와 결혼했는가'이다. 그때까지의 삶이 너무 불안정했기 때문에 항상 똑같은 방식으로 살아가는 사람과 함께 예측 가능한 삶을 살기를 바랐던 것인가? 그런데 결혼한 지 몇 년이 지나니까 그런 생각이 거의 사라진 것인가?

당신에게는 선택권이 있다. 이런 상황에 처한 대부분의 여자들은 그런 시시한 남자를 차버린다. 어쨌든 결혼생활에서 즐거움을 찾으려고 혼자서 노력하는 것은 좌절감만 안겨주는 소모적인 일 아닌가. 그리고 로봇처럼 행동하는 대부분의 남자들은 성격도 나쁜 편이다. 세상 사람들이 어떻게 행동해야 하는지 자기가 다 안다고 생각하면서 자기 의견만 강하게 내세우는 성격이다. 이런 이들은 쉽게 변하지 않는다.

그러나 먼저 자신의 결정을 신중하게 생각해보기 바란다. 당신은 이 남자와 결혼한 장본인이다. 그렇다면 이 상황을 감수하면서 최대한 만족스러운 삶을 살아갈 것인가? 당신은 자신이 바라던 동반자를 얻지 못했다. 하지만 다른 가족이나 자녀, 손자들과 함께 보내는 시간을 즐기면서 이 상황을 그럭저럭 견뎌나갈 수는 있다.

남편을 조종하려 들지 않는다

침실을 둘러보다가 가구들이 약간 초라해 보인다는 생각이 들었다고 하자. 마침 가격이 5백 달러인 새로운 이불과 시트 세트에 눈독을 들이던 참이다. 하지만 구두쇠 남편이 절대 찬성하지 않으리라는 것을 잘 안다.

그러다가 남편이 최근에 트럭에 달 새 타이어를 샀다는 사실을 알았다. 그에게 진짜 새 타이어가 필요하다는 생각은 들지 않지만, 어쨌든 그것을 살 때 당신의 허락을 구하지 않은 것은 사실이다. 그래서 남편에게 물었다.

"그 타이어는 얼마나 줬어?"

남편은 주춤하더니 방어적인 자세를 취하기 시작한다.

"어, 그러니까, 하나에 165달러였어."

그러면서 속으로 생각한다.

'왜 이런 걸 묻는 거지?'

그는 질문의 의도를 알지 못한다. 사실 그는 인터넷 검색을 통해 상점 네 군데를 살펴본 뒤 가장 저렴한 곳에서 타이어를 구입했다. 곧 겨울이 될 테니 현명한 선택이었다.

이 말을 들은 당신은 생각한다.

'아하, 새 이불과 시트를 사기에 딱 좋은 때 같은데. 타이어를 사는 데 6백 달러 이상을 썼다면 침실을 꾸미는 데 5백 달러 정도 써도 괜찮겠지.'

하지만 이것은 교묘한 속임수이고 남편은 이런 태도를 좋아하지 않는다. 그보다 더 나은 최선의 방법을 써보는 것이 어떨까? 직접 말하는 것 말이다. 당신에게 필요한 것과 바라는 바를 몇 마디 말로 간단하게 정리해서 전한다.

"여보, 며칠 전에 보니까 우리 침대 시트가 색이 다 바래서 허름해졌더라고. 나한테는 우리 침실을 멋진 모습으로 꾸미는 게 중요해. 그래서 상점을 두어 군데 돌아다니면서 가격을 확인했더니 내 맘에 쏙 드는 이불과 시트 세트가 5백 달러 정도 하더라고. 그걸 사도 괜찮을까?"

지금 나를 향해 날카로운 소리로 외쳐대는 사람이 있을지도 모르겠다.

"리먼 박사님, 무슨 공룡 시대에나 통하던 말씀이세요? 왜 여자가 물건을 살 때 남편의 허락을 받아야 하는 거죠? 게다가 남편은 이미 아내 허락도 없이 자기 멋대로 물건을 샀는데 말예요."

한 가지만 물어보겠다. 결혼이 당신에게 중요한 의미를 갖는가? 금요일까지 새로운 남편을 얻고 싶은가? 그렇다면 내 말을 끝까지 듣기 바란다. 결혼은 누가 이기는지가 중요한 운동 경기가 아니다. 결혼생활은 함께 달리는 긴 경주다. 남편에게 자기 생각을 말하

현명한 충고

데이트를 할 때는 눈을 크게 뜨고 결혼한 뒤에는 눈을 반쯤 감고 살아라.

고 동의를 구하는 데 2분이 걸린다면, 결혼생활을 원만하게 유지하고 행복한 남편을 얻기 위해 그 2분을 투자할 만한 가치가 있지 않을까? 남편이 타이어를 구입하면서 당신의 동의를 구하지 않은 것은 가격 검색이나 기타 필요한 작업을 이미 마쳤기 때문이다. 게다가 당신은 타이어나 바퀴, 기타 자동차 부품에 대해 전혀 모르거나 아예 관심도 없지 않은가? 그는 당신을 교묘하게 속일 목적으로 일부러 그런 것이 아니다. 그저 남자들이 최선을 다하는 일, 즉 문제 해결과 관련된 일이기 때문에 자기가 나서서 한 것뿐이다.

그러나 남편을 조종하려 드는 것은 결혼생활에서 금지된 선을 넘는 일이므로 남편은 이런 행동에 화를 낼 권리가 있다. 그러니 그런 일은 하지 말자. 당신은 현명한 여자니까 내 말을 이해했을 것이다. 당신이 잃어야 할 것은 무엇인가? 결혼생활에 만족감을 느끼는 행복한 남편은 당신을 위해 베드 배스 앤 비욘드Bed, Bath & Beyond에 가서 5백 달러짜리 이불 세트를 사들고 오는 것을 비롯해 무슨 일이든 할 것이다. 어쩌면 새 시트와 이불을 정리하는 일까지 도와줄지도 모른다.

남편의 거절을 거절로 받아들인다

남자가 싫다고 거절했을 때 그 말에 수긍해 더 이상 문제 삼지 않을

여자가 있는가? 대부분의 여자들은 그러지 못한다.

"여보, 오늘 그걸 보러 가면 정말 재미있을 것 같지 않아?" 아내가 말한다.

"아니." 남편이 거절한다.

그러면 아내는 남편을 구슬리기 시작한다.

"하지만 당신이 좋아하는 거잖아."

아내의 수다가 지루하게 이어지는 동안 남편이 가만히 앉아서 생각한다.

'아니, 절대로 싫어. 난 가지 않을 거야. 안 갈 거라고. 이미 결심했어.'

당신은 남편이 싫다고 말했을 때 그 말을 받아들여 금방 포기할 수 있는가? 자세한 정보를 요구하거나 이유를 묻지도 않고? 남편의 거절을 거절로 받아들일 수 있을 만큼 그를 존중해야 한다.

당신이 가고 싶은 곳이 있거나 하고 싶은 일이 있다면 이렇게 말하는 것이 어떨까.

"당신이 가고 싶지 않다면 좋아. 그러면 나 혼자 두어 시간 정도 다녀와도 될까?"

"잠깐만요, 리먼 박사님," 어떤 사람은 이렇게 말할 것이다. "여자가 어떤 일을 하려면 남편의 허락을 구해야 한다는 말씀이세요? 여성해방이라는 말 못 들어보셨어요?"

집을 나서는 데 남편의 허락이 필요하다는 뜻이 아니다. 그냥 남편에게 이렇게 말하라는 것이다.

"당신이 가고 싶지 않다면 나 혼자 가는 것은 괜찮겠지? 아니면 나

여자들의 이야기

저는 매우 분석적인 사람이고 저 자신도 그 사실을 잘 알고 있습니다. 남편이 한 말에 늘 의문을 제기하곤 했죠. 하지만 박사님 말씀을 듣고 나니 제가 지금까지 남편에게 "나는 당신 혼자 힘으로는 우리 가족을 위한 결정을 내릴 수 없다고 생각한다"는 요지의 말을 했다는 사실을 깨달았습니다. 그래서 지난 6개월 동안 가족을 위해 내린 남편의 결정을 신뢰하려고 의식적으로 노력했습니다. 그러자 이상하게도 안도감이 느껴지더군요. 남편과 더 가까워진 느낌이고 그도 예전보다 훨씬 많은 도움을 주고 있습니다. 지난주에는 제 생일도, 크리스마스도, 밸런타인데이도 아닌데 장미를 사다줬지 뭐예요. 그냥 보통의 평범한 날이었는데 말이에요. 저희가 바른 길로 갈 수 있도록 도와주셔서 감사합니다.

— 유타 주에서, 낸시

가지 말고 집에서 우리 둘이 뭔가를 했으면 좋겠어?"

이것은 허락을 구하는 것이 아니라 상대방의 의사를 확인하는 것이고 그것은 상대방을 존중하는 것이다. 결혼생활에서 가장 중요한 것은 상호 존중이다.

단순히 시늉만 해서는 안 된다

일전에 샌디와 함께 레드 랍스터에 가서 건강에 좋은 점심이랍시고 죽은 물고기를 먹은 적이 있다. 그 식당에는 우리와 동시에 들어온 다른 커플이 있었다. 그들이 앉은 테이블에도 우리 테이블과 거의 동시에 샐러드 접시가 나왔다. 그리고 내가 식사를 마칠 때까지 그들은 계속 식사를 하고 있었다. 그리고 어떤 일이 있었는지 아는가? 그들은 식사하는 동안 단 한마디도 주고받지 않았다(주문할 때 웨이터에게 한 말은 대화로 치지 않는다). 단 한마디도. 잡담조차 나누지 않았다.

식당에 가서 주위를 둘러보면 그들 같은 커플을 상당히 많이 볼 수 있다. 그들은 서로를 똑바로 바라보며 솔직한 대화를 나누지 않는다. 그냥 결혼한 부부 같은 시늉만 할 뿐이다.

배우자와 친밀하고 애정 어린 관계를 맺고 싶지 않은가? 만약 그렇다면 남편은 자기가 존중받고 필요한 존재라는 느낌과 충족감을 느낄 수 있어야 한다. 그는 자기가 어떤 얘기를 하면 당신이 그 말에 귀 기울여주고 비록 동의하지는 않더라도 그의 의견을 타당하게 존중해줄 것이라는 확신을 얻고 싶어 한다. 그렇게 행동한다면 남편 마음속에는 당신을 기쁘게 해주고 당신에게 반응을 보이고 당신이 할 말이 있을 때 기꺼이 귀 기울여주고 싶다는 강렬한 욕구가 생겨난다.

우 리는 결혼한 후로 오랫동안 싸우기만 했습니다. 두 사람 다 욱하는 성질이 있거든요. 제가 남편에게 "왜?"라고 물으면, 그는 "당신은 그냥 질문을 하는 건지 몰라도 나는 마치 심문을 받는 것처럼 느껴져"라고 말하더군요. 남편과 '토론'(사실대로 말하자면 싸움이었죠)을 벌인 다음날 제가 참가한 한 오찬 모임에서 박사님이 강연을 하셨습니다. 박사님은 우리가 평소 사용하는 자주 말 중에서 '왜'를 빼라고 말씀하셨죠. 그 말이 제 아픈 곳을 찔러서 정말 그 말을 하지 않으려고 노력했습니다. 때때로 저도 모르게 '왜'라는 말이 튀어나왔지만 최대한 자제하려고 애썼어요. 남편도 그런 사실을 알아차렸죠. 어젯밤에 그가 말하더군요. "이제 당신이 나한테 왜냐고 묻지 않으니까, 당신이 훨씬 더 사랑스럽게 느껴져."

– 콜로라도 주에서, 제시카

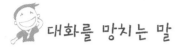 대화를 망치는 말

남편과의 즐거운 대화(또는 대화의 가능성)를 망치고 싶은 사람을 위해 언제든 대화를 단절시킬 수 있는 단어와 표현 몇 가지를 소개하겠다.

왜?

잠재적인 대화 가능성을 당장 망쳐버리고 싶다면 남편에게 "왜?"라고 묻기만 하면 된다. 그러면 남편은 즉각적으로 방어 태세를 취할 것이다.

당신은 "하지만 리먼 박사님, 저는 남편이 자신의 감정과 생각을 저와 함께 나눴으면 좋겠어요. 그러면 그와 좀 더 일심동체가 된 기분이 들 것 같아요"라고 말할 것이다. 남편이 말을 하지 않는다면 거기에는 이유가 있을 것이다. 어쩌면 당신이 "왜?"라고 물었기 때문일 수도 있다. 남편이 어떤 말을 했을 때 "왜?"라고 물으면 대화를 나누고자 하는 그의 시도를 효과적으로 무력화시킬 수 있다. 그렇게 묻는 것은 "그래, 당신이 정말 멍청하다는 건 알아. 당신 혼자 힘으로는 도저히 알아낼 수 없을 테고 또 틀릴 수도 있으니까 내가 도와줄 수 있게 당신 논리를 설명해봐"라고 말하는 것과 같다.

그런 사실을 뻔히 알고 있으면 아무래도 상황이 달라지지 않겠는가? 남자의 자아는 당신이 생각하는 것보다 훨씬 연약하기 때문에 쉽게 상처받는다. 남편에게는 문제를 해결하는 것이 매우 중요한 일이므로 (타고난 성향 자체가 그렇다) 당신이 남편에게 "왜?"라고 물으면 무기력해질 수밖에 없다.

이제 당신이 '왜?'라는 질문을 시작하면 그가 방어적인 자세를 취하는 이유를 이해하자. 그가 당신을 무시하거나 화를 내는 것은 당신을 밀어내기 위해서다. 그는 "저리 좀 가. 내가 문제를 혼자 해결할 수 있을 만큼 똑똑하지 않다고 생각한다면 나도 당신을 믿을 수 없어"라고 말하는 것이다.

이때 당신은 뭐라고 말하는가?

"그래, 좋아. (손을 과장되게 저으면서 극적인 어조로) 난 그저 도와주려 한 것뿐이야. 내가 차라리 벽에다 대고 말을 하지, 원."

이제 당신도 알았겠지만 남편에게 의문을 제기하면 그는 벽처럼 냉담해져 버린다. 이것은 그의 남성적 자아에 대한 민감한 도전이라 그의 입이 굳게 닫히는 것이다.

당신이 만약 "그 얘기를 좀 더 해봐. 참 재미있네"라고 말한다면 그 말을 통해 남편에 대한 관심이 드러난다. 남편의 2번 아이언 샷이 나무를 넘어가 그린에 떨어졌다는 얘기에 흥미를 느끼기 어려울 수도 있다. 하지만 "와, 그 작은 공이 나무 위로 날아가는 모습을 보면서 정말 흥분했겠다" 정도의 말은 해줄 수 있지 않은가. 그런 말을 해주면 남편은 당신이 선택한 단어를 통해 '나는 당신이 즐거워하는 일에 관심이 있어. 당신에게도 물론 관심이 있고'라는 메시지를 전달받는다. 이것은 자신의 배우자를 위한 내조의 일부이기도 하다.

항상 · 한 번도

"당신은 항상 늦어. 대체 왜 그러는 거야?", "내가 부탁한 일을 한 번도 해준 적이 없잖아."

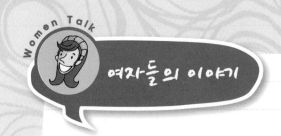

제가 드디어 입을 꼭 닫고 지내는 데 성공했습니다. 남편과 십대 아들에게 무심한 말투로 "오늘은 어떻게 지냈어?" 같은 질문을 하는 것을 그만둔 거죠. 처음에는 집안에 흐르는 정적을 깨지 않는 것이 상당히 힘들었습니다. (덕분에 평소 제가 얼마나 말을 많이 하는지 깨달을 수 있었죠.) 그러자 마법 같은 일이 일어났습니다. 제가 입을 다문 지 사흘 만에 숫기 없는 제 남편이 갑자기 입을 열고 직장에서 있었던 일에 대해 얘기하기 시작하는 게 아니겠어요? 그리고 이 대화는 우리 부부에 대한 남편의 생각과 우리의 금전적 미래에 대한 흥미로운 토론으로까지 이어졌습니다. 그는 심지어 자기가 겁내는 것이 무엇인지도 얘기해줬어요. 이렇게 좋은 비법을 알려주셔서 감사합니다. 결혼한 지 7년이 됐는데(제가 재혼을 했거든요) 요즘 부부 사이가 과거 어느 때보다 더 가깝답니다.

– 미시건 주에서, 멜린다

대화를 하면서 '항상'이나 '한 번도' 같은 단어를 사용하게 되면 대화가 상대방보다 한발 앞서려는 경쟁처럼 바뀔 수 있다. '당신은 항상/당신은 한 번도' 모드에 돌입했다는 것은 곧 결혼생활에서 경쟁이 벌어지고 있다는 징후다. 부부 관계에서 어느 한쪽이 이겼다면 실제로는 두 사람 다 진 셈이다. 결혼은 서로 경쟁을 벌이는 스포츠 경기가 아니기 때문이다. 지금 당장 '항상'과 '한 번도'라는 단어를 자기 사전에서 지워버리자. 그러면 만족스러운 결과를 얻게 될 것이다.

해야 돼

여자들은 남자에게 '해야 돼'라는 말을 많이 쓰지만 남자들은 그렇게 강요당하는 것을 싫어한다. 남편에게 '해야 돼'라는 말만 하지 않아도 결혼생활의 질을 최소 20퍼센트 이상 향상시킬 수 있다. 남자들은 아무리 작은 일이라도 자기가 선택한 것에 다른 사람이 이의를 제기하는 것을 싫어한다.

두세 명의 여자들이 어떤 음식을 주문할까를 놓고 15분 동안 의논하는 것을 들은 적이 있다. 그들은 맛에 대한 기대감을 중요시하는 동시에 가격이나 지방 함량, 하루에 필요한 채소 섭취량 같은 중요한 요소들도 함께 고려했고 그 과정에서 허브나 건강보조식품, 채식 요리법 등에 대한 완전히 새로운 대화가 시작되기도 했다. 남자들이 이런 일을 한다는 얘기는 들어본 적이 없다. 남자들은 하나를 선택하면 그것을 계속 고수한다.

샌디와 함께 레드 랍스터에 가면 나는 늘 피냐 콜라다 소스를 얹은 코코넛 쉬림프와 현미밥을 주문한다. 카루소Caruso에 가면 반드시 라자냐를 먹는다. 그 가게에는 1962년부터 계속 다녔지만 라자냐 이외의 다른 메뉴를 주문해본 적이 한 번도 없다. 라자냐 맛이 좋다는 것을 아는데 왜 굳이 모험을 하겠는가?

하지만 내게 "왜 새로운 걸 시도하지 않는 거야?"라고 묻는 샌디에게는 이런 방식이 통하지 않는다. ('왜'라는 단어에 주목하라.) 이런 질문을 받은 나는 다른 남자들처럼 방어 태세를 취한다.

"흠, 내가 만약 다른 아내를 얻으려고 시도한다면 당신 기분이 어떨 것 같아?"

샌디의 눈이 커졌다. 그래서 얼른 "이렇게 항상 똑같은 것만 선호하는 태도에도 어떤 장점이 있다는 생각 안 들어?"라고 덧붙였다.

아, 이제 음식이 나왔다. 이렇게 짜증이 났을 때 잘근잘근 씹을 만한 뭔가가 말이다.

우리가 오스틴Austin이라는 다른 식당에 갈 때면 난 항상 구운 햄과 치즈 샌드위치에 토마토 수프를 곁들이곤 한다. 샌디는 그곳에서도 또 내게 이러쿵저러쿵 잔소리를 했다. 그녀는 "당신은 이걸 먹어야 돼"라면서 메뉴판에서 내가 먹어보지 않은 다른 음식을 가리켰다.

"난 그거 싫어하는데." 내가 말했다.

"그래도 당신이 이걸 주문하면 나도 한 입 먹어볼 수 있잖아." 아내는 여자다운 논리를 내세우며 이렇게 말했다.

"당신이 이걸 먹어보고 싶다면 직접 주문하면 되잖아." 나는 남자의 논리로 맞섰다.

당신도 알다시피 여자들은 음식을 나눠 먹는 것을 좋아한다. 반면 남자들은 훨씬 독점적인 태도를 취한다. 두 남자가 함께 점심을 먹을 때 한 사람이 다른 사람의 접시로 손을 뻗어 음식을 집어먹는 것은 7월에 눈이 내리는 것만큼이나 드문 일이다. 그리고 음식을 주문할 때 "너는 이걸 시키고 나는 저걸 시켜서 같이 나눠 먹자"며 서로 의논하는 일도 없다. 그것은 남자들의 성향에 맞지 않는다.

하지만

이것은 즉각적인 반박이자 직접적인 차단이다. 남편이 무슨 말을 하면 당신은 "하지만 그건 말도 안 돼"라고 말한다. 당신 뇌의 보조 처리기는 남편에 비해 훨씬 신속한 반응을 보이도록 돼 있기 때문이다. 또 남편보다 빨리 생각을 정리해 대화에 뛰어들며 상대방이 말을 끝내기도 전에 그가 내세우는 주장의 약점을 발견할 수 있다. 하지만 전체적인 시나리오를 다 듣지도 않은 채 그런 식으로 행동한다면 (성급하게 말을 끊거나 속단하는 것) 그가 막 말하려고 했던 아주 중요한 요점을 놓칠 수도 있다.

말을 끝까지 듣지도 않고 상대방이 하려는 말을 지레짐작하는 것은 매우 무례한 행동이다. '하지만'이라며 말문을 떼는 순간 남편과의 관계는 단절된다. 당신의 남편은 '하지만' 뒤에 어떤 말이 따라오든 간에 자기가 방금 말한 내용이 모두 무효화되리라는 것을 알 만한 정도의 머리는 있다. 이 말은 바람의 방향을 바꾸고 관계를 망가뜨린다.

그러니 '하지만'이라는 말이 튀어나올 것 같으면 커뮤니케이션에 활기를 불어넣고 친밀한 관계의 서곡이 돼줄 만한 다른 말을 생각해 보자.

Q ■ TV에서 박사님이 하신 말씀을 듣고 남녀가 서로 다르다는 것은
■ 이해했지만 그런 얘기만으로는 제 문제가 해결되지 않습니다.
저는 남편의 말이 듣고 싶고 그의 관심도 받고 싶은데 받을 수가 없네요.
어떻게 해야 할까요? 상대방의 관심을 전혀 받지 못하는 관계를 계속 유지
할 수는 없어요. 어떻게 해야 남편의 마음을 열고 제가 원하는 남자로 바
꿔놓을 수 있을까요?

A ■ 그 말이 맞습니다. 여자인 당신이 결혼생활을 지속하기 위해
■ 서는 남편의 다정한 말과 관심이 필요합니다. 하지만 한 가
지 묻고 싶은 게 있는데 남편은 당신에게서 어떤 관심을 받고 있습니
까? 혹시 남편에게 비판을 일삼지는 않습니까? 대화를 나눠보려는 남
편의 노력에 찬물을 끼얹은 적은 없습니까? 지금처럼 남편의 관심을
받지 못하는 상태로는 결혼생활을 더 이상 지속할 수 없다고 말씀하
시는 걸 보니 아마 이런 상황이 꽤 오랫동안 지속된 듯합니다. 지금
은 아마 관심에 굶주린 상태일 테고요. 하지만 애원이나 협박을 통해
서는 원하는 것을 얻을 수 없습니다. 오히려 그의 마음이 더 싸늘하게
식을 겁니다. 그는 단지 감정 문제에 영 아둔해서(많은 남자들이 그렇듯
이) 여자에게 무엇이 중요한지에 대해 교육을 좀 받아야 하는 것뿐입
니다.
    이번 주에 이 방법을 한번 시도해보세요. 남편에게 말로 격려를 해
주는 겁니다.

"와, 여보. 그 일을 정말 멋지게 해냈네. 고마워"

이런 말을 들은 남편은 자기가 가족 부양자로서의 책임을 제대로 완수했다는 사실을 알 수 있습니다. 다만 "어머나, 당신은 진짜 세상에서 가장 멋진 사람이야"처럼 지나치게 과장된 표현을 사용하지 않도록 주의해야 합니다. 이것은 학교에서 시험을 잘 치른 아이를 축하해주는 일과 비슷합니다. 이때도 아이가 해낸 일에 초점을 맞출 뿐 "넌 세상에서 가장 똑똑한 아이야" 같은 말은 하지 않습니다.

체구가 크고 건장한 당신의 남편도 주어진 일을 잘 해냈고 인생에서 훌륭한 성과를 올렸다는 칭찬을 듣고 싶어 합니다. 그리고 그런 칭찬은 당신에게 받았을 때 비로소 의미가 있습니다. 자기 동료나 어머니, 이웃이 아니라 바로 당신에게서 말입니다. 몇 마디 다정한 말부터 시작해 그것이 남편의 마음에 가닿는 길을 열어주는지 확인해보십시오.

"그 얘기 좀 더 해봐."

"와, 흥미진진하다."

"왜 그런 느낌이 드는지 알겠어. 나 같아도 그랬을 거야."

"정말 짜증났겠다."

"그건 정말 불공평한데."

이런 사소한 말들이 커뮤니케이션을 촉진한다. 이런 말은 마음의 문을 닫아버리는 것이 아니라 진실한 관계로 향하는 문을 활짝 열어준다.

정말 남편의 관심을 끌고 싶은가?

남편을 향해 곧장 걸어가서 그에게 깊이 입을 맞춘다. 그리고 약간 뒤로 물러서서 그의 눈을 똑바로 들여다보면서 이렇게 말한다.

"당신한테 할 말이 있어. 당신을 정말 사랑하지만, 지금은 진짜 중요한 얘기를 해야만 해."

이때 말을 하면서 계속 그의 몸에 손을 대고 있어야 한다. 당신이 그의 몸에 손을 대고 입을 맞춘 순간, 남편은 속으로 이런 생각을 한다.

'와, 오늘은 운이 좋은 날이군. 잘하면 몇 분 안에 침대에서 뒹굴 수 있겠는데.'

여기까지 읽은 뒤 당장 이렇게 말할 사람도 있을 것이다.

"리먼 박사님, 정말 황당하네요. 왜 남자들은 항상 모든 일을 섹스하고 연결 지어서 생각하는 거죠?"

잠깐만 기다려보라. 그 얘기는 다음 장에서 할 예정이다. 금요일까지 새 남편을 얻고 싶다면 남자들의 사고방식을 똑똑히 이해해야 한다.

남편 입술에 열렬하게 입을 맞출 때마다 남편의 관심을 끌 수 있다. 그는 속으로 '와우, 다음은 뭐지?'라고 생각한다. 그런 뒤 그에게 하고 싶은 말을 교묘하게 슬쩍 흘리면 된다.

"가든 클럽에서 방금 전화가 왔어. 장식을 도와주기로 했는데, 케이시를 친구 집에 데려다주기도 해야 하거든. 두 가지를 다 하는 것은 불가능해. 이 저녁에 갑작스러운 일이라는 건 아는데, 나 대신 케이시를 친구네 집에 좀 데려다줄 수 있을까?"

이런 식으로 접근할 경우, 자존심 있는 남자라면 누구나 자기 아내의 부탁을 들어줄 것이다(성격에 문제가 있는 남자는 제외하고).

감정적으로 격려를 해주면 남편도 계속 자기 얘기를 한다. 그는 대화 중에 약간씩 입을 열면서 당신이 거기에 어떻게 반응하는지를 먼저 살핀 뒤 반응이 괜찮으면 차차 자기 생각을 자세히 털어놓는다. 그리고 당신이 그에게 비판적인 태도를 취하면 바로 입을 다문다. 그러니 말은 하지 말고 가만히 귀를 기울여주는 것이 가장 좋다. 그가 말하는 내용에 대해 의문을 제기해서도 안 된다. 그가 완전히 말을 끝낼 때까지 기다린

> **보답**
>
> 남편에게 친절한 행동을 한 번 하면 그는 친절한 행동을 세 번 해줄 것이다. 남편에게 친절한 행동을 세 번 하면 그는 일곱 번의 친절한 행동으로 갚을 것이다. 투자 대비 수익률이 상당히 높은 편 아닌가?

다. 그런 뒤 그가 말한 내용에 논쟁의 여지가 있는 부분이 있으면 그 얘기를 꺼내면 된다. 다시 한 번 말하지만 그가 얘기를 다 끝낸 다음에 말이다.

남편을 잘 구슬려서 자기 의견을 말하도록 유도하면 당신이 바라던 것보다 더 많은 것을 함께 공유하게 된다. 때로는 그의 가려운 곳을 시원하게 긁어주거나 좋아하는 디저트를 만들어주는 것도 남편의 마음을 여는 데 도움이 된다. 남편의 눈을 똑바로 쳐다보면서 제3의 귀(당신의 마음)로 그의 말을 경청한다면 생각지도 못했던 이야기까지 들을 수 있다. 그리고 남편의 생각을 너무 심오한 방향으로 해석하지 않도록 주의해야 한다. 대부분의 남자들은 그렇게 깊은 부분까지 생각하지 않는다.

 ## 새로운 남편에게 정말 원하는 것

지난달에 캔자스 주의 한 교회에서 강연을 하면서 나는 딸아이에게도 장미꽃과 '너를 정말 사랑한다'는 말이 적힌 작은 카드를 보낸 적이 있다는 얘기를 했다. 그러자 청중들 가운데 여성들은 모두 "오오오"라며 긴 탄성을 내뱉었다.

"내가 방금 어떤 일을 했는지 들으셨습니까?"

나는 남자 청중들을 향해 말했다.

"그 작은 '오오오'는 당신이 아내에게 뭔가 다정한 행동을 보여줬을 때 그녀가 당신에게 정말 하고 싶은 말입니다. 그리고 그렇게 아내를 감동시킨 분들은 그보다 더 큰 보답을 받을 가능성이 높습니다."

당신도 그런 남편을 원하는 것 아닌가? 당신을 기쁘게 해주려고 노력하는 남자, 다정하고 부드러운 남자 말이다. 하지만 남자는 타고난 성향이 그렇지 못하며 특히 결혼한 뒤에는 그런 일을 더 이상 할 필요가 없다고 생각한다. 결혼하기 전에는 어떻게든 여자를 잡을 생각에 사로잡혀 '자기 여자를 찾는' 힘겨운 탐색 과정에 필요한 일은 다 하려고 애썼다. 그리고 지금 이렇게 당신과 결혼한 것을 보면 그 과업을 훌륭하게 완수했다는 뜻 아니겠는가? 당신은 자기 자신을 칭찬해줘야 한다. 비록 지금은 남편이 그런 태도를 보이지 않을 때도 있지만, 남편이 당신을 만나기까지 들인 그 모든 탐색 작업과 노력의 가치가 충분한 사람이니 말이다.

남편은 실험실 생쥐와 약간 비슷한 면이 있다. 왼쪽에도 길이 있고 오른쪽에도 길이 있는 미로 안을 달려가는 생쥐는 어느 방향으로 갈지 스스로 결정해야 한다. 생쥐는 수많은 시도 끝에 오른쪽으로 가면 발에 전기 충격이 가해진다는 사실을 깨닫는다. 그리고 머지않아 왼쪽으로 가면 그런 이상한 감각도 느껴지지 않고 결국 먹이도 먹을 수 있다는 사실을 알아낸다. 그러니 당연히 그 길을 택하게 된다. 생쥐

> ## 수요일에 할 일
>
> 1 남편에게 말할 때는 세부적인 내용은 빼고 간략하게 요약된 내용만 말한다.
> 2 "왜?"라고 묻지 않는다.
> 3 당신이 준 정보를 처리할 수 있는 시간을 준다. 당신의 뇌는 남편보다 빠른 속도로 정보를 처리하지만 장기적으로 볼 때 그것이 항상 더 낫다고는 할 수 없다.
> 4 그는 당신의 여자 친구가 아니라 연인이라는 사실을 기억한다. (그리고 당신 자신도 정말 그렇게 수다스러운 여자 친구들과 늘 함께 있고 싶은지도 생각해보라.)

는 자기가 어디로 가고 있는지 알며, 먹이라는 최후의 보상을 얻는 데만 비상하게 집중한다.

그런데 그 생쥐에게 적용되던 규칙을 변경하면 어떻게 될까? 생쥐가 왼쪽으로 돌 때 전기 충격을 가하고, 마지막에 먹이도 주지 않는다면? 생쥐는 '아마 뭔가 상황이 변했나 보다. 이제 상을 받으려면 오른쪽으로 돌아야겠군'이라고 생각할 것이다. 그래서 오른쪽으로 달려가 먹이를 찾아내면, 앞으로는 오른쪽으로 가야 한다는 사실을 깨우치게 된다.

하지만 생쥐를 미로에 집어넣은 뒤 어느 쪽으로 가든 상관없이 계속 전기 충격을 가한다면 어떻게 될까? 생쥐는 어찌해야 할지 모르고 당황할 것이다. 그리고 어느 쪽으로도 가지 못한 채 발밑에는 전류가 흐르기 때문에 미친 듯이 위아래로 뛰면서 어찌해야 할 바를 몰라 좌절감을 느끼게 될 것이다.

솔직히 말해 대부분의 남편들도 그런 상황에 처한다. 그들이 자신만의 세계에 몸을 숨기는 이유는 자기가 어느 쪽으로 가든 전기 충격을 받으리라는 사실을 알고 있기 때문이다. 그래서 더 이상 시도조차 하지 않는 것이다.

현명한 여인이자 뛰어난 언어의 연금술사인 당신은 관계에 기적을 일으킬 수 있는 사람이다. 언제든 관계의 끈을 쥐고 남편 주위를 빙글빙글 맴돌 수 있다. 남편과의 관계 향상은 천천히, 매우 신중하게 진행시킬 필요가 있다. 그는 실험실 생쥐처럼 자신의 능력을 제대로 발휘할 수 없는 환경에서 어떻게 하면 좋을지 알아내려고 애쓰고 있다. 당신은 말을 통해 그에게 힌트를 줄 수 있는 유일한 사람이다. 당신이

해주는 긍정적인 말은 남편에게 생각보다 훨씬 큰 영향을 미친다.

일전에 남자 동료와 그의 아내를 만난 적이 있다. 우리는 다같이 결혼생활에 대해 얘기를 나눴다. 동료의 아내는 자기 남편 눈을 똑바로 바라보며 테이블 너머로 손을 뻗어 그를 어루만지면서 이렇게 말했다.

"우리가 왜 행복한지 알아? 바로 당신 덕분이야!"

이것은 '나'에게만 초점을 맞추는 부부들이 많은 요즘 같은 때에 보기 드문 정말 다정한 상호 교감이었다. 이들은 최소 앞으로 7년 동안은 이혼 법정에 서지 않을 것이 확실하다. 심지어 나는 50주년 결혼기념일에 건포도처럼 쪼글쪼글하게 주름진 얼굴로 서로 손을 맞잡고 현관 앞의 낡은 그네에 함께 앉아 있는 그들의 모습을 머릿속에 떠올릴 수도 있다.

결혼한 부부를 위한 박사님의 놀라운 메시지에 감사드립니다. 남자들에게 중요한 것이 무엇인지가 저희 집에서도 다시 한 번 증명되었습니다. 작년 12월에 제 남편이 죽은 뒤 중요한 서류를 찾다가 그때까지 있는지도 몰랐던 금고를 하나 발견했습니다. 그 안에는 결혼하고 10년 동안 제가 남편에게 보낸 카드와 쪽지가 모두 보관돼 있었어요. 조용하고 숫기 없던 남편은 저를 사랑한다는 것을 평소에 말로 표현하지 못했지만 이제 다시는 그 사실을 의심하지 않을 겁니다. 그는 정말 멋진 사랑의 유산을 남겨줬어요! 좀 더 빨리 알아차리기만 했으면 얼마나 좋았을까요.

– 미네소타 주에서, M

목요일

커다란 물고기를 기다리는 물개

커다란 물고기를 기다리는 물개

남편에 대한 애정 표현이 그의 본모습과 그가 느낄 만족감,
그리고 당신에게 돌아갈 이득에 중요한 이유

동물원에 갔을 때 물개의 행동을 관찰한 적이 있는가? 물개는 꽤나 우스꽝스러운 동물이며 사람들의 주목을 받고 싶어 하는 것처럼 보인다. 그들은 관객의 관심을 끌기 위해서라면 무슨 일이든 한다. 조련사의 손에 커다란 물고기가 들려 있다는 사실을 알면 별별 익살맞은 짓을 다 한다. 물개에게 보상이란 이런 것이다. 그들은 이것을 위해 산다. 관중들의 칭찬과 박수 소리, 그리고 공연 마지막에 '수고비' 조로 주어지는 물고기에 몰두한다.

이런 물개들은 당신의 남편과 닮은 점이 매우 많다. 남편이 당신을 위해 재주를 부릴 수 있는 순간을 고대하고 있다면 믿어지는가? 그것은 사실이다. 실제로 그는 그런 기회를 얻으려고 안간힘을 쓴다. 그리 많은 격려가 없어도 그가 최선을 다하는 모습을 볼 수 있다. 물론 날마다 커다란 물고기를 먹고 싶어 하기는 하지만 때로는 작은 물고기도 꽤 맛이 좋은 법이다. 또 어느 정도 선까지는 당신이 주는 것이라면 무엇이든 받아들일 것이다. 하지만 먹다 남은 찌꺼기를 주려고 한다면 최대한 빠른 속력으로 사라지는 물개의 뒷모습만 보게 될 것이다.

당신의 남편은 당신과 자녀들(자녀가 있는 경우)에게 멋진 재주를 보여주겠다는 생각을 통해 힘을 얻는다. 그는 좋은 남편, 좋은 아빠가 되고 싶어 한다. 그에게 필요한 것은 아주 약간의 격려뿐이다. 그런 뒤 한발 물러나서 남편이 당신을 부양하기 위해 얼마나 질기고 집요하게 행동할 수 있는지 지켜보자. 그는 당신처럼 여러 가지 일을 동시에 하지는 못하겠지만 스스로에게 용기를 불어넣어 주는 열의를 품고 있다.

내가 말하는 남편의 멋진 재주란 그가 샤워를 마치고 나오면서 춤추는 것을 말하는 것이 아니다. 남편이 가지고 있는 힘을 마음껏 풀어놓을 수 있는 사람은 당신뿐이다. 그는 그 힘을 당신에게 증명할 수 있는 날을 고대하고 있다. 그것을 당신에게 주고 싶어 안달이 난 상태다. 그는 (당신을 위한) 훌륭한 공연에만 신경을 쓰며 오래도록 기억에 남을 만한 쇼로 만들기 위한 만반의 태세가 돼 있다.

"리먼 박사님, 또 시작이시네요. 지금도 섹스에 대한 얘기를 하고 계시는 거잖아요"라고 말한다면 그 말이 맞다. 섹스에 대한 얘기 맞다. 하지만 한편으로는 남편이 당신에게 존중받고 필요한 존재라는 느낌과 충족감을 얻는다면 동서고금을 통틀어 가장 멋진 남자 같은 모습을 보여주면서 물길을 거슬러 30킬로미터나 헤엄쳐 가는 연어처럼 당신을 위해 죽을힘을 다해 일할 것이라는 얘기이기도 하다. 때로 그는 힘에 겨워 숨을 헐떡이기도 하겠지만 당신은 행복한 남편과 함께 살면서 충족감을 느끼는 만족스러운 여자가 될 것이다.

그러니 이 장에서는 섹스에 대한 얘기를 할 예정이다. 또 섹스 이외의 다른 부분에서 남편에게 애정을 표현하는 일에 관한 얘기도 나온다. 남편은 언제 사랑받는다는 느낌을 받을까?

앞 장에서 봤듯이 당신은 커뮤니케이션 분야의 여왕벌이다. 그리고 남편은 여러 면에서 일벌이라 할 수 있다. 하지만 그는 자신의 연인을 돌보고 싶어 한다. 그는 당신을 기쁘게 해주기 위해서라면 무슨 일이든 다 할 것이다. 무슨 일이든. 이 말이 믿어지는가? 당신이 할 일은 그를 존중하고 필요로 한다는 것을 보여주고 충족감을 안겨주는 것뿐이다. 그는 자기가 특별한 사람이고 가치를 인정받는다는 느낌을 받고 싶어 한다. 이런 욕구가 충족된 남자는 "비치볼을 주시면 제가 코끝으로 세워볼게요. 저는 당신이 박수를 멈출 때까지 계속 재주를 부릴 것입니다"라고 말하는 물개처럼 행동할 것이다.

 나를 춤추게 만드는 음악

바브라 스트라이샌드Barbra Streisand의 노래 〈뮤직 댓 메이크 미 댄스The Music That Makes Me Dance〉를 기억하는가? 기억이 안 난다고? 괜찮다. 내가 너무 나이가 든 것인지도 모르니까. 하지만 나는 이 노래를 좋아한다. 그렇다면 당신의 남편을 춤추게 만드는 음악은 당신 자신이라는 사실을 아는가? 다른 누구도 아니다. 바로 당신만이 그 일을 해낼 수 있다.

남자에게 있어 사랑이란 '내가 그녀를 사랑하는 만큼 그녀도 나를 사랑해. 내 모습 그대로, 단점까지 전부 다. 그녀와 함께 있으면 정말 편안한 기분이야. 내가 아닌 다른 사람인 척 연기할 필요가 없으니까. 그녀는 맑은 날에도, 궂은 날에도 늘 나와 함께 있어줄 거야'라는 생각을 바탕으로 한다.

매우 현명한 인물이자 기독교의 위대한 성인 가운데 한 명인 성 바오로도 성경에서 섹스에 대해 얘기했다. 그가 한 말을 글자 그대로 인용하지는 않겠지만 대충 리먼 식으로 바꿔 말하자면 이런 뜻이다.

"남편의 육신은 당신에게 속해 있고 당신의 육신은 남편에게 속해 있다. 그러니 동침을 하라." (고린도전서 7장 3~5절)

내 말이 믿기지 않는다면 성경을 직접 읽어보라. 위대한 성 바오로는 또 이르기를 '결혼한 이들은 서로에게 복종해야 한다'고 했다. (에베소서 5장 21절) 결혼은 한 사람이 다른 사람 위에 군림하는 것이 아니라 상대방을 기쁘게 해주려고 애쓰면서 서로에게 종속되는 것이다. 어떤 사람들에게는 자라면서 보았던 집안 풍경과 상당히 다른 모습일 수 있다.

일반적으로 남자들은 남들이 자기를 이해하지 못한다고 생각한다. 여자가 자기 남편에게 "당신 정말 모르겠어? 나는 당신 인생에서 중요한 사람이라는 느낌을 받고 싶단 말이야. 그렇게 얘기해줘"라고 말하면 남편은 속으로 어떤 생각을 할 것 같은가?

'내가 날마다 새벽 6시에 출근해 계란으로 바위를 치는 심정으로 열심히 일하는 이유가 뭐라고 생각해? 전부 다 당신과 아이들을 위한 거라고.'

남편은 가족을 맹수로부터 보호하면서 동굴에 살던 그 시절처럼 자기가 식구들을 먹여살려야 한다는(혹은 매머드라도 잡아와야 한다는) 생각이 뼛속 깊이 새겨져 있다. 그는 최선을 다해 가족을 부양하는 방법을 통해 당신에 대한 사랑을 표현한다. 대부분의 남자들은 그런 노력에 자기 삶을 다 바치는 것 같다.

그런 남자가 원하는 보상이 뭔지 아는가? 섹스다. 오랜 세월에 걸쳐 많은 부부를 상담하는 동안 부부가 얼마나 활기찬 성생활을 영위하는가에 따라 결혼생활에 대한 부부의 만족도가 드러난다는 흥미로운 사실을 알아냈다.

내가 아는 근면한 UPS 운전사를 예로 들어보자. 그는 아내와 세 자녀를 부양하기 위해 하루 12시간씩 짐을 배달한다. 결혼 서약을 할 때는 그도 물론 아내를 깊이 사랑했지만 그 뒤로 일이 꼬이기 시작했다. 그들 부부가 상담을 받으러 내 사무실로 찾아왔을 때 아내가 남편에게 불만이 많다는 것이 눈에 훤히 보였다. 그녀는 남편이 원하는 것은 섹스뿐이라고 생각했고 남편과 일주일에 세 번씩이나 잠자리를 같이 하고 싶지 않았다. 게다가 아이가 셋이나 되기 때문에 남편에게 그런 관심, 혹은 그 어떤 종류의 관심도 보여줄 만한 시간이 없었다.

어느 날 남편은 자기가 담당하는 UPS 배달 구역에서 누군가를 만났다. 그가 소포를 배달한 그 여자는 친절했고 그에게 찬사를 아끼지 않았다. 그녀는 집에서 일을 했기 때문에 자주 물건을 배달받았다. 머

214

지않아 그는 그녀와 다시 얘기를 나누고 싶은 마음에 그녀에게 배달할 물건이 없는지 배송 경로표를 확인하기 시작했다. 이 남자는 사랑과 관심에 굶주린 개와 같은 상태였다.

처음 만난 날로부터 6개월도 안 돼 UPS 운전사는 그 여성 고객과 외도를 하게 되었다. 왜냐고? 그녀는 그의 말에 귀 기울이고 그를 다정히 어루만져주었으며 그를 칭찬하고 그가 충분한 관심을 받을 자격이 있는 사람임을 보여주었으니까.

이 남자는 성실한 사람이었다. 최우수 보이 스카우트이기도 했다. 그는 자기가 결혼 서약을 깨고 다른 여자의 품에 안기리라고는 꿈도 꿔보지 않았다. 그는 이런 말을 했다.

"섹스 때문이 아닙니다. 그저 내 말에 관심을 가지는 사람을 찾은 것뿐입니다. 그녀는 제 말에 귀를 기울여줍니다. 저를 이해하는 것 같은 느낌도 듭니다. 그리고 결혼한 지 15년 만에 처음으로 누군가가 나를 필요로 하고 내 가치를 인정해준다는 느낌을 받았습니다. 제 안에는 누군가에게 필요한 사람이 되고 싶다는 갈망이 가득했습니다. 그리고 아내와 섹스를 할 때면 늘 그것이 자기 의무이기 때문에 어쩔 수 없이 한다는 듯한 느낌을 받았습니다. 실제로는 전혀 하고 싶지 않은데 말입니다."

당신은 이렇게 말할지도 모른다.

"리먼 박사님, 지금 이 남자의 행동을 변명하시는 건가요? 그는 아내를 두고 바람을 피운 사람이라고요!"

아니, 난 그의 행동을 변명하려는 것이 아니다. 누구에게나 스스로 선택할 권리가 있는데 그 UPS 운전사는 나쁜 선택을 했다. 이제 그

저는 살면서 섹스를 중요하게 여긴 적이 한 번도 없습니다. 결혼을 하면 해야 하는 또 하나의 허드렛일이라고 생각하면서 꾹 참고 견딘 것이 다였죠. 그리고 그 대가로 우리 아이들을 얻었습니다. 남편과는 두 번 별거한 적이 있습니다.

그러던 중에 한 친구가 박사님이 쓰신『침대 위의 음악Sheet Music』이라는 책을 제 손에 쥐어줬습니다. 제가 직접 산 것이 아닙니다. 저는 그런 종류의 책을 산다는 것은 생각도 안 해봤으니까요. 하지만 제 친구는 이렇게 말하더군요.

"남편과 별거 중인 상태니 네가 이 책을 읽고 싶어 할지 어떨지는 잘 모르겠어. 하지만 많은 도움이 되는 책이야."

그래서 읽었습니다. 그리고 아연실색했습니다. 지금도 섹스와 관련해 제 머릿속에서 빙빙 맴도는 고루한 생각들과 싸우는 것은 여전하지만 그래도 남편(지금은 다시 집에 돌아와 있는)에게 그를 원하는 모습을 보여주고 놀라움을 안겨주려고 의도적으로 노력했습니다. 그리고 지금은(이 글을 쓰고 있는 지금도 믿어지지 않습니다만) 정말로 남편과 함께 친밀한 순간을 나누게 될 때를 고대하고 있습니다.

저희 부모님도 이혼을 하셨기 때문에 저는 늘 제 발밑에 함정이 도사리고 있다가 어느 날 갑자기 아무 경고도 없이 그것이 열리면 저도 이혼녀 대열에 합류하게 될 것이라고 생각했습니다.

하지만 남편과 사랑을 나눠야 한다고(침실과 침실 밖에서) 결심한 뒤로는 우리 부부가 다시는 헤어지지 않을 것이라는 확신이 생겼습니다. 아이들의 태도와 행동도 눈에 띄게 좋아졌고 남편도 예전보다 훨씬 행복하다고 합니다. 많은 자기 성찰과 노력이 필요하기는 했지만 이제는 이런 즐거운 나날이 (생활하면서 받는 스트레스도 많이 줄었고) 점점 더 일상화되고 있습니다. 서점에 가서 저를 위해 그 책을 사다준 친구에게 정말 고맙습니다. 그 책이 저와 제 남편, 저희 가족 모두의 삶을 완전히 바꿔놓았어요.

— 네브래스카 주에서, 애니

와 그의 가족들은 그 결과를 받아들여야만 한다. 하지만 그가 한 행동과 애초에 그가 외도를 하게 된 이유를 설명하고 싶다. 결혼생활이 제대로 유지되려면 남편은 아내가 자기를 이해하고 존중하며 필요로 한다는 사실을 알아야 한다. 가치를 인정받고 있다는 느낌도 필요하다. 남자에게 있어 결혼생활의 만족도는 성적으로 얼마나 만족하느냐와 많은 관련이 있다.

나는 오랜 세월 카운슬러로 일했지만 '우리 부부의 성생활은 아주 만족스럽다'고 말하면서 이혼을 신청하는 커플을 만나본 기억은 없다. 그런 이들은 본 적도 없고 들은 적도 없다. 사랑하는 이와 육체적으로 밀접한 관계를 유지하는 것은 많은 이익을 얻을 수 있는 좋은 투자 방법이다.

당신은 남편의 유일한 사랑이다. 당신과 함께 보내는 시간을 대신할 수 있는 것은 세상에 아무것도 없다. 당신의 남편은 '불타는 사랑을 품은 멋진 남자'(엘비스 프레슬리의 옛 노래를 인용하자면)이므로 그의 억눌린 에너지를 마음껏 해방시킬 수 있게 해줘야 한다. 그것을 당신과 함께 하지 못한다면 누구와 하겠는가?

 ## 섹스는 당신에게 어느 정도의 가치가 있나?

남자인 나는 결혼한 지 10년이 지난 뒤에야 겨우 섹스가 여자에게 가장 중요한 일이 아니라는 사실을 깨달았다. 어느 날 밤 샌디와 얘기를 나누다가 "내 어떤 점이 당신을 흥분시켜?"라고 물었다.

그녀는 순간 멍한 표정을 지었다.

"글쎄, 모르겠는데."

"모른다는 게 무슨 뜻이야? 당연히 알아야지."

그녀는 어핑턴 부인다운 눈초리로 나를 바라보았다.

"왜 그런 질문을 하는 건데?"

심리학자인 나는 그때 비로소 새로운 깨달음을 얻었다.

"잠깐만. 결혼에서 가장 중요한 부분은 바로 섹스 아니야?"

"뭐? 지금 농담해?" 아내가 말했다.

루이스−해리스Lewis-Harris 전국 여론조사 기관이 여성들을 상대로 설문조사를 실시하면서 인생의 여러 가지 요소들에 우선순위를 매겨달라고 했을 때 섹스는 전체 목록에서 14위를 차지했다. 13위는 원예였다. 그 조사 결과를 본 나는 '이건 말도 안 돼'라고 생각했다. 하지만 이제는 샌디도 다른 여자들과 다르지 않다는 사실을 알게 되었다.

대부분의 여자들은 섹스를 인생에서 가장 중요한 일이라고 생각하지 않지만 대부분의 남자들은 그렇게 생각한다. 사랑하는 사람과 섹스를 한다는 것 자체가 자기 자신이 중요한 존재라고 느끼는 데 필요한 모든 것을 입증해주기 때문이다.

그가 '와, 정말 이 여자와 결혼하기를 잘했어. 그녀는 내 거야'라고 말할 수 있게 하자. 똑똑한 여자는 물개를 닮은 자기 남편이 기다리고 있는 커다란 물고기가 바로 섹스라는 사실을 안다.

"흠, 아무래도 할 때가 된 것 같으니 각오하고 있을게. 준비가 되면 내 잠옷을 벗겨"라는 식의 섹스를 말하는 것이 아니다. 이것은 어

떤 남자에게든 모욕적이다. 이런 태도는 남편에게 "당신은 노력할 가
치도 없어. 전혀 매력적이지 않으니까 말이야. 사실 왜 당신과 결혼
했는지도 잘 모르겠어"라고 말하는 것과 마찬가지다. 내가 말하는 것
은 "당신을 원해"라고 남편의 귓가에 정열적으로 속삭일 수 있는 섹스
다. 남편에게 당신을 원한다고, 당신은 내 남자라고 말하면 그는 당
장이라도 자기가 브래드 피트나 맷 데이먼이 된 것 같은 기분을 느낀
다. 그 말을 들은 남편은 즉시 지구상에서 가장 섹시한 남자로 변신해
당신이 상상도 못한 기쁨을 안겨주기 위해 애쓴다.

 뛰어난 문제 해결사

세상의 모든 여자들은 포옹을 좋아하는 경향이 있다. 여자들은 움
직이는 것은 뭐든지 껴안는다. 그렇다면 남편에게 "그냥 좀 안아줄
래?"라고 말했을 때 정신을 차리고 보면 어느새 침대에 누워 천장을
바라보고 있게 되는 것은 왜일까? 당신이 원한 것은 포옹과 부드러운
애무뿐이었는데 어느덧 그 이상까지 진도가 나가고 있다. 남편이 당
신 몸에 손을 대는 순간 그의 뇌리에는 이미 섹스 생각만 가득하기 때
문이다.

'오늘은 올해 들어서 가장 멋진 날인걸. 몸무게가 7킬로그램이나 늘
었는데도 아내는 여전히 내게 유혹의 눈길을 던지는군.'

"뭐라고요?" 당신은 이렇게 항의한다. "내가 원한 것은 포옹뿐이에
요. 정말 스트레스를 많이 받은 하루였으니까요."

당신에게 알려줄 소식이 있다. 남편에게 장착돼 있는 그 작은 블랙 앤 데커Black & Decker 엔진은 크랭크를 한참 돌려야만 겨우 시동이 걸리는 것이 아니다. 그것은 즉각적으로 매우 확실한 반응을 보이며 자극을 받자마자 기립한다. 남자가 육체적인 자극에 반응해 금세 흥분하는 것은 생물학적인 사실이다. 남편의 등 뒤로 걸어가 그의 목덜미에 입 맞추고 적절한 부위를 애무해 당신이 준비가 되었다는 사실을 알렸는데도 아무런 반응이 없다면 남편에게 뭔가 문제가 있는 것이 분명하다. 그에게는 새로운 발기부전 치료제가 필요하다. 그러니 병원에 가서 치료를 받게 하는 것이 좋다.

남자에게 섹스는 뛰어난 문제 해결사다. 직장에서 안 좋은 일이 있었어도 섹스를 하면 그 생각을 잊을 수 있다. 변기가 넘쳐 세탁실까지 오수가 흘러 들어가는 바람에 남편이 그것을 다 닦아내야 하는 경우에도 섹스를 통해 화를 가라앉힌다. 저녁식사 시간 전에 부부싸움을 했더라도 아이들이 잠자리에 든 뒤에 섹스를 하면 모든 문제가 해결된다. 당신이 남편과 섹스를 하면 그의 세상이 다시 원래대로 회복되기 때문이다. 남자에게 있어 섹스는 만병통치약이나 마찬가지다.

남편과 성적으로 친밀한 관계를 유지하면 그는 자기가 사랑받는다는 사실을 알 수 있다. 섹스 행위는 긴장을 완화시킨다. 남편을 기꺼이 품에 안아주면 그는 당신이 안고 있던 문제(아까 한 싸움)가 해결되었다고 생각한다. 게다가 많은 남자들은 자신의 사소한 오르가슴보다 아내가 섹스의 즐거움을 만끽하는 모습을 보면서 더 큰 심리적 흥분을 느낀다. 당신이 내뱉는 "우우"나 "아아" 같은 소리는 남편에게 "난 당신을 원해. 당신이 필요해. 당신은 내 남자야. 당신은 정말 멋진 연인이야. 나를 이렇게 만족시켜 주니까"라는 말로 들린다. 이를 통해 남편은 당신을 위한 투사가 되어 (비록 배 둘레에 두터운 복부 지방을 두르고 있더라도) 삶을 헤쳐 나갈 수 있는 힘을 얻는다. 남편은 자기가 당신의 삶에 변화를 일으킬 수 있다는 사실을 알고 싶어 한다.

문제는 대부분의 결혼에서 섹스가 점점 평범한 일상사로 변해 간다는 것이다. 어떤 여자는 남편과의 섹스에 대해 이렇게 말했다.

"그는 늘 여기에서 시작해서 저기로 갔다가 거기에서 끝내죠."

와, 정말 가슴 두근거리며 기대할 만한 것이 많은 섹스 아닌가. 그리고 늘 토요일과 화요일에만 한다고? 섹스가 집안의 달력 구실까지 하는 건가? 내가 그 여자라면 빗속에서 잡초를 뽑는 것만큼이나 신속하게 섹스를 끝내버릴 것이다.

하지만 앞 장에서 얘기한 것처럼 당신의 남편은 직선적이고 논리적이며 틀에 박힌 생각밖에 못 하는 사람이다. 그는 '음, 여기에서 약간 창의성을 발휘해서 뭔가 다른 시도를 해봐야겠다'는 생각을 아예 하지 못하는 것이다. 그는 오히려 '난 이 일을 아주 잘 한다고. 이렇게 저렇게 했을 때 효과가 좋았어. 완벽해. 내 스스로 터득한 기술이지'라고 생각한다.

그러니 평소에 하는 섹스가 지루하다면 당신이 직접 새로운 시도를 해보는 것은 어떻겠는가? 『열기를 높이자^{Turn Up the Heat}』나 『침대 위의 음악』처럼 결혼한 부부의 섹스에 대해 다룬 책을 사서 남편의 가방이나 차 안에 슬쩍 넣어두는 것이다. 책 안에는 이런 쪽지를 곁들인다.

'여보, 당신을 위해 고른 책이야. 아주 재미있을 거야. 나도 벌써 읽어봤거든. 이 책에 나온 내용을 같이 시도해봤으면 좋겠어. 알잖

아, 내가 깜짝 놀랄 만한 일을 좋아하는 거. 무엇보다 난 당신을 사랑하니까. 기다리고 있을게.'

이 여자는 조물주가 선사한 지혜를 모두 발휘한 현명한 여자다. 그녀는 남편의 섹스 스타일이 지겹다며 징징거리기만 하는 것이 아니라 상황을 변화시키기 위해 직접 나섰다. 징징거리며 불평만 늘어놓아서는 남편의 관심을 끌지 못한다. 그의 마음만 싸늘하게 식을 뿐이다.

그러나 남자들은 도전을 좋아한다. 여기저기에 밑줄을 그은 책과 쪽지를 건네주면 남편의 엔진 회전 속도가 빨라지면서 생각이 온통 당신과 집으로 쏠리게 된다. 또 이런 쪽지를 적어주는 것도 좋다.

'여보, 당신은 늘 내가 바라는 것을 주지만 내가 진정으로 원하는 것까지 줄 수 있을지 궁금해. 아이들은 오늘밤 할머니 집에 가니까 집에는 우리 둘뿐이야. 내가 늘 원하던 게 뭔지 알지? 뒤뜰에서 하는 것 말이야. 애들이 오늘 뒤뜰에 텐트를 쳐놨더라고. 게다가 여름이잖아. 정말 안성맞춤이지 않아? 빨리 당신이 퇴근하고 돌아왔으면 좋겠어.'

이런 쪽지를 읽은 남편은 아내와의 멋진 저녁 시간을 기대하게 될 것이다. 어쩌면 온종일 '봐, 나는 이렇게 매력적인 남자라고. 머리가 좀 벗겨지기는 했지만 아내는 여전히 나를 원해'라는 생각에 으스댈지도 모른다. 17년 전에 결혼할 때처럼 스물세 살의 호리호리한 몸매도 아니고 배가 툭 튀어나왔을 수도 있지만 당신은 여전히 그를 피아노처럼 자유자재로 연주할 수 있다. 그리고 두 사람 모두 여기에서 큰 즐거움을 얻게 될 것이다. 이렇게 굉장한 경험을 할 수 있는데 왜 늘 뻔한 섹스에 안주하는가?

남편에게는 키스를, 수다는 친구들에게

남편에게 키스를 할 생각이라면 진짜 키스를 하라. 인사치레로 뺨에 슬쩍 하는 뽀뽀는 친구들 사이에서나 어울리는 것이다. 남편에게는 별로 효과가 없다. 남편의 엔진을 빠르게 회전시키고 싶으면 열정을 담아 키스해야 한다. 그 순간에 바로 침대에 뛰어들 수 없더라도 성적 흥분과 정열을 고조시키는 분위기를 조성해 남편이 더 많은 것을 원하게 만들 수 있다.

시부모님과 함께 저녁을 먹으러 나갔는데 시아버지가 사흘 전에 있었던 멋진 골프 경기에 대한 얘기를 세 번째로 꺼냈다고 하자. 당신은 시아버지 몰래 테이블 밑으로 손을 뻗어 남편의 관심을 끌 만한 손길로 그의 허벅지를 두어 번 톡톡 두드린다. 이것은 '저녁식사를 얼른 마무리하자'는 힌트다. 지루한 저녁 시간을 보내게 되리라는 것을 안다면 집에서 나설 때 이렇게 말할 수도 있다.

"저녁식사가 끝나고 당신을 꼭 끌어안을 수 있을 때까지 어떻게 기다리지?"

이런 말을 들으면 그의 모터가 작동을 시작하고 그는 자기가 세상에서 가장 운 좋은 남자라며 혼잣말을 하게 될 것이

> **남편에게 사랑을 표현하는 방법**
>
> 1 가족을 부양하기 위해 기울이는 그의 노력을 인정한다.
> 2 그의 도움을 청하고 보상을 약속한다.
> 3 어려운 시기에도 긍정적인 태도를 취한다.
> 4 다른 방식으로 생각하는 법을 배운다. 결혼생활은 남편이나 당신이 하기로 돼 있는 어떤 일이 아니라 두 사람 사이의 관계다.
> 5 그가 어떤 식으로 세상을 바라보며 그에게 중요한 것은 무엇인지 알려면 그의 입장이 돼봐야 한다.
> 6 그를 깜짝 놀라게 하고 그가 가고 싶은 곳으로 데려간다.

다. 그리고 저녁 시간 내내 당신을 여왕처럼 대접할 것이다. 그는 자리에 앉아서도 '내 아내는 나를 사랑하고 내가 섹시하다고 생각할 뿐만 아니라 시부모와 함께 하는 저녁식사 자리에도 기꺼이 나가 아버지가 한 시간 넘게 늘어놓는 골프 이야기에도 귀를 기울여줘. 그녀는 나와 빨리 사랑을 나누고 싶어 해. 나를 사랑하고 원하고 필요로 하지'라는 생각을 하며 계속 미소 지을 것이다.

이것이 당신에게 어떤 이득이 될까? 생활비를 충당하기 위해 남편이 주중에 원래 하던 일 외에 주말에 페인트칠까지 해야 하는 경우에도 그는 기꺼이 그 일을 할 것이다. 또 당신이 업무 마감 때문에 녹초가 돼서 낮잠을 좀 자야 해서 남편이 오후에 유치원에서 딸아이를 데려와야 하는 경우에도 그는 회사에서 일찍 나와 아이를 데려올 수 있도록 일정을 조정할 것이다. 왜 그럴까? 당신이 그를 자기 삶의 최우선 순위로 올려놓았기 때문에 그 보답을 하는 것이다.

 말의 힘

아내인 당신이 남편에게 하는 말은 그를 성적 만족의 절정으로 이끌어줄 수 있기 때문에 정말 중요하다고 생각한다. 하지만 내 말을 액면 그대로 믿어서는 안 된다. 반드시 남편에게 물어본 뒤 시도하자.

"내가 당신을 얼마나 사랑하고 원하고 필요로 하는지 말하면 기분이 좋아? 아니면 그런 말이 지겨워?"

그가 뭐라고 말할지 아는가?

"당신이 나를 원한다고 말할 때마다 나는 세상에서 가장 운 좋은 남자라는 기분이 드는걸."

남편이 성적으로 당신과의 관계에 만족한다면 무엇 때문에 결혼 서약을 깨고 회사 동료나 다른 여자와 관계를 갖겠는가? 그를 사랑하고 그에게 반응을 보이고 그의 말에 귀 기울이고 그를 존중하는 연인이자 가장 친한 친구가 집에 있다면 왜 그러겠는가 말이다. 이런 상황에서는 다른 사람과 내연의 관계를 맺을 이유가 전혀 없다.

남자들은 늘 아름다운 여자들에게 눈길을 보낸다. 그러나 당신이 그에게 하는 말의 힘과 두 사람이 섹스를 통해 얻는 만족감은 그로 하여금 출입금지 구역에 들어가지 못하게 하고 다른 여자가 당신의 남편을 넘보지 못하도록 막아주는 감정적인 갈고리 역할을 한다.

결혼생활에서 당신이 해야 할 일은 남편이 스스로를 특별한 존재라고 느끼게 하는 것이다. 여자들은 애정 어린 말을 좋아하지만 남자들에게 있어 애정이 담긴 말은 곧 섹스를 의미한다. 남자가 자기 반려자와 가장 가까워진 느낌을 받는 것은 육체적으로 친밀한 관계를 맺을 때이다. 다른 조건은 모두 배제된 채 당신과의 육체적 친밀감만을 통해 기쁨을 얻는 순간이다. 열정이 최고조에 달하면 당신이 하는 말만으로도 남자를 절정으로 이끌 수 있다. 이때 하는 말은 거대한 배를 당신이 원하는 방향으로 돌릴 수 있는 작은 방향타 같은 구실을 한다.

물론 당신이 집안 살림을 하고 풀타임이나 파트타임으로 일하고 아이들을 돌보느라 얼마나 바쁜지 잘 안다. 또 그럴 기분이 들지 않을 때가 있다는 것도 안다. 주기적으로 처리해야 할 일도 있고 스트레스를 주는 친척들도 많다. 하지만 남편에게 지속적인 충족감을 안겨주는 데는 많은 노력이 필요하지 않다. 저녁식사 전에 재빨리 해치울 수 있는 것이 한 잔의 술만은 아니다. 다시 한 번 말하지만 당신은 현명한 여자다. 이것이 어떤 이득을 안겨줄지 알 것이다. 약간만 시간을 내면 (주변 상황 때문에 스트레스를 받을 때라도) 당신을 기쁘게 해주고 싶어 하고 자신의 생각과 감정을 당신과 함께 나누며 당신을 돕기 위해서라면 무슨 일이든 할 남편을 얻을 수 있다. 이런 다정하고 멋진 남자와 함께 살기를 바라지 않았는가?

 ## 남편을 놀라게 하자

한 아내가 자기 남편을 깜짝 놀라게 만든 방법에 대해 흥미로운 이야기를 들려준 적이 있다. 그들 부부의 결혼기념일이던 어느 금요일, 그녀는 남편의 차를 하루 빌리기 위한 다른 구실을 만들어냈다. 그리고 아침에 남편을 회사까지 태워다준 뒤 저녁에 데리러 오겠다고 말했다. 그는 아내와 함께 저녁을 먹으러 멋진 식당에 갈 계획을 세워두고 있었다.

저녁에 일을 마친 남편은 회사 건물에서 나와 기다리고 있던 SUV에 올라탄 뒤 아내에게 입을 맞추려고 몸을 기울였다. 그러자 아내는 입고 있던 트렌치코트의 단추를 천천히 풀었다. 트렌치코트 안에는 아무것도 입지 않은 상태였다.

"정말 지금 바로 저녁 먹으러 가고 싶어?" 그녀가 물었다. "아니면 내가 예약해 둔 호텔로 갈래?"

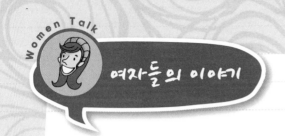

남자가 사랑받는다는 느낌을 받기 위해서는 무엇이 필요한 지에 대한 박사님의 강연을 듣고 저는 반성을 했습니다. 저는 제 남편을 남편이자 연인이라기보다는 다 큰 아들처럼 대했어요. 늘 그에게 할 일을 지시하고는 그 일을 해주기를 기대 했죠. 가족을 부양하느라 애써줘서 고맙다는 말도 한 적이 없고 요. 덕분에 우리 부부는 많이도 싸웠죠. 전부 제 잘못이에요. 남 편이 집안일을 도와주지 않고 TV 앞에만 앉아 비협조적으로 나 오는 것도 당연합니다.

지난 9년 동안 그를 대했던 방식을 바꾸고 나니 저희 결혼생활 에 획기적인 변화가 찾아왔습니다. 그는 제 달라진 모습에 놀라 면서 약간 조심스러워하기까지 하더군요. 저는 절대 변할 수 없 는 사람이라고 생각했나 봐요.

요 전날 밤에는 남편이 좋아하는 TV 프로그램인 〈CSI〉를 한창 보던 중에 제가 그의 귓가에 대고 TV를 보는 것 말고 다른 멋진 아이디어가 있다고 속삭이니까 그가 어떻게 한 줄 아세요? TV를 끄고 씩 웃으면서 저를 따라오더라고요. 그런 일은 처음이었습니 다. 앞으로 그와 좀 더 자주 밀회를 즐길 예정이지만 아직 남편에 게는 말하지 않았어요. 그를 깜짝 놀라게 해주고 싶거든요!

— 켄터키 주에서, 샌드라

그녀와 그녀의 남편은 12년이나 지난 지금도 그때의 일을 자주 떠올린다고 한다. 이것은 그들이 창의적인 방법을 동원해 다채로운 성생활을 즐긴 덕분에 생겨난 수많은 기억 가운데 하나일 뿐이다.

또 어떤 아내는 자기 남편이 쇼핑이라면 질색한다고 말했다. 쇼핑은 남편의 '원하지도 않고 하지도 않을 일' 목록에서 가장 높은 자리를 차지했다. 하지만 그녀는 새 세탁기와 건조기, 그리고 혼자서 쇼핑하기에는 힘든 몇 가지 물건을 사야만 했다. 그래서 남편이 할 수 없이 아내와 함께 쇼핑에 나서야만 했다. 쇼핑하느라 오후 시간이 다 갔고 그는 벌써 넌더리가 난 상태였다. 하지만 아내는 들러야 할 상점이 한 곳 더 남아 있었다. 그녀는 타깃^{Target}에까지 들르자고 하면 남편이 불평을 내뱉으리란 것을 잘 알았기에 여기서 창의력을 발휘하기로 했다.

"여보," 그녀가 뭔가를 꾸미는 것 같은 목소리로 말했다. "가까이 좀 와봐. 당신한테 할 말이 있어."

"뭔데?"

"아니, 가까이 오라니까. 다른 사람이 들으면 안 되는 얘기야."

그는 아내 쪽으로 바싹 몸을 기울였다. 그러자 아내는 남편 몸에 손을 얹고 거의 키스하는 것처럼 느껴질 정도로 그의 귀에 가까이 입을 갖다 댄 뒤 유혹적으로 속삭였다.

"나하고 같이 상점 한 곳만 더 가주면 집에 돌아가자마자 이걸 해줄게."

그러면서 그가 침대에서 좋아하는 일 한 가지를 말했다.

그 남자가 만면에 미소를 지으면서 즐거운 마음으로 다음 상점에 들어갔을 것 같은가? 물론이다. 그 이후로 이들 부부는 남편이 침대에서 좋아하는 그 일을 가리켜 '타깃 스페셜'이라고 부르게 되었다. 다른 사람들에게는 '타깃 스페셜'이 뭔지 절대 얘기하지 않았지만(나한테도 말하지 않았다) 그 아내는 남편에게 특별히 부탁할 일이 있을 때마다 어떤 말을 해야 하는지 정확히 알고 있다. 섹스는 남자의 귀를 여는 데 더할 나위 없는 효과를 발휘한다.

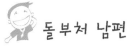 ## 돌부처 남편

이런 말을 할 사람이 있을지도 모르겠다.

"리먼 박사님, 이 장에서 섹스를 원하는 남자들에 관한 얘기는 많이 들었지만 제 남편은 그런 사람들과 많이 다른 것 같습니다. 그는 저와 섹스하는 데 전혀 관심이 없어요. 그래서 최근 몇 년 동안은 아예 섹스를 하지 않았습니다. 저는 이렇게 간절히 원하면서 시들어가고 있는데 말이에요. 저를 도와주실 수 있나요? 왜 늘 남자 쪽에서 섹스를 주도해야만 하나요? 여기에는 그런 문제와 관련된 얘기는 안 나오나요?"

15퍼센트 클럽에 가입한 것을 환영한다. 여성들 가운데 15퍼센트 가량은 선천적으로 섹스를 추구하는 성향이 강하다. 이런 사람들은 충족감을 느끼기 위해 남편보다 더 자주 섹스를 원한다(이 문제에 대해서는 조금 뒤에 자세히 얘기하겠다). 전체 부부 가운데 85퍼센트는 남편이 섹스를 주도한다. 그러나 나머지 15퍼센트의 경우에는 여자 쪽이 주도자가 된다. 당신이 같이 자자면서 남편에게 다가갔을 때 그가 온갖 핑계("지금은 안돼", "너무 피곤해", "몸이 안 좋아")를 다 대며 피한다면 다음과 같은 이유를 생각해 볼 수 있다.

섹스에 대한 부정적인 시각

남편이 섹스를 추잡하고 더러운 것으로 여기는 매우 청교도적인 집안에서 자랐을 가능성이 있다. 만약 그렇다면 그런 시각이 당신과의 관계에까지 영향을 미쳤다고 생각할 수 있다. 그는 아내와 섹스를 할 때마다 "옷을 입어라. 집 안에서 벌거벗고 돌아다녀선 안 돼"라던 자기 아버지의 목소리가 들리는 것 같을 것이다. 이런 집안에서는 아이들에게 포옹이나 격려도 별로 해주지 않는다. 당신의 남편은 섹스에 대한 시각을 재정립해야 하지만 그러자면 당신의 도움이 필요하다.

남편이 공개적인 자리에서는 절대 섹스에 관한 이야기를 입에 올리지 않고 섹스를 부정적인 시각으로 바라보는 집안에서 자랐다면 성적인 만족을 얻기 위해 노력하는 동안 부부가 함께 상담을 받아보는 것이 도움이 된다.

성적 학대의 기억

성적 학대는 정말 악질적인 범죄다. 특히 가족 내에서 이런 일이 일어난 경우에는 배신감과 상처, 죄의식이 더 뿌리 깊게 자리 잡는다. 그리고 상처를 받아도 울면 안 되고 항상 '남자답게 행동하라'는 말을 들어온 소년이 성적 학대를 받으면 남성으로서의 능력을 상실할 수 있다. 이런 경험은 남자다운 게 뭔지, 자기가 정말 남자이기는 한지에 대한 통렬한 의문을 불러일으킨다.

'내가 뭘 잘못했기에 저 남자(혹은 여자)가 어린아이인 내게 그런 짓을 했을까?'

성적 학대를 받은 사람들은 수치심과 모멸감을 느끼는 경우가 많다. 섹스라는 행위 자체가 자기가 겪은 변태적인 섹스의 끔찍한 기억과 인상을 떠올리게 만든다. 이런 경우에는 당신과 남편이 함께 전문가의 도움을 받아야 한다. 이 문제를 제대로 이해하려면 많은 시간과 카운슬러의 지도가 필요하다.

결혼을 은신처로 삼은 동성애자

실제로 이런 경우가 당신이 생각하는 것보다 훨씬 많다. 동성애적 성향이 있는 남자가 결혼을 하면 그런 성향이 고쳐질 것이라고 생각하면서 결혼을 한다. 그러나 그는 여자인 당신과의 섹스에는 관심이 없고 그의 머릿속에는 동성애적 행위의 이미지만 계속 떠오른다. 이런 상황을 손쉽게 타개할 수 있는 방법은 없다. 남편이 당신을 원하지 않는다면 억지로 원하게 만드는 것은 불가능하다. 아무리 멋진 잠옷도 그를 흥분시키지 못한다.

남편이 현재 동성애 관계를 맺고 있거나 과거에 맺은 적이 있다는 사실을 인정했다면 완전히 얘기가 달라진다. 당장이라도 그의 곁을 완전히 떠나야 한다. 자기 자신을 보호해야 한다. 욕망이 아예 존재하지 않는 곳에서 욕망의 불을 지필 수는 없다. 이런 결혼은 성공할 확률이 높지 않다.

신체적인 문제

뒤쪽에서 남편을 끌어안고 그의 예민한 부분을 어루만지기 시작했는데도 1분 안에 그의 엔진이 속도를 높여 준비 태세에 들어가지 않는다면 남편의 몸에 문제가 있는 것이다. 병원에 가서 검사를 받아봐야 하는 신체적인 문제가 있을 수도 있다.

섹스를 통한 조종

앞서 지배자에 대해 한 이야기들을 기억하는가? 그들은 당신이 자기에게 매우 특별한 방식으로 접근하도록 만든다. 남편은 당신이 원하는 것, 즉 섹스를 쉽게 허락하지 않는 방법을 이용해 당신을 조종하는 법을 배웠다. 그는 당신 머리 위에 그것을 미끼로 늘어뜨리고 있다. 대개의 경우 이런 지배는 섹스뿐만 아니라 삶의 모든 부분에서 동시에 이루어진다. 또 매우 거만한 태도를 보일 수도 있고 미묘한 방법으로 진행될 수도 있다는 사실을 기억하자. 그러나 두 가지 방법 모두 당신을 지배하기 위한 것이라는 데는 변함이 없다. 그렇다면 당신이 이런 상황에서 처했을 때 어떻게 문제를 해결해야 할까?

1. 멋진 잠옷을 사는 것을 그만둔다. '남편이 내게 매력을 느끼지 못하고 나와 사랑을 나누고 싶어 하지 않는 것은 내게 뭔가 문제가 있기 때문이야. 살을 빼야 해. 몸매가 그대로 드러나는 새 잠옷을 사야 해…' 같은 생각으로 자신을 고문하지 말자. 죄책감에서 벗어나야 한다. 아무리 살을 빼고 아무리 몸매를 가꾸고 아무리 '섹시'해 보여도 소용이 없다. 그냥 남편에게 섹스하자고 부탁하

는 일을 그만둬야 한다. 그에게 접근하는 것을 아예 그만둬라.

2. 앞에서 말한 다섯 가지 이유에 대해 남편과 얘기를 나눠본다. 그 가운데 남편에게 해당되는 사항이 있어서 누군가에게 얘기를 하고 싶다면 당신이 기꺼이 그중 한 사람이 돼주겠다고 말한다. 그가 혼자 해결하고 싶다고 대답해도 괜찮다. 이런 문제를 해결해야 한다는 의사를 전달하는 것 자체가 당신 자신과 결혼생활의 안정 및 지속에 매우 중요하다.

3. 최종적인 문제 해결을 남편에게 맡긴다. 그가 사후 조치를 취하도록 한다. 그렇게 하지 않는 경우에는 좀 더 적극적으로 밀어붙인다. 남편에게 "우리가 얘기한 문제를 적극적으로 해결했으면 좋겠어. 우리 두 사람이 다 과감한 결단을 내리지 않는다면 우리 관계가 지금처럼 지속될 수 없어. 그 정도로 심각한 문제야"라고 말한다.

 ## 어떻게 사랑을 표현하는가?

나는 살면서 중요한 행사가 다가오는 것을 늘 두려워했다. 결혼 25주년 기념일이나 내 쉰 살 생일 같은 것 말이다. 이런 날은 사랑하는 아내에게서 평범하지 않은 선물을 기대하게 되는 인생의 이정표 같은 날이다. 그러나 여기에 의외의 함정이 도사리고 있다. 아내는 자기가 갖고 싶은 물건을 내게 사주는 경향이 있는데 그것도 대개의 경우 상당히 비싼 물건이다.

첫 번째 결혼기념일에 아내는 주크박스를 선물해줬다. 나는 주크박스를 좋아한다. 당시 내게는 주크박스가 네 개 있었다. 그 주크박스에는 전부 1940~1950년대에 내가 자라면서 들었던 초기 로큰롤 스타들의 음악이 들어 있다. 또 동전이 제대로 안 들어가면 아이들이 마구 발

다섯 가지 사랑의 언어
- 상대를 인정하는 말
- 함께하는 시간
- 선물
- 상대방을 위한 서비스
- 신체적인 접촉

로 차던 그런 옛날 형태의 물건이다. 나는 이것을 이용해 리틀 리처드Little Richard, 척 베리Chuck Berry, 엘비스("정말 고맙다"), 리틀 앤서니Little Anthony, 임페리얼Imperials 등의 노래를 꾸준히 들을 수 있다. 내 유년기의 멋진 추억이다.

그런데 샌디가 내게 사준 것은 뭐였을까? 바로 CD 주크박스였다. 나는 속으로 '이 물건을 가지고 뭘 어떻게 하라는 거지?'라고 생각했다. 물론 날 생각해서 이런 선물을 해준 것만으로도 고마운 일이었지만 어쨌든 상당히 당황스러웠다. (하지만 몇 해가 지나면서 그것도 좋아하게 되었다.)

지금까지 샌디에게 받은 선물 가운데 가장 마음에 든 선물이 뭐였는지 아는가? 내가 쓴 첫 번째 책의 표지를 '1등 남편, 1등 아빠, 1등 작가, 사랑해'라고 적힌 멋진 나무 액자에 넣어서 준 것이었다. 아마 돈은 25달러도 채 안 들었을 간단한 선물이다. 하지만 이것은 내 환상을 만족시켜 주고 내 가려운 곳을 긁어주었다. 내가 그녀 인생에서 얼마나 소중한 사람인지를 말해주는 선물이었던 것이다.

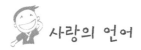 **사랑의 언어**

건물 입구에 달 새 샹들리에가 필요했던 한 작은 교회에 대한 옛 이야기가 있다. 교회 규정상 큰돈을 지출할 때는 신도들 모두의 동의를 받아야만 했는데 샹들리에 가격은 2천 달러가 넘었다. 그래서 투표를 실시했더니 '찬성 99에 반대 1'이 나왔다. 다시 투표를 실시했다. 여전히 99대 1이었다. 결국 신도 회의를 소집했다. 신도 대표가 일어나서 말했다.

"지금 반대하는 사람이 딱 한 명 있습니다. 교회에서 진행된 무기명 투표 결과를 존중하고 싶지만 만약 반대한 사람이 저와 따로 만나서 자신이 반대하는 이유에 대해 말하고 싶다면 얼마든지 시간을 내겠습니다."

뒤쪽에 앉아 있던 작업복을 입은 늙은 농부 한 사람이 자리에서 일어났다.

"반대표를 던진 사람이 바로 저입니다."

"샹들리에 구입에 왜 반대하는 겁니까?" 신도 대표가 물었다. "우리에게 그 이유를 알려주시겠습니까?"

"글쎄요." 농부는 모자를 벗고 머리를 긁적이며 말했다. "샹들리에가 뭔지는 잘 모르겠지만 지금 우리에게 정말 필요한 것은 교회 입구에 달 조명 아닙니까."

그 농부는 샹들리에가 뭔지를 몰랐던 것이다. 농부와 신도 대표는 서로 완전히 다른 언어를 사용하고 있었지만 결국 이들이 이루고자 하는 목표는 같았다. 우스운 이야기지만 실화다.

236

결혼생활에서도 늘 이런 일이 벌어진다. 남자와 여자는 서로 다른 언어를 사용하고 사랑을 표현하는 언어 또한 다르다. 남편이 어떤 사람인지 제대로 이해하지 못하면 농부와 신도 대표처럼 서로 동문서답만 하다 끝나거나 불필요한 좌절감을 느낄 수도 있다.

남편을 사랑하는 가장 좋은 방법을 몰라서 좌절감을 느낀 적이 있는가? 내 동료인 게리 채프먼Gary Chapman이 다섯 가지 사랑의 언어에 관해 쓴 훌륭한 작품을 읽어본 사람들도 많을 것이다. 그의 책 『다섯 가지 사랑의 언어The Five Love Languages』는 사람마다 사랑을 주고받는 방식이 다 다르다는 사실을 강조한다.

남편은 아침에 일어나면 자기가 어떤 사랑의 언어를 사용하는지를 큰소리로 알리는가? 그렇지 않다. 하지만 그것을 알아내는 일은 쉽다. 남편이 "당신은 절대…", "당신은 늘…", 혹은 "그건 아니잖아…"라며 투덜거리는 일들이다. 남자들(물론 나도 포함해서)은 발을 밟히면 낑낑거리는 강아지 같을 때가 많다.

채프먼은 뚜렷한 특징을 지닌 다섯 가지 사랑의 언어가 있다고 말한다. 그 내용을 간단하게 간추려보겠다.

상대를 인정하는 말

당신의 남편은 진심 어린 찬사나 격려의 말을 잘 해주는 편인가? 당신의 외모나 능력, 성과, 태도 등에 대해 늘 좋은 말을 해주는가? 이것이 당신의 남편이 사용하는 사랑의 언어라면 당신은 다른 아내들보다 훨씬 많은 찬사를 들을 테고 그것은 매우 의미 있는 일이다.

리먼 박사에게 묻다

Q 더 이상 참을 수가 없습니다. 그가 집에서 하는 일이라고는 TV 를 보는 것밖에 없어요. 저는 소파에 앉아 빈둥거리기만 하는 남자와 결혼한 거죠. 그가 다른 일을 하도록 만들 수 있을까요?

A 제가 당신에게 질문을 하겠습니다.

첫 번째 질문: 그와 결혼하던 당시부터 그런 상태였습니까? 남자들 중에도 성욕이나 정력이 약한 사람들이 있습니다. 아니면 그냥 게을러서 자기 역할을 하고 싶어 하지 않는 사람들이 있습니다. 만약 당신이 그런 남자와 결혼했다면… 달리 뭐라고 할 말이 없네요. 이런 상황이 닥치리라고 예상했어야 합니다. 하지만 예전에는 안 그랬는데 시간이 지나면서 점점 그런 상태가 된 것이라면 변화가 일어날 수도 있습니다.

두 번째 질문: 남편이 직장에서 낙담한 일이 있습니까? 매일 다니는 직장이 마음에 안 들어도 어쩔 수 없이 다니는 남자들이 많습니다. 그들은 '이건 내가 정말 하고 싶은 일이 아니야'라는 생각에 날이 갈수록 점점 더 기력을 잃어버립니다. 그래서 현실을 외면하기 시작하고 어느덧 TV가 그의 삶이 돼버리는 거죠. 그리고 〈포퓰러 메커닉스 Popular Mechanics〉가 자기 인생의 전부인 양 거기에만 집착합니다.

세 번째 질문: 남편은 자기가 당신에게 중요한 존재라는 사실을 압니까, 아니면 중요하지 않은 존재거나 무시당한다고 생각합니까? 외로운 섬에서 홀로 살아가는 남자들이 많습니다. 그는 당신이 생각하

는 것보다 훨씬 더 당신을 필요로 합니다.

　네 번째 질문: 예전에는 남편이 당신에게 다정하게 굴면서 속마음을 털어놓기도 하고 편지도 쓰고 꽃도 보내는 등 애정 어린 행동들을 보여주었습니까? 만약 그랬던 남편이 지금처럼 변한 거라면 두 사람의 관계에 무슨 일이 생긴 것입니다. 자기 인생과 결혼생활이 그가 생각했던 대로 풀리지 않은 것이지요.

　그를 다정히 어루만지고 그의 눈을 똑바로 들여다보면서 이렇게 말하세요.

　"여보, 당신이 낙담에 빠진 것처럼 보여. 정말 그런 거야?"

　이것이 당신이 처한 상황을 해결하기 위한 발판을 마련하는 데 가장 좋은 방법입니다. 그러나 다정하고 위협적이지 않은 태도로 접근해야 합니다. 그렇지 않으면 남편이 마음의 문을 더 굳게 닫아걸 수도 있으니까요.

함께하는 시간

당신의 남편은 당신 곁에서 함께 시간을 보내는 것으로 자신의 사랑을 표현하려 하는가? 하지만 단순히 소파 옆자리를 차지하고 앉아 있는 것과 나란히 앉아서 진지하게 대화를 나누는 것은 엄연히 다르다는 사실을 알아야 한다. 함께 시간을 보내면서 사랑의 언어를 전하는 남편들은 아내와 같이 뭔가를 하는 것을 좋아한다. 이때가 바로 그가 가장 큰 충족감을 느끼는 시간이다. 함께 보내는 시간을 중요시하는 사람은 아내와 데이트를 자주 한다. 내가 선호하는 사랑의 언어가 바로 아내와 함께 시간을 보내는 것이기 때문에 잘 알 수밖에 없다. 나는 샌디와 함께 있는 시간이 좋다.

선물

이것은 내 아내가 선호하는 사랑의 언어다. 샌디와 함께 있으면 버릇을 망치기 딱 좋다. 그녀는 사람들에게 선물 주는 것을 좋아하고 상대에게 딱 맞는 선물을 주는 능력도 있다. 선물을 주는 것은 그녀의 크나큰 기쁨이다. 또 의미 있는 선물을 받는 것도 좋아하는데, 이 말은 곧 내가 그런 선물을 해줘야 한다는 뜻이다.

선물은 돈과 관련된 문제가 아니라 관심의 문제다. 남편이 낮 동안 당신을 생각했다는 증거이기도 하다. 당신이 자고 있는 동안 그가 베개에 올려놓은 장미 한 송이가 모든 것을 말해준다. 이것은 당신을 향한 그의 사랑의 증표다. 낭만적인 피크닉을 즐기거나 스카이다이빙을 하는 등 진기한 경험(당신이 오랫동안 하고 싶다고 생각했던 일들)을 하는 것도 좋은 선물이 될 수 있다.

상대방을 위한 서비스

사랑이란 곧 상대방을 위해 뭔가를 해주는 것이라고 생각하는 이들이 많다. 이 사랑의 언어에 장애가 생기는 까닭은 '누가 무엇을 해야 하는지'에 대해 의견이 일치하지 않는 경우가 많기 때문이다. 원래부터 당신이 하기로 돼 있는 일을 하는 경우에는 서비스 점수가 올라가지 않는다. 남편이 당신에게 기대하지 않았던 일을 했을 때 비로소 그 점수를 얻을 수 있다. 상대방을 위한 서비스의 예로는 남편이 매일 아침 당신 차에 쌓인 눈을 치워주거나 무거운 세탁물 바구니를 위층으로 가져다주는 일 등이 있다.

신체적인 접촉

이것도 내가 선호하는 사랑의 언어다. 내 아내에게 물어보라. 나는 아내와의 스킨십을 좋아하고 그런 내 자신이 만족스럽다. 신체적인 접촉이 섹스만을 의미하는 것이 아니다. 입맞춤, 손잡기, 힘찬 포옹, 등 긁어주기 등도 여기 포함된다. 당신의 남편이 자주 사용하는 사랑의 언어가 신체적 접촉이라면 그것을 충분히 얻기 전까지는 충족감을 느끼거나 사랑받는다는 생각을 하지 못할 것이다.

당신의 남편이 주로 투덜대는 대상은 무엇인가? 그것이 그의 사랑의 언어를 알아낼 수 있는 열쇠다. 당신이 자기에게 칭찬을 해준 적이 없다고 하는가? 이제는 다정한 쪽지를 써주지 않는다고 불평하는가? 그렇다면 그는 상대방의 가치를 인정하는 칭찬이나 찬사를 좋아하는 사람이다. 다정한 말로 그의 남자다움을 인정해줘야 한다. 그런 말은 남편에게 "굉장해, 정말 잘했어. 당신 덕분에 정말 기뻐"라는 의미로 들린다. 그는 "당신 같은 남자를 남편(연인, 친구)으로 둔 나는 정말 운이 좋은 여자야"라는 말을 듣고 싶어 한다.

남편이 지금껏 당신을 독차지해본 적이 없다며 불평을 늘어놓는가? 당신이 아이들에게만 지나치게 신경을 쓰기 때문에 둘이서 함께 주말을 보낸 게 언제인지 기억도 안 난다고? 그렇다면 그는 자기는 아내와 함께 하는 시간을 소중히 여기는 사람이라고 외치고 있는 것이다. 원만한 결혼생활과 배우자를 위해서 시간을 투자할 것인가, 아니면 계속 바쁘게 움직이면서 그와의 시간은 뒤로 미룰 것인가? (남자들은 그렇게 뒷전으로 밀려난 상태를 오랫동안 참지 않을 것이라고 장담할 수 있다.)

남편이 "작년에 당신이 나한테 새 골프 클럽을 사줬지. 올해는 내 생일에 목욕 타월을 줬고"라고 말하는가? 그렇다면 그는 선물을 통해 사랑을 확인하는 유형의 남자다.

그가 "전에는 화요일마다 아침식사로 팬케이크를 만들어줬는데 이제는 안 해주네?"라고 말하는가? 여기에 실마리가 있다. 그는 상대방을 위한 서비스를 좋아한다.

당신이 더 이상 자기와 섹스를 안 한다고 불평하는가? 그렇다면 그는 당신의 귓가에 대고 "나를 만지고 나를 사랑하고 나를 갈구해줘"라고 외치는 것이다. 그는 신체적 접촉을 좋아하는 남자다.

선호하는 사랑의 언어가 하나 이상일 수도 있을까? 물론이다. 나는 아내와 함께하는 시간과 신체적인 접촉을 모두 좋아하는 남자다. 샌디는 선물과 상대방을 위한 서비스를 좋아한다. 그러니 당신도 남편을 이해하고 그가 좋아하는 사랑의 언어를 확인할 수 있는 방법을 찾아내보는 것이 어떨까?

 ## 다시 한 번 말하지만 남자들은 멍청하다

내가 샌디에게 청혼하던 무렵 내 누님은 벌써 결혼해서 다른 도시에 살고 있었다. 그리고 형님은 대학원생이었다. 따라서 나를 한쪽으로 데려가 '여자에게 청혼할 때는 이렇게 저렇게 해야 하는 거야'라고 가르쳐줄 사람이 아무도 없었던 셈이다. 나는 청혼할 때는 그녀를 으리으리한 식당으로 데려간다든가 하는 뭔가 낭만적인 일을 해야 한다는 사실도 전혀 몰랐다. 그래서 내가 어떻게 했는지 아는가? 우리 부모님이 사시는 집의 뒤뜰에서 그녀에게 반지를 줬다. 지금 생각해봐도 어처구니가 없다. 진짜 얼마나 멍청한 짓이었는지. 샌디가 내 청혼을 받아준 것이 고마울 뿐이다.

결혼한 지 40년이 넘은 지금은 로맨스에 대해 많은 것을 배웠다. 세상에서 가장 뛰어난 선생님인 내 아내 샌디에게서 말이다.

당신도 알다시피 남자는 선천적으로 좋은 연인이 못 된다. 그는 여자를 이해하지 못한다. 어디서부터 여자를 이해하기 시작해야 하는지도 모른다. 그는 당신이 자기를 이끌어주고 무조건적인 사랑을 베풀어주는 다정한 연인이 되기를 바란다. 당신이 그렇게만 돼준다면 당신이 감기에 걸렸을 때 집에 일찍 돌아와 저녁 준비를 하는 그런 남편을 얻게 될 것이다. 비록 할 줄 아는 요리라고는 냉동 마카로니와 치즈밖에 없더라도 말이다. 또 아이들이 자기에게 마구 달라붙어도 전혀 싫은 내색 없이 아내가 저녁 준비를 하는 동안 레슬링을 하며 놀아주는 아빠가 될 것이다. 당신의 컴퓨터 프로그램에 생긴 문제를 해결해주고 무거운 쓰레기통도 번쩍 들어 바깥에 내다놓을 것이다. 아무 불평 없이 부엌에서 설거지를 할 것이다. 당신이 부탁하면 등도 긁어주고 또 사랑이 가득 담긴 눈길로 당신을 바라볼 것이다.

이제 당신에게 묻겠다. 이런 남편을 원하지 않는 사람이 있는가? 당신이 할 일은 약간의 박수와 격려뿐이다. 그러면 당신의 물개는 자신이 가진 능력을 모두 발휘해 온갖 재주를 다 보여줄 것이다. 그 보상으로 커다란 물고기를 주는 것만 잊지 않으면 된다. 그를 침실로 데려가 문을 잠그고 당신이 가진 모든 것을 그에게 주자.

그것이 바로 금요일까지 새로운 남편을 얻고 당신도 또한 지금보다 훨씬 행복한 아내가 될 수 있는 방법이다.

금요일

당신의 기사가 되고 싶은 소년

당신의 기사가 되고 싶은 소년

남편을 당신이 항상 꿈꾸던 백마 탄 기사로 변모시키는 방법

최근에 자기 반 친구들을 전부 싫어하는 4학년 여자아이의 엄마와 대화를 나눈 적이 있다. 그 아이는 자기 엄마에게 이렇게 말했다고 한다.

"우리 반에는 인형을 갖고 놀거나 잔뜩 꾸미는 것을 좋아하고 꼭 결혼한 여자처럼 행동하는 '분홍 리본파'와 자기가 락 스타인 양 행세하는 '한나 몬태나Hannah Montana파'가 있어요. 나는 두 그룹 가운데 어디에도 맞지 않아요. 남자애들과 노는 편이 훨씬 더 좋아요. 걔네들은 자기 생각을 있는 그대로 말하고 빈둥거리지도 않거든요."

그 아이는 방과 후에 3~5학년 남자애들과 어울려 축구 시합을 하는 유일한 소녀였다. 그런데 그 여자아이와 함께 축구를 하는 남자애들은 뭐라고 말하는지 아는가?

맷이 말한다. "여자애한테는 태클을 걸면 안 돼. 알지?"

"그럼." 코리가 장단을 맞춘다. "걔한테는 손가락만 살짝 대야 돼."

이 거친 남자애들은 여자애가 자기들과 함께 놀도록 해줄 뿐만 아니라 그 여자애와 함께 노는 것을 좋아한다. 하지만 여기서 흥미로운 사실은 그들이 무의식적으로 여자애의 보호자, 영웅 역할을 자청하고 나선다는 것이다. 그렇게 하라고 시킨 사람이 있었던 것일까? 아니다. 그저 원래부터 그렇게 하도록 정해져 있는 것뿐이다. 그들 뇌의 보조 프로세서에는 태어날 때부터 '여자를 보호하라'는 명령이 새겨져 있다. 그들은 여자애가 다치는 것을 원치 않는다.

여자애가 공을 몰고 달려가면 남자애들은 모두 그 여자애를 응원한다. 그리고 팀을 다시 정할 때는 모두들 그 여자애가 자기편이 되기를 바란다. (이 나이 또래의 남자아이들은 좋아하는 여자애의 관심을 끌기 위해 일부러 주먹으로 툭툭 때리곤 한다.)

당신이 원하는 것이 바로 이것인가? 보호자? 당신이 자기편이 되기를 바라는 영웅? 그 어린 남자애들이 어린 여자애의 보호자가 되기를 자청한 것처럼 당신의 남편(몸은 다 자랐지만 마음속에는 아직 어린 소년의 모습이 살아 있는)도 당신을 보호하고 당신의 기사가 되고 싶어 한다. 물론 그 갑옷이 항상 번쩍거리기 위해서는 당신이 가끔 그의 갑옷에 광을 내줄 필요가 있기는 하지만 말이다.

옛 영화 제목을 하나 인용하자면 '남자들은 조용히 움직이는 것 같지만 깊이 뿌리를 내린다.' 그들은 당신이 준 정보를 받아들여 심사숙고한 뒤 그것과 관련된 모든 견해를 논리적으로 분석한다. 그것 또한 가족 부양자이자 보호자로서 타고난 본능의 일부분이다. 한마디로 말해 야수의 본성인 것이다.

 현명한 선수의 무패 행진

이 책에는 당신이 듣고 싶어 하지 않을 만한 민감한 내용들도 일부 포함돼 있는데 이것도 그중 하나다. 내가 지금부터 말할 내용을 당신이 좋아하지 않으리라는 것을 어떻게 알 수 있을까? 나는 전국 각지에서 수많은 청중들을 대상으로 강연을 해왔는데, 이 얘기를 할 때마다 청중들의 반응이 늘 똑같았기 때문이다.

어떤 여자들은 남편을 최우선으로 하라는 말에 화를 낸다. 그러면 자기들이 남편보다 열등한 위치에 놓인다고 생각하기 때문이다. 사실 여자들이 이렇게 생각할 만한 이유가 많기는 하다. (대개의 경우 그들의 아버지가 그들을 대하던 방식과 관련이 있다. 그리고 솔직히 말해 남자들은 과거에 오랫동안 여자를 무시하고 하찮게 취급했기 때문에 이와 관련된 뼈아픈 역사가 있다.) 하지만 그렇다고 해서 반드시 여자들이 그런 기분을 느껴야 한다는 뜻은 아니다. 그리고 그런 식의 생각은 결혼생활에도 도움이 되지 않는다.

이 책 앞부분에서 했던 이야기를 다시 떠올려보자. 남자와 여자가 서로 다른 것은 분명한 사실이지만 그들의 사회적 가치는 동등하다. 남편을 우선시한다고 해서 스스로를 격하시키는 것은 아니다. 그저 현명하게 게임을 풀어나가는 것뿐이다. 최근에 어떤 NFL 코치가 방

248

송에서 이런 말을 했다.

"우리가 리그에서 가장 우수한 선수들을 보유하고 있는지는 잘 모르겠지만 가장 현명한 선수들을 보유하고 있는 것만은 분명하다."

흥미롭게도 이 글을 쓰는 지금 그 팀과 코치는 NFL에서 무패 행진을 계속하고 있다.

결혼이라는 시합에서는 현명하게 경기를 풀어나가야 한다. 사회적으로 조절된 반응과 분노는 잠시 접어둬야 한다. '왜 내가 먼저 접근해야 하는 거지? 왜 나보다 그를 우선시해야 해? 이건 뭐 원시인의 논리인가?' 같은 생각을 계속한다면 이혼자 대열에 합류할 날이 멀지 않았으니 당장 손을 떼는 편이 낫다. "남편을 위해 뭘 해줬다고?"라는 친구들의 어이없다는 듯한 반응에는 신경을 꺼야 한다.

이런 식으로 생각해보자. 이 책에 소개한 간단한(하지만 쉽지만은 않은) 원칙들을 적용한다. 그가 원하는 것을 약간 준 뒤 그가 무엇을 돌려주는지 지켜본다. 남편은 가족을 부양해야 한다는 생각이 머릿속에 박혀 있다. 그는 당신을 행복하게 해주고 또 모든 면에서 기쁨을 안겨주고 싶어 한다. 그러나 남편이 그런 마음을 갖게 하려면 그에게 자기가 소중하고 특별한 존재라는 느낌, 인정받고 사랑받고 존중받는다는 느낌과 충족감을 느끼게 해줘야 한다. 행복과 충족감을 느낀 그는 당신에게 좋은 남편이 되기 위해 모든 노력을 다 기울일 것이다.

당신은 강인한 여성이자 중요한 결정을 도맡아서 내리는 사람이다. 남편이 질투할 만한 (그리고 남편을 약간 위축되게 할 만한) 속도로 여덟 가지 일을 동시에 해치울 수도 있다. 그러니 당신의 지위가 위협당하거나 남편에게 이용당한다거나 남편보다 열등해진다고 생각할 이유가 어디 있는가?

오늘날의 여자들은 외과의, 조종사, 전업주부, 교사 등 수많은 역할을 수행한다. 집에서 출판사를 운영하는 사람들도 있다. 요새는 여자가 할 수 있는 일에 아무런 제약이 없다. 그리고 그런 무제한적인 자유로 인해 결혼생활에 커다란 위협이 되는 '이게 나한테 무슨 득이 되지?'라는 의문이 생겨난다.

 ## 당신의 엄청난 영향력

금요일까지 새 남편을 얻고 싶다면 당신이 남편에게 미치는 엄청난 영향력에 대해 알아야만 한다. 당신이 하는 말, 그를 만지는 손길, 그에게 보여주는 존중, 그의 말에 귀 기울이는 모습 등이 모두 남편에게 지대한 영향을 끼친다.

당신 인생에 남자가 필요 없다고 생각한다면 결혼을 해서는 안 된다. 그냥 독신으로 살아가면 된다. 자기가 원하는 대로 자유롭게 행동하고 키우는 물고기에게만 먹이를 챙겨주면 되는 자유로운 독신생활을 선택하는 사람들이 많다. 리모컨을 차지하려고 서로 싸울 사람도 없고, 당좌 예금 계좌에는 자기 이름만 올라가 있고, 딴 사람 신경 쓸 필요 없이 자기 자신의 일만 생각하면 된다.

요즘에는 결혼한 뒤에도 독신일 때의 라이프스타일을 그대로 유지하는 사람들이 많다. 하지만 그런 것은 진정한 파트너십이라고 할 수 없다. 그냥 룸메이트와 함께 사는 것이나 마찬가지다.

예전에는 남자가 가족을 이끄는 리더인 경우가 많았다. 그러나 오늘날에는 돈을 어디에 쓸 것인지, 청구서는 어떻게 지불할 것인지 등의 결정을 모두 여자들이 내린다. 그런데 전기세를 꼬박꼬박 내고 한겨울에 난방이 제대로 들어오는 이상, 누가 집안의 돈을 관리하는지가 그렇게 중요한 문제인지 묻고 싶다. 조사 결과에 따르면 요새는 여자들이 주로 각종 청구서를 처리한다고 하는데 겨우 20년 전까지만해도 이것은 남자의 일이었다.

나는 리더에 대한 이야기를 할 때면 양과 비유해서 이야기하는 것을 좋아한다. 양치기들에게는 흩어져 있는 양을 부르거나 돌보거나 몰고 다니는 자기만의 독특한 방식이 있다. 우리는 흔히 양이 멍청하고 방어 능력도 없는 동물이라고 생각하지만 그들은 우리가 생각하는 것보다 훨씬 똑똑하다. 평소에 양치기가 입는 것과 똑같은 옷을 다른 사람에게 입히고 양치기가 양을 부르는 소리를 디지털화해서 원래와 똑같이 들리도록 만들어도 양들은 속아 넘어가지 않는다. 새 양치기를 쳐다보기는 해도 그에게 다가가지는 않는다. 양들은 원래의 양치기만 따라간다.

그럼 질문을 하나 하겠다. 언제나 변함없이 당신을 위해 그곳에 있어주는 훌륭한 양치기를 따라가는 데 무슨 문제라도 있는가? '맑은 날, 바람 부는 날, 흐린 날, 언제든 사용 가능하고, 신축성 있는 접착 탭이 달려 있어 지퍼가 필요 없으며, 보강용 강철봉이 달려 있고, 모서리가 둥근' 물건이 필요할 때(그 물건이 무엇이든 간에) 그것을 사러 마트에 다녀오라고 말하면 신경질적으로 굴지 않을 사람이 어디 있겠는가? 남자가 그런 일을 하려면 자신이 느낄 당혹감보다 당신을 생각하는 마음이 더 커야만 한다. 이런 남자가 당신을 현관 깔개 취급을 할 것 같은가? 절대 아니다.

그렇다면 주도권이 뭐 그렇게 중요한 문제겠는가? 내 친구 한 명은 늘 '예전에 아내가 나를 가장으로 임명해줬다'는 농담을 한다. 당신은 결혼을 경쟁이라고 생각하는가? 마지막에 반드시 '승리'해야 하는가? 솔직히 말해 결혼생활에서 어느 한쪽이 '이기는' 것은 곧 두 사람 모두 진 것이나 다름없다.

당신은 동화 속 주인공들처럼 오래오래 행복하게 살고 싶은가, 아닌가? 남편에게 사랑과 존중, 관심, 부양, 보호를 받고 싶으냐는 뜻이다. 그가 당신의 요구에 반응을 보여줬으면 좋겠는가? 이 책에 소개된 원칙을 제대로 따랐을 때 당신이 얻게 되는 결과가 바로 그것이다. 그것이 바로 당신에게 돌아갈 이득이다. 그 길이 아닌 다른 길을 택할 경우 분노와 괴로움, 환멸, 이혼이 기다리는 곳으로 향하게 된다.

 ## 어깨너머에 누가 있는가?

자신의 어깨 뒤를 보자. 지금 바로. 당신의 어머니나 아버지가 거기에 서서 당신의 어깨너머를 들여다보고 있는가? 당신 뒤에 남겨진 발자국은 당신을 감시하는 아버지나 어머니의 것인가? 당신이 지금과 같은 여자가 되기까지 누구에게서 주로 영향을 받았는가?

당신이 세상을 바라보는 방식은 성장하는 동안 형성된 것이다. 당신의 아버지는 어머니를 어떻게 대했는가? 또 어머니는 아버지를 어

252

저는 예전부터 박사님 팬이었습니다. 제 인생 이야기가 그대로 담겨 있는 듯한 『타고난 승리』를 아주 재미있게 읽었습니다. 저도 세부적인 일을 처리하는 데 능숙하고 숫자를 잘 다루고 또 문제를 해결하는 것도 좋아하거든요. 비판적인 시각도 갖춘 편입니다.

작년에 애들 학교에서 문제가 있었어요. 똑똑한 저희 집 쌍둥이 딸들이 학교에서 아주 나쁜 성적을 받아 왔는데 알고 보니 엄마에게 비판을 받을까 봐 두려워 학교 과제를 제대로 끝마치지 않은 것이었습니다. 정말 충격이었죠. 그 사건으로 충격을 받기는 남편도 마찬가지였습니다. 그는 그 이후 냉담한 태도로 입을 다물었습니다.

저는 비판적인 태도를 억제하려고 열심히 노력 중입니다. 어떤 상황에 처했을 때 즉각적으로 반응을 보이기보다 제가 예전에 어떻게 반응했는지를 생각하고 그와 다른 반응을 보이려고 노력합니다. 물론 짜증이 나거나 지치고 스트레스를 받을 때는 다시 예전처럼 비판적인 태도를 취한다는 사실을 인정하지만 그래도 과거와는 달라진 모습을 보이게 되었습니다. 이제는 쌍둥이나 남편에게 먼저 "미안해"라고 말합니다. 박사님 덕분에 아주 좋은 결과를 얻었습니다.

─ 뉴멕시코 주에서, 나오미

떻게 대했는가? 어머니가 아버지에게 집안일을 시키기 위해 날카로운 말을 무기 삼아 아버지 머리 위에서 마구 휘둘러댔는가? 아버지가 언어적, 신체적으로 어머니를 학대했는가? 아니면 아버지와 어머니가 한 번도 다툰 적이 없고 부부 간의 상호 순종과 존중, 사랑의 귀감이 돼주는 그림처럼 완벽한 집안에서 자랐는가?

하지만 그처럼 완벽한 집에서 자라난 사람은 거의 없다. 대부분의 사람들은 성장 과정에서 받은 상처를 평생 무거운 짐으로 끌고 다닌다. 당신은 남편에 대한 일정한 기대를 가지고 결혼생활을 시작했다. 그런데 당신이 끔찍한 환경에서 자라 아버지와 원만한 관계를 맺지 못했다면 남편이 그 대가를 치르게 된다. 왜냐고? 당신은 자기 아버지를 바라보던 렌즈를 통해 그대로 남편을 바라보는 경향이 있기 때문이다. 사실 자기 아버지에 대한 시각은 내가 이 책에서 제안한 모든 내용을 바라보는 시각에도 영향을 미친다.

남편을 위해 시간을 내고 그를 자기 인생의 우선순위에 올려놓아야 한다는 말을 들었을 때 당신은 본능적으로 어떤 반응을 보였는가? "내가 왜?"라는 반응? 아니면 "나도 지금과 달라져야 한다는 걸 알아요. 그거 좋은 생각이네요. 그것이 왜 중요한지 알겠어요"라고 생각했나?

"내가 왜?"라고 생각한 사람은 자신이 원하던 이상적인 아버지를 가지지 못했고 그로 인해 남성 전체에 대한 부정적인 시각이 생겨났을 가능성이 높다. 불쌍하게도 그런 여자들의 남편에게는 기회가 없다. 그가 어떤 일은 하든 간에 아내가 사정없이 깎아내릴 테니까.

다른 남자(당신의 아버지)가 당신의 인생에 저지른(혹은 제대로 하지 못한)

일에 대한 대가를 지금 남편이 대신 치르고 있지는 않은가? 아버지에게 멸시당했기 때문에 그 앙갚음으로 남편을 멸시하는가? 과거에 다른 남자들, 특히 아버지와의 관계에서 무슨 일을 겪었는가?

당신도 직접 문제를 겪은 사람 중 하나인가? 아버지가 당신에게 나쁜 짓을 했는가? 만약 그렇다면 그 기억으로 인해 결혼생활까지 망치기 전에 묵은 원한을 털어버려야 한다. 남편에게 가서 이렇게 말하자.

"미안해. 예전 우리 아버지에 대한 기억 때문에 지금껏 당신이 나한테 잘못한 것처럼 당신을 대했다는 사실을 깨달았어. 내가 정말 잘못했어. 앞으로는 그러고 싶지 않지만 그러려면 당신 도움이 필요해. 나 혼자 힘으로는 불가능해. 당신을 정말 사랑하고 당신이 우리 아버지와 다르다는 것도 알아. 지금까지 당신도 우리 아버지와 다를 바 없다는 식으로 대해서 미안. 우리 다시 시작할 수 있을까?"

이 모든 일이 순종, 서로에 대한 순종에서부터 시작된다.

 순종

솔직하게 말하겠다. 남자들은 자기 아내에게 순종해야 한다. 관심이 생기는가? 나는 나이가 많고 약간 비만한 편이며 5명의 자녀와 2명의 손자를 두었고 자랑스러운 메디케어^{Medicare} 카드 소지자지만 당신이 생각하는 것만큼 늙지는 않았다.

내가 청중들 앞에서 순종이라는 말을 꺼내자마자 어떤 일이 벌어졌는지 아는가? 여자들은 투덜거리기 시작했고 남자들은 서로 하이파이

브를 나누기 시작했다. 왜 그럴까?

여자들은 순종이라는 말을 싫어하는데 여기에는 정당한 이유가 있다. 여자들이 많이 모인 한 연회장에서 내 강연 주제('순종적인 아내가 되는 법')를 발표하자 다들 짜증스러운 기색을 보였다. 만약 표정만으로 사람을 죽일 수 있다면 나는 단 2초 만에 공격용 소총으로 벌집이 되었을 것이다.

나는 순종이라는 말을 좋아한다. 나도 남자니까 "리면, 당신은 가족을 이끄는 가장이에요"라고 말하는 사람들이 많다는 사실을 잘 안다. 하지만 내가 우리 가족에게 어울리는 남자가 되려면 아내에게 순종해야 한다는 사실 또한 잘 알고 있다. 아내를 이끄는 사람이 되려면 그녀에게 순종해야 한다는 얘기다. 그녀에 대해 잘 알고 그녀의 모든 특징을 낱낱이 꿰고 있어야 한다.

어째서 상호 순종은 기피의 대상이 아닌 갈구의 대상이 될 수 없는가? 종교를 믿는 사람들이 생각하는 순종의 사명이란 삶의 모든 부분에서 신에게 순종하고 그를 통해 서로에게도 순종하게 되는 것을 말한다. 사도 바오로도 '남편과 아내는 서로 순종해야 한다. 그것이 바로 결혼이다'라는 말로 그 사실을 분명히 했다.

그러나 종교를 믿든 믿지 않든 간에 남자는 날아오는 총알도 대신 맞아줄 정도로 자기 아내를 사랑해야 한다는 말만큼은 꼭 하고 싶다. 아내를 살리기 위해 기꺼이 죽을 수 있어야 한다는 얘기다. (물론 자기 자식을 위해 목숨을 바치는 남자들도 있다.) 그것이 바로 진정한 남자가 하는 일이다. 뉴욕 시 소방서에 근무하던 '진정한 남자'들은 9월 11일 그날에 불타는 건물 안으로 뛰어 들어갔다. 자기 가족이 있는 '진정한 남자'들도 건물 안에 있는 사람들이 자기를 얼마나 필요로 하는지 알기에 영웅답게 그 안으로 들어갔던 것이다. 그러나 오늘날에는 진정한 남자를 찾아보기가 그리 쉽지 않다.

심리학자인 나는 요즘 결혼하는 많은 커플들이 문제 있는 가정 출신이라는 사실을 절실하게 통감한다. 그들은 어떤 대상에게도 순종하지 않는다. 아니, 순종한다는 생각만으로도 몸서리를 칠 정도다. 부모가 서로의 말에 귀 기울이지 않고 서로를 존중하거나 사랑하지 않으며 날마다 말대꾸만 일삼는 가정에서 자란 남자와 결혼한 경우 당신 가정에서 이런 일이 되풀이되지 않으려면 어떻게 해야 할까? 사실 그의 내면에는 예전 어린 소년일 때의 모습이 그대로 남아 있다. 그의 어릴 때 모습이 어땠는지 나한테 알려주면 그가 어떤 남편이 될지 말해줄 수 있다.

몇몇 상황에 변화가 생길 수는 있지만 (건강 문제, 정신적으로 충격을 주는 경험, 영적 체험 등) 대부분의 관계에서는 눈에 보이는 그대로의 상황이 펼쳐진다. 어떤 남자들은 순종적인 성격의 여자를 이용하면서 그녀가 자기보다 열등한 인간인 것처럼 대한다. 그 아내는 순교자적인 성품을 지녔을 확률이 높다. 친구들은 그녀에게 "그걸 어떻게 참고 사는지 모르겠다"고 말한다. 아내는 남편이 주는 온갖 모욕을 다 참아내느라 속으로 진저리가 난 상태다. 하지만 이 상황에서 그녀도 똑같이 대응해야 할까? 물론 아니다.

서로 순종하는 부부는 어떤 모습일까? 이것은 당신이 어떤 결정을 내릴 때 남편의 의견도 들어야 한다는 뜻이다. 집을 새롭게 단장해 남편을 깜짝 놀라게 해줄 생각인데 남편은 별 관심도 없고 어차피 집은 당신의 영역이니까 남편이 아무 말 안 할 것이라고 생각한다면 거기서 잠깐 멈춰라. 실제로는 남편이 신경 쓸 가능성이 높다. 물론 인테리어에 어울리는 색상 조합 같은 것은 잘 모르겠지만(또는 알고 싶어 하지 않겠지만) 자기 집의 전체적인 모습에는 당연히 신경을 쓴다.

이번 주에 샌디는 크리스마스에 아프리카로 선교 여행을 가려고 준비 중인 젊은 여자에게 수표를 써줘도 되느냐고 물었다.

"농담이시죠?" 당신은 이렇게 말할지도 모른다. "댁의 부인은 돈을 쓸 때 꼭 허락을 받아야 하나요?"

물론 아니다. 샌디는 어떤 경우에도 내 허락을 받을 필요가 없다. 수표장에는 내 이름뿐만 아니라 그녀의 이름도 함께 올라가 있으니까 말이다. 다만 집안의 돈을 관리하는 나를 존중하는 의미에서 의견을 물어본 것뿐이다. 그녀는 자기가 하고 싶은 일을 구체적으로 설명했다.

"여행을 위한 기부금을 보내서 그 젊은 여자를 격려해주고 싶어. 한 2백 달러 정도 보낼까 하는데 괜찮을까?"

내 의견을 물어봐주는 그녀에게 늘 감사한다. 이것이 바로 두 사람 모두에게 이득이 되는 상호 순종과 존중이다. 집안의 돈 관리를 맡은 사람이 나기 때문에 당좌 예금 계좌에 차월이 발생해 당황하는 일이 없도록 아내가 어디에 돈을 쓰는지 알 자격이 있다.

당신은 남편을 대할 때 존중하는 태도로 대하는가? 아니면 그에게 이런저런 명령을 내리면서 어린애 다루듯 하는가? 어떤 여자들은 자기 남편을 셋째나 넷째 아이 다루듯 하면서 정작 남편이 아이 같은 행동을 하면 불평을 늘어놓는다. 대체 왜 그러는지 모르겠다.

현명한 여자는 토요일 아침에 식탁 앞에 앉아 커피를 마실 때도 남편을 존중하는 태도로 말을 꺼낸다.

"지금은 이런 얘기를 하기에 적당한 때가 아닌 걸 알아. 요새 당신은 회사에서 많이 바쁘고 또 돈도 없어서 당장은 불가능하겠지. 하지만 우리 나중에라도 뒤뜰 공사를 마무리 지었으면 좋겠어. 지금은 공사비를 대기 힘들지만 언젠가는 끝낼 수 있을 거야."

당신 남편이 학대 속에 자라 마음이 엉망으로 망가지지 않은 건전한 사람이라면 이 과제를 받아들일 것이다. 이런 말은 그의 열정에 불을 붙이는 데 필요한 등유 같은 역할을 한다. 그는 엄마를 깜짝 놀라게 만들고 행복하게 해주고 싶어 하던 네 살배기 아이의 모습으로 돌아간다.

그녀의 행동은 어떤 면에서 적절했는가? 그녀는 필요한 조건을 모두 부여했다. 자기가 요청하는 바를 솔직하게 말했다. 그러니 그 남자는 자기 아내를 기쁘게 해주기 위해 모든 노력을 다 기울일 것이라고 확신할 수 있다. 이것이 바로 진정한 상호 순종의 의미 아니겠는가?

발이나 머리를 마사지해 주는 것을 좋아하는 여자들이 많다. 하지만 사랑하는 내 아내 어핑턴 부인은 그렇지 않다. 그녀는 마사지하듯 문질러주는 것을 좋아하지 않는다. 어떤 걸 좋아하느냐 하면 손을 커다란 S자 모양으로 구부리고 손톱 끝부분만을 이용해 가볍게 긁어주는 것을 좋아한다. 그것을 어떻게 알았느냐고? 나는 내 아내에게 순종하기 때문이다. 꽃잎이 잔뜩 흩뿌려진 결혼식 카펫 위를 걷던 그 순간부터 샌디를 제대로 이해하는 것이 내 필생의 과업이 되었다. 그녀가 바라는 방식대로 그녀를 사랑하기 위해서 말이다.

리먼 박사에게 묻다

Q ▪ 제 남편은 항상 지각을 합니다. 지난주에는 우리 딸아이의 연주
회가 4시에 시작된다고 말해줬죠. 하지만 남편은 연주가 다 끝
난 뒤인 4시 45분에야 겨우 도착했습니다. 딸의 솔로 연주(학교 연주회에서
처음 하는)를 아예 보지도 못해서 아이가 울기 시작했어요. 아이가 그토록
중요하게 생각하는 일에 아빠가 참석하지 못한 것에 대해 어떻게 설명하면
좋을까요?

A ▪ 당신은 아무것도 설명할 필요가 없습니다. 설명은 남편이 해
야죠. 책임이 있는 쪽으로 공을 넘기세요. 당신이 연주회에
늦었나요? 아뇨, 당신 남편이 늦었습니다. 딸아이가 "왜 아빠는 제
시간에 연주회에 안 오신 거예요? 대니(동생)도 오고 엄마도 왔는데 아
빠만 안 오셨잖아요"라고 물을 수도 있습니다. 이때 현명한 엄마라면
이렇게 대답해야 합니다.
　"글쎄, 나도 잘 모르겠구나. 아빠한테 직접 여쭤보렴."
　남편이 자기 눈으로 딸아이가 흘리는 눈물을 보고 또 그 질문도 직
접 듣게 하세요. 그것이 앞으로 중요한 행사에 시간 맞춰 나타나는 남
편을 볼 수 있는 유일한 방법입니다.

당신도 나와 마찬가지로 결혼 서약을 하는 그 순간부터 자기 남편을 기쁘게 하고 존중하고 공경하는 것이 당신의 과업이 된다. 결코 쉽지는 않지만 그래도 간단한 일이다. 그리고 그것을 통해 얻게 될 보상은 믿어지지 않을 정도로 크다.

 ## 꿈을 수정하라

당신이 원래 가지고 있던 좋은 남편에 대한 꿈은 어떤 것이었나? 지금에 와서 그 꿈을 돌아보면 지나치게 낙천적이었다는 생각이 드는가? 그는 당신을 한눈에 반하게 만들어 자기 집으로 데려간 뒤 날마다 미사여구가 담긴 카드와 함께 꽃을 선물하고 끊임없이 애정 어린 말을 퍼부어 당신을 기쁘게 해주는 낭만적인 기사여야 했다. 당신이 꿈꾸던 남편의 모습이 그런 것이었다면 이제 그 꿈을 수정해야 한다. 그런 일은 절대 일어나지 않을 테니 말이다. 이것은 남편에게 그의 본모습을 버리고 완전히 다른 사람이 되라고 요구하는 것이다.

최근 우리 교회에서는 남신도의 밤과 여신도의 밤이라는 두 가지 행사가 따로따로 열렸다. 남신도의 밤에는 농구 코치가 와서 강연을 했다. 우리는 아주 두툼하고 맛좋은 돼지갈비를 먹었다. 식사 시간이 되자 한 남자가 이렇게 말했다(전형적인 남자들의 스타일로).

"자, 잘 들으세요. 우리는 이 문을 통해 나가서 음식을 집어 들고 다시 이 문으로 들어오는 겁니다."

다른 손님들과 함께 줄을 서서 기다리는 동안 테이블에 샐러드가 담긴 그릇이 두어 개 놓여 있는 것이 보였다. 감자 칩은 테이블 위에 그냥 놓여 있었다. 냅킨 위에 올려놓거나 종이봉지에 담아둔 것이 아니라 그냥 테이블에 와르르 쏟아놓고는 그 옆에 살사 소스를 놔둔 것이다. 나는 속으로 '어핑턴 부인이 이걸 보면 별로 좋아하지 않겠는걸' 하고 생각하면서 키득키득 웃었다.

지난주 일요일에는 여신도의 밤 행사가 열렸다. 3주 전에 받은 안내 책자에는 이 모임이 '스트레스와 일상의 걱정을 떨쳐버리고 명절의 분주함에서 벗어나 자신만의 시간을 가질 기회'가 될 것이라고 적혀 있었다. 행사가 있는 일요일, 교회에 온 남자들은 예배가 끝난 뒤에 이런 쪽지를 한 장씩 받았다.

'깜짝 놀랄 소식이 있습니다. 오늘밤 열리는 여신도의 밤 행사에서 우리가 저녁식사를 서빙하게 되었습니다. 흰 셔츠에 넥타이를 매고 5시에 약속의 땅(어린이 방)에서 만납시다.'

나는 '말쑥한 모습으로 나타나 저녁식사를 나르는 것쯤이야 얼마든지 할 수 있지'라고 생각했다. 하지만 나는 흰 셔츠가 없었다. 그래서 푸른색 셔츠에 빨간 넥타이를 매고 최대한 멋진 모습으로 꾸미려고 애썼다.

그날 저녁에 지시받은 대로 5시 정각에 교회에 도착한 우리 남자들은 숙녀들이 저녁식사를 하게 될 장소로 함께 걸어갔다. 그 장소를 어떻게 꾸며놓았는지 본 나는 히죽거리는 웃음을 참을 수가 없었다. 그곳을 장식한 사람이 누구였을 것 같은가? 어핑턴 부인이 직접 하셨다. 전체적인 분위기가 아주 멋졌다는 것은 인정한다.

손에 쟁반을 들고 만찬 장소로 들어갔을 때 9번 테이블에서 박수 소리가 들려왔다. 내 아내와 세 딸이 그곳에 앉아서 푸른색 셔츠에 빨간 넥타이로 한껏 멋을 내고(다른 남자들은 모두 흰 셔츠를 입었다는 사실을 기억하라.) 저녁식사를 나르는 나를 보면서 활짝 웃고 있었다. 나는 저녁 내내 '서빙은 왼쪽으로, 접시를 치울 때는 오른쪽에서'라고 중얼거렸다. 다행히 발부리가 걸려 비틀거리거나 넘어지거나 나 자신을 바보로 만들 만한 일은 벌어지지 않았다.

행사가 끝날 무렵 여신도들은 내 아내가 열심히 장식한 아름다운 센터피스를 판매했다. 남자들 모임에서 테이블에 쌓여 있던 감자 칩과는 상당히 대조적인 모습이 아닐 수 없다.

> ### 아내들이 좋아하는 남편
>
> "우리 집 다섯 살짜리 쌍둥이들과 남자들만의 밤을 보낸다며 거실에 친 텐트에서 머리카락이 사방으로 뻗친 모습으로 기어 나올 때만큼 제 남편이 섹시하게 보일 때도 없답니다."
>
> "제 남편은 토요일 아침마다 신선한 오렌지주스를 만들어서 침대로 가져다줘요. 제가 그걸 좋아한다는 것을 알거든요. 그럴 때면 정말 사랑받고 있다는 기분이 든답니다. 레오나르도 디카프리오도 제 남편에 비하면 아무 것도 아니죠."
>
> "금요일 밤에 남편이 아이들과 함께 보드 게임을 하면서 제가 잠깐 쉴 수 있게 해줄 때가 좋아요."

자신의 남편을 본래의 그가 아닌 다른 사람으로 바꿔놓기 위해 평생 애쓸 수도 있고 그를 본모습 그대로 받아들일 수도 있다. 나는 성별을 바꾸고 싶지는 않다. 나는 미식축구 경기 보는 것을 좋아하고 또 피자를 먹은 뒤에 시원하게 트림하는 것도 좋아한다. 나는 내가 원하는 모습 그대로의 남자다.

당신의 남편은 아내를 위해 싸우는 투사가 되고 싶어 한다. 그는 가족을 부양하기 위한 자신의 노력을 당신이 고맙게 여기는지 알고 싶어 한다. 당신은 낚시를 좋아하지 않는다. 당신이 생각하는 생선은 포크를 세 개 이상 바꿔가며 식사하는 우아한 레스토랑에서 주문한 살짝 구운 연어 정도다. 그러나 남편은 낚시를 좋아한다는 사실을 안다. 남편이 좋아할 만한 낚시용 숙소, 멋진 벽난로가 있고 두 사람이 다정하게 끌어안을 수 있는 그런 장소를 찾을 수 있을까? 물론 남편이 그곳에 자기 친구들을 데리고 갈 수도 있겠지만 친구를 아무리 좋아하는 남자라도 그가 정말 같이 가고 싶어 하는 사람은 바로 당신이다.

친구들과 어울릴 것인지 아니면 아내와 함께 어디에 갈 것인지 선택할 수 있는 기회가 내게 주어진다면 나는 언제든 아내를 선택한다.

금요일까지 새로운 남편을 얻는 것은 별로 어려운 일이 아니다. 다만 '당신이 무엇을 얻느냐'는 '당신이 어떤 노력을 기울이느냐'에 따라 달라진다. 당신과 남편은 결혼생활에 별 도움도 안 되는 평면 TV도 사지 않았는가? 그러니 서로를 위해서도 시간과 돈을 투자해보는 것이 어떨까?

 그는 당신의 여자 친구가 아니라
단 하나뿐인 소중한 사람이다

한 번 더 분명히 말하겠다. 그는 당신의 남편이지 친구가 아니다. 남자로서의 그의 모습을 인정할 수 있는가? 당신이 결혼하기로 결정한 사람의 성별이 원래 남자 아니었는가?

남편이 직장에서 있었던 일을 얘기하면서 눈물을 훔치는 모습은 평생 보지 못할 것이다. 그가 자기 마음을 완전히 털어놓는 일도 없을 것이 분명하다. 조금씩 얘기를 꺼내면서 당신의 반응을 떠볼 것이다. 일례로 나는 비뇨기에 문제가 생겼다는 얘기를 샌디에게 털어놓는 데 8일이 걸렸다. 아내가 걱정할 것을 알았기 때문이다. 그녀의 보호자로서 나는 아내를 걱정시키고 싶지 않았다. 그래서 의사를 만나 해결책을 찾아낼 때까지 아내에게 아무 말도 하지 않았다.

당신에게는 친한 친구가 많지만 남편에게는 아무도 없다는 사실을 기억하자. 그의 곁에는 당신뿐이다. 그리고 때로는 아이들이 부부 사이의 친밀함에 방해가 되기도 한다(지구 반대편에 있는 부부들도 똑같은 일을 겪는다). 너무 지쳐서 부부 관계를 맺을 수 없거나 친밀한 순간과는 거리가 먼 상황들이 발생할 수도 있다.

> ### 금요일에 할 일
>
> 1 자신의 유년기를 돌이켜 생각해 보자. 당신의 아버지는 어머니를 어떻게 대했는가? 또 어머니는 아버지를 어떻게 대했는가? 아버지가 당신을 대하는 방식은 어떠했는가? 그 어린 시절의 경험이 지금 남편과의 상호 작용에 어떤 영향을 미치는가?
>
> 2 지금까지와 다르게 행동한다. 원하는 결과를 얻게 될 것이라고 굳게 믿는다.
>
> 3 남편에게 '당신과 결혼해서 기쁘다'고, '당신은 내 남자'라고 말한다.
>
> 4 남편을 영웅처럼 대하면 그도 그런 대접에 걸맞은 행동을 보여줄 것이다.

그렇다면 당신은 어떻게 하겠는가? 남편의 욕구를 무시할 수도 있다. 아니면 그의 욕구를 이용해 그가 당신을 위해 뭔가를 하도록 교묘하게 조종하는 것도 가능하다. (두 가지 방법 다 결국에는 비참한 결과를 가져온다.) 혹은 두 사람 모두를 만족시킬 독창적인 계획을 세울 수도 있다.

남편은 여자 친구들과 달리 당신이 그날 하루를 어떻게 보냈는지 낱낱이 보고하는 것을 바라지 않는다. 그러나 자기가 당신의 남자고 당신의 삶에서 중요한 우선순위를 차지하고 있다는 사실은 알고 싶어 한다. 그러니 남편과 얘기를 나누고 있을 때 아이들이 함부로 끼어들면 엄하게 말하자.

"잠깐 기다려. 지금 아빠와 얘기 중이잖니."

그러면 아이들도 그 말에 담긴 메시지를 알아들을 것이다. 그 작고 건방진 꼬마들도 아주 멍청하지는 않으니까.

'아, 알겠어요. 우리 집에서는 아빠가 최고라는 얘기죠.'

비록 그 순간에는 방해를 받았지만 당신에게 누가 더 중요한 사람인가에 대한 오해를 바로잡은 것이다. 남편도 그런 모습을 보면서 당신이 말로만 남편이 최고라고 하는 것이 아니라 실제 행동으로도 증명한다는 사실을 깨닫게 된다. 남편은 당신이 자기편이라는 사실을 알아야 한다.

 당신에게 돌아올 이득

몇 달 전에 '어머니 스트레스' 프로그램을 진행하면서 설문조사를 실시한 적이 있다. 프로그램에 참여한 여자들에게 '살면서 가장 스트레스를 많이 받는 원인 세 가지가 뭐냐'고 묻자 다음과 같은 순서로 스트레스를 많이 받는다고 답했다.

1. 자녀
2. 시간(시간 부족)

3. 남편

가장 큰 스트레스 요인 세 가지에 직장, 살림, 금전 문제가 포함돼 있지 않다는 사실을 눈치 챘는가? 누구나 다 해야만 하는 일인데도 스트레스의 원인에서 빠져 있다니 정말 흥미로운 일이다.

이 문제를 잠깐 생각해보자. 이 세 가지 스트레스 요인을 해결하는 데 가장 큰 도움을 줄 사람은 누구일까?

> 자녀 – 아이를 키우면서 해야 하는 그 모든 일들을 잘 해내도록 도와줄 수 있는 사람은 누구일까?
>
> 시간 – 우주 최고의 멀티태스킹 전문가인 당신도 끝내지 못한 일을 처리해줄 사람은 누구일까?
>
> 남편 – 아, 드디어 이 책의 주인공이 등장했다. 당신이 조금만 노력한다면 금요일까지 새 남편을 얻을 수 있을 테고 그러면 나머지 일은 모두 그가 도와줄 것이다. 그는 당신을 위해 높은 담도 맨손으로 때려 부수는 그런 영웅이 될 것이다.

도로에서 급브레이크를 밟다가 다른 차와 거의 부딪칠 뻔한 순간에도 스트레스가 발생한다. 아드레날린이 미친 듯이 몸 전체로 퍼져나가고 심장이 목구멍으로 튀어나올 듯하다. 그러나 당신의 몸은 20분 만에 다시 기적적으로 정상 상태가 된다. 누구나 그런 스트레스를 받으며 살아가지만 이것을 막을 방법은 없다.

그러나 오래도록 지속되면서 쉽게 사라지지 않는 스트레스도 있다. 이것은 모든 일과 모든 사람이 달라붙는 벨크로 여인으로 살아가야 하는 데서 오는 스트레스다. 이런 스트레스는 떨쳐버리려고 아무리 애써도 사라지지 않는다. 당신을 반쯤 돌아버리게 만드는 아이들, 부족한 시간, 성가신 남편 등이 바로 그런 존재다. 쇼핑몰에 가서 온종일 돌아다니며 물건을 샀는데 차의 전조등을 켜놓고 내린 바람에 쇼핑몰에서 나와 보니 배터리가 다 닳아 차의 시동이 걸리지 않는 것과 같은 상황이다. 무대에서 갑자기 쓰러진 여배우들에 대한 기사를 읽은 적이 있는가? 그들은 극심한 과로 때문에 결국 병원 신세를 지게 된다.

하지만 당신도 꼭 그런 결말을 맞을 필요는 없다. 남편, 즉 협력자의 도움을 받으면 당신을 괴롭히는 3대 스트레스 요인에서 곧바로 해방될 수 있다.

진정한 남자를 얻기 위해서라면 무슨 일이라도 할 여자들이 많다는 사실을 명심하자. 그러니 당신도 남편을 지키고 격려하며 그가 존중받고 필요한 존재라는 느낌과 충족감을 얻을 수 있도록 할 수 있는 일을 다 해야 한다.

금요일까지 새 남편을 얻는다는 것은 결국 인식의 문제다. 나는 어렸을 때 어머니에게 '엄마가 만들어준 샌드위치는 내가 만든 것보다 훨씬 맛있다'고 말했던 일을 똑똑히 기억한다. 똑같이 흰 빵에 피넛버터와 젤리를 바른 샌드위치였으니 어머니가 만든 것이 특별히 더 맛있을 이유가 없었지만 어쨌든 내 생각에는 그랬다. 그것은 어머니가 오직 나만을 위해 만든 샌드위치였기 때문이다. 어머니는 또 토마토 수프를 끓여 그 위에 버터를 조금 얹어주시기도 했다. 그러면 버터가 녹아 퍼지면서 수프에 기막힌 풍미를 더한다. 지금도 버터를 넣은 토마토 수프는 내가 가장 좋아하는 음식 가운데 하나다.

이렇듯 사물에 대한 인식이 차이를 만들어낸다. 내가 아는 서른한 살의 한 여성은 어린 세 자녀를 훌륭하게 키우고 있다. 또 항상 남편과 집안일을 상의한다.

"뭐라고요?" 당신은 이렇게 말할 것이다. "그 여자는 혼자서는 아무 결정도 못 내리나요? 그녀도 수표에 서명할 때 늘 '샐리 존스'라는 자기 이름 대신 '윌리엄 J. 존스 부인'이라고 서명하는 그런 여자인가요? 남편과 분리된 자기만의 정체성은 전혀 없는 사람 같네요."

솔직히 말해 나도 똑같은 의문을 가졌었다. 하지만 그 젊은 부부가 서로 상호 작용하는 모습을 지켜보면서 기분 좋은 놀라움을 느꼈다. 남편과 아내가 서로에게 순종하는 모습이 정말 보기 좋았다. 아내가 남편에게 이런저런 일을 의논하는 것은 반드시 그래야만 하는 의무 때문이 아니라 남편을 존중하는 마음에서 우러나온 행동이었다. 남편이 어떤 일을 뒤늦게 알고 놀라거나 아내나

생각해볼 문제

오늘 그리고 앞으로 매일, 남편에게 고맙게 생각하는 일을 한 가지씩 말한다. 말할 때는 그의 몸에 손을 올리고, 크고 분명한 목소리로 메시지를 전한다.

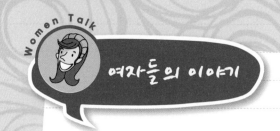
은행의 수석 부사장인 저는 서른다섯 명의 직원을 감독하고 미국 남동부 곳곳에서 열리는 지역 회의에 참석하는 등 제게 맡겨진 역할을 충실히 수행하고 있습니다. 돈도 많이 벌고 세상 사람들이 중요하다고 말하는 것을 모두 가지고 있지요. 하지만 제 내면은 서서히 죽어가고 있습니다. 저는 목표 없이 살아가는 외로운 사람이니까요. 저는 결혼생활을 제대로 하지 못했다는 것을 알기 때문에 그와 관련된 문제들에 정면으로 맞서는 것을 계속 피하고 있습니다. 그래서 제 모든 에너지를 일에만 쏟아 붓는 겁니다.

남편 혼자 지내야 하는 밤들이 수도 없이 많았어요. 왜 그가 12년 넘게 제 곁에 머무르는지 저도 잘 모르겠지만 어쨌든 그는 저를 떠나지 않았습니다. 그리고 마침내 저도 큰 결심을 하나 했는데 (저는 서른일곱 살입니다) 바로 가족을 가지고 싶다는 것입니다. 임신하게 되면 일을 그만두고 집에만 있기 위해서 벌써 주변을 정리하기 시작했어요.

지난 5월에 저희 은행에서 있었던 현직 연수 과정에 박사님이 오셔서 강의를 하셨습니다. 그 뒤로 '남자에게 상처받지 않도록 나 자신을 보호하기 위해 남편과 거리를 두고 제 성공과 바쁜 일과 은행 업무를 통해 쌓은 업적 뒤에 숨어 지냈다'는 사실이 머리에서 떠나지 않습니다. 하지만 일을 통해 얻은 성공은 제 영혼에 아무런 위안도 되지 않습니다. 그리고 사랑하는 제 남편은 함께 마음을 나눌 사람 하나 없이 외롭게 지내고 있네요.

저는 남편에게 진실을 말하고 그를 상처 입힌 것에 대해 사과했습니다. 그리고 남편을 조금씩 존중하기 (이제야 겨우!) 시작했어요. 왜 사람들이 결혼은 멋진 것이라고 말하는지 그 이유를 드디어 이해하게 되었습니다. 전에는 그런 말을 할 수 없었거든요. 남편 앞에서 저 자신을 낮추고 '나'가 아닌 '우리'를 생각하기 시작했습니다. 박사님이 권유하신 기본적인 일 몇 가지만 했을 뿐인데 벌써 우리 결혼생활이 끝장날 것이라는 두려움은 말끔히 사라졌어요. 진 새로운 남편을 얻었을 뿐만 아니라 저 또한 새로운 아내가 되었답니다.

– 뉴욕 주에서, 재나

가족 모두의 삶에 영향을 미치는 일을 제3자의 입을 통해 듣게 되는 것을 원치 않았던 것이다. 남편은 또 아내를 기쁘게 하고 그녀에게 도움이 될 수 있는 일들을 꾸준히 실천에 옮겼고 그 일을 하면서 큰 즐거움을 얻었다.

당신의 기사는 약간만 격려를 해줘도 자기 갑옷에 열심히 광을 낼 것이다. 그는 아내의 영웅이 되기를 갈망한다. 그의 내면에 남아 있는 어린 소년은 당신이 자기 옆에서 행복하기를, 그를 자랑스럽게 여기기를 바란다.

물론 그는 완벽하지 않다. 당신도 완벽하지 않다. 인생 또한 마찬가지다. 하지만 그렇다고 해서 남편이라는 선물을 즐기지 못할 이유는 없지 않은가?

직접 시도해보자

얼마 전 강연을 위해 뉴욕 주 엘마이라로 날아간 적이 있는데 그때 나는 호텔에 투숙하자마자 짐을 풀었다. 모임 참석을 위해 출발하기 전에 가방에 넣어둔 구강 청정제 병을 찾으려고 짐을 이리저리 뒤졌던 것이다. 그런데 내가 가방 안에서 무엇을 발견한 줄 아는가? 며칠 뒤 나를 만나러 잠시 들렀다가 다시 차를 몰고 미시간 주로 돌아갈 아내가 써서 넣어둔 쪽지였다. (우리 부부가 결혼한 지 상당히 오래되었다는 사실을 기억하라.) 쪽지에는 이렇게 쓰여 있었다.

안녕, 여보. 당신이 이번에도 아주 멋지게 해낼 거라는 걸 알아. 수
요일에 다시 만날 때까지 보고 싶어서 못 견딜 것 같아. 우리는 아

주 <u>재미있는</u> 시간을 보내게 될 거야(아내는 '재미있는'이라는 단어 아래에 밑줄까지 그어놓았다).

침례교도인 샌디가 한 이 말이 무엇을 의미하는지 잘 알고 있다. 그녀의 보수적인 성향을 고려하면 노골적인 말은 절대 쓰지 않을 것이다. 하지만 그녀는 일부러 시간을 내서 내 서류 가방에 다정한 쪽지를 넣어주었다.

출장 가는 남편에게 만약의 사태에 대비한 보험이 필요하다면 그의 가방에 재미있는 카드나 사랑이 담긴 쪽지를 슬쩍 넣어두자. 이런 상냥한 행동이 큰 도움이 된다. 어쩌면 '최고의 카드를 골라 보낼 정도로 상대방을 소중히 여긴다는 사실을 보여주라'던 홀마크^{Hallmark} 카드사의 말이 맞는지도 모른다.

상대를 배려하려면 정성이 필요하다. 하지만 가치 있는 것을 얻기 위해서는 언제나 노력이 필요한 법이다. 상대방에 대한 배려가 자신에게도 즐겁게 느껴져야 한다. 한 여자와 40년 넘게 결혼생활을 한 내가 증인이다. 샌디와 나는 자기 남편과 아내인 상대방을 늘 최고 우선순위에 둔다. 그리고 두 번째로 중요하게 여기는 것이 우리 아이들이다.

당신은 자신의 시간과 노력을 어디에 투자하고 싶은가? 당신이 숨을 거둘 때 "무엇을 위해 내가 그토록 발버둥쳤던 거지?" 같은 질문을 하지 않기를 바란다. 만약 그런 질문이 나온다면 그건 문제가 있다는 얘기니까. 자신이 늘 바라던 인생을 살았고 지금 어디로 향하고 있는지 안다면 걱정할 필요가 전혀 없다.

날마다 그렇게 살면 좋지 않을까? 내가 이 책의 마지막 부분에 넣을 글을 쓰고 있는 지금 이 순간 샌디는 그레이트 인도어즈Great Indoors(대형 소매점)에 가 있다.

"여보, 20분 정도면 충분해."

나는 싱긋 웃는다. 오랜 결혼생활을 통해 그녀를 잘 파악하고 있기 때문이다.

"난 밖에 있을게." 내가 말한다. "그러니까 천천히 둘러보고 와."

내가 왜 그렇게 말했는지 아는가? 오늘은 내가 아닌 그녀를 위한 날이기 때문이다. 그리고 나는 오늘 그녀와 함께 시간을 보내기로 결심했다. 샌디는 나를 우선적으로 고려하고 존중하며 필요로 하고 또 나를 충족시켜 주니 나도 그녀를 최우선순위에 올려놓는 것이다.

남편을 우선적으로 고려하는 것이 언제나 쉬운 일일까? 그렇지는 않다. 하지만 마음먹기에 따라 간단한 일일 수는 있다. 금요일까지 새 남편을 얻는 일은 당신 자신과 당신의 태도, 그리고 행동이 변하면서부터 시작된다. 정말 남편을 기쁘게 해주고 싶은가?

당신의 성장 배경 때문에 당신은 부부 관계를 공고히 하기 위한 노력을 지금보다 더 열심히 해야 할 수도 있다. 과거에 한 경험이 당시 어떤 영향을 미쳤고 지금은 어떤 영향을 미치고 있는지, 또 그때의 경험에 비춰 남편을 어떻게 해석하고 있는지 등 자신의 과거를 보다 명확하게 이해할 필요가 있다. 솔직히 말해 어떤 결혼은 회복이 불가능하다. 특히 잔인한 행동, 정신질환, 약물중독 등의 문제가 수반된 경우에는 더욱 그렇다. 그러나 그에 대한 결정 또한 당신이 직접 내려야 한다.

누구에게나 똑같이 하루 24시간의 시간이 주어진다. 당신의 시간과 에너지는 어디로, 누구에게로 향하는가? 남편과 데이트를 하던 당시와 비교해 지금의 생활이 어떻게 달라졌는가? (그것을 알면 왜 남편이 가끔 당신의 관심을 끌기 위해 네 살배기 아이처럼 행동하는지 이해할 수 있다.) 당신이 아이들을 최우선으로 여기고 그 다음은 언니와 일, 친구, 그리고 그 다음으로 남편을 생각하더라도 그가 만족할 것이라고 믿는다면 그것은 교만한 억측이다. 남편이 그렇게 무시당하는 상황에서도 여전히 참을성 있고 이해심 많으며 친절하고 다정하게 당신을 도와줄 것이라고 생각하는가? 남자가 여자를 만만하게 보기도 하지만 여자들 또한 남자를 만만하게 볼 수 있다. 당신도 그런가?

날마다 반복되는 지루하고 힘든 일상 속에서 남편은 당신의 적이 아니라는 사실을 기억하자. 그는 협력자다. 엄마 노릇에만 몰두하다 보면 그보다 더 오랜 기간 동안 아내 노릇을 해야 한다는 사실을 잊기 쉽다. 자녀들이 집을 떠난 뒤에도 당신과 남편은 여전히 서로를 의지하며 살아가야 한다. 그러니 평생 동안 유지될 토대를 지금부터 만들어놓는 것이 어떨까? 남편과 얘기를 나누고 남편의 생각을 묻고 그의 의견에 귀 기울이면서 당신이 문제를 해결하는 데 도움을 받자. '커플파워'(한 사람보다는 역시 두 사람이 낫다)를 기르는 것이다. 이 책에 소개된 간단한 일 몇 가지만 잘 해도 오랫동안 갈망하던 영웅을, 말을 타고 전장에 뛰어들어 당신을 구해줄 기사를 얻게 될 것이다. 당신의 기사는 "내 도움이 필요하다고? 바로 갈게"라고 말한다.

오늘 당장 남편에게 물어보자.

"내가 지금보다 더 나은 연인, 배우자, 친구가 되기 위해 할 수 있는 일의 목록을 만들어줄 수 있어?"

금요일까지 새 남편을 얻는 것은 간단하지만 그리 쉬운 일은 아니다. 그 모든 과정이 당신에게서 시작된다. 남편에게 접근하고 대화를 나누고 그를 어루만지는 방법 등 남편과 관련된 모든 것을 파악해야 한다. 언제 한발 물러서야 하는지, 언제 자신을 변호해야 하는지도 알아야 한다. 그에게 음식을 만들어주고 그를 즐겁게 하고 그의 말에 귀 기울이고 그와 함께 웃고 그와 멋진 섹스를 즐기자. 그에게 도움이 되는 친구가 되고 그의 남성성을 이해해야 한다. 기쁨과 슬픔을 함께 나누자. 그리고 그와 나란히 걸어가자. 다시 말해 당신이 남편에게 대접받고 싶은 대로 남편을 대접하라는 말이다. 그렇게 한다면 평생을 함께 할 연인을 얻게 될 것이다.

어느 날 밤, 침대에 누워 있는 샌디에게 잘 자라는 키스를 하려고 하는데 그녀 위로 몸을 구부리기가 상당히 힘들었다. 야행성인 아내가 나보다 먼저 잠자리에 드는 일은 매우 드문데 그날은 아내가 스트레스를 많이 받은 날이었다. 그래서 너무 피곤해 거의 움직이지도 못하는 상태였다. 아내는 나를 보고 웃으며 말했다.

"여보, 여기에 좋은 점이 한 가지 있다면 우리가 함께 늙어간다는 거야."

그렇다. 우리는 함께 늙어갈 것이다. 그리고 나는 내가 꿈꾸던 여인과 함께 보내는 매 순간을 소중히 여길 것이다. 긴 여행의 동반자가 되어준 사람과 함께 늙어가는 것만큼 좋은 일도 없다.

그러니 운전을 하다가 빨간 불이 켜지면 손톱을 물어뜯고 맛있는 음식이라고 하면 감자튀김을 곁들인 스테이크 버거밖에 생각 못 하고 체력만 좀 기르면 자기도 NFL에서 뛸 수 있다고 생각하는 이 남자라는 생물과의 시간을 즐기자. 그가 바로 당신의 남편이니 말이다.

어느 날 아침, 뉴욕 주 웨스트필드Westfield의 닷지Dodge(자동차 브랜드) 대리점에서 중개상을 기다리다가 그곳에서 일하는 세 남자에게 '아내가 어떤 일을 했을 때 자기가 빛나는 갑옷을 입은 그녀만의 기사라는 생각이 드는지' 한 가지씩 말해달라고 부탁했다. 그러자 생각지도 못한 대답이 나왔다.

"저녁에 내가 좋아하는 음식을 만들어줄 때요."

"나를 위해 기도할 때."

"그녀가 평소에 하는 일을 계속 할 때죠."

나는 세 번째 남자에게 말했다. "아니, 좀 더 구체적으로 말해보세요."

그는 희끗하게 수염이 난 뺨을 긁적였다.

"아내는 늘 나를 지켜봅니다. 내가 다이어트를 계속하는지 감시하는 거죠. 전 당뇨병이 있어서 식이요법이 정말 중요하거든요."

이런 대답은 자동차 정비 일을 하느라 늘 손톱 밑이 더러워져 있는 '진정한 남자'에게서 당신이 기대했던 대답은 아닐 것이다. 솔직히 말해 나도 그들 가운데 한 사람쯤은 '사냥해서 잡은 사슴 머리를 집에 가지고 들어갈 수 있게 해줄 때', '몸매가 드러나는 빨간 옷을 입고 나를 위해 춤을 춰줄 때', '정면 현관 앞에서 바지를 벗을 때' 같은 황당한 대답을 할 줄 알았다. 내가 들은 이야기는 달랐다.

흥미로운 사실은 이들이 모두 50대고 다들 결혼한 지 20년이 넘었다는 점이다. 그들은 신앙심이 깊은 건실하고 성숙한 남자들이었다.

존 케네디 대통령은 이런 말을 했다.

"국가가 나를 위해 무엇을 할 수 있는지 묻지 말고 내가 국가를 위해 무엇을 할 수 있는지 물어보라."

이제 그 말을 당신의 결혼생활에 적용해보자.

"남편이 당신을 위해 무엇을 할 수 있는지 묻지 말고 당신이 남편을 위해 무엇을 할 수 있는지 물어보라."

이 원칙을 적용한다면 결혼생활에 어떤 변화가 생길까? 금요일까지 틀림없이 새 남편을 얻게 될 것이라고 장담한다. 나머지는 당신에게 달렸다.

쉽지는 않지만 간단하다

금요일까지 새로운 남편을 얻는다고? 정말 그런 일이 가능할까? 아니, 제대로만 한다면 금요일까지 기다릴 필요도 없이 수요일에 벌써 새로운 남편을 얻게 될 것이다.

결혼생활에 변화를 불러오는 것이 쉬운 일은 아니지만 마음먹기에 따라 간단할 수는 있다. 그 모든 과정이 당신에게서, 즉 결혼생활을 제대로 꾸려나가겠다는 당신의 열의와 소망에서부터 시작된다. 그렇기 때문에 당신은 남편을 가르치는 최고의 교사가 될 수 있다. 당신은 남편보다 삶에 좀 더 밀착돼 있다. 여자들은 세상을 3D 컬러로 바라보는 반면 남자가 보는 세상은 흑백인 데다 시야도 매우 좁다. 당신은 다방면에 걸친 프로젝트나 다양한 사람들, 끝없이 이어지는 일들을

280

모두 능숙하게 처리하지만 그는 한 번에 한 가지 일에만 집중한다.

남편이 당신보다 훨씬 덜 복잡한 존재임은 틀림없다. 어쨌든 그는 월경이나 그에 따른 호르몬 변화를 겪지 않아도 되니 말이다. 그러나 남자의 단순함을 어리석음으로 오해해서는 안 된다. 그것은 말도 안 되는 생각이다. 남편의 양쪽 귀 사이에 있는 컴퓨터 안에서는 그가 생각하거나 계획하리라고는 상상도 못 했던 일들을 계속 궁리하고 있다. 하지만 그의 욕구와 관련된 몇 가지 기본적인 것들만 제공해주면 만족한 고양이처럼 계속 가르랑거리게 만들 수 있다.

- 존중하는 태도를 보인다.
- 당신의 세계에 그가 필요하다는 사실을 보여준다.
- 남편의 말에 귀 기울이고 그의 의견을 존중한다.
- 그의 남성성을 긍정한다.
- "왜?"라고 묻지 않는다.
- 말을 신중하게 고르고 간략하게 전달한다.
- 남편을 육체적으로도 원하면서 부부 관계의 열정과 즐거움을 되살린다.

원만한 결혼생활을 위해서는 서로를 존중하고 상대방의 입장에서 그가 어떤 시각으로 세상을 바라보는지 알아야 한다. "상대방이 나를 위해 무엇을 해줄 수 있는가?"를 묻는 50/50의 관계가 아니라 서로를 위해 봉사하는 100/100의 관계가 돼야 한다.

나는 금요일까지 새 남편을 얻는다는 주제를 설명하기 위해 최선을 다했다. 나머지는 당신에게 달렸다. 물론 이 원칙을 따르려면 시간과 계획이 필요하다. 이 말은 곧 자신이 머물던 안전지대를 벗어나 위험을 무릅써야 한다는 뜻이 될 수도 있다. 그러나 남편이나 결혼생활은 최선의 노력을 기울일 만한 가치가 있지 않은가? 그만큼 당신에게 소중한 것이니까. 마음속 깊은 곳에서는 높은 벽을 허물어줄 멋진 남자를 바라고 있지 않는가?

그 모든 일이 이 간단한 원칙에서 시작된다. 이것을 잘 따른다면 당신이 갈망하던 기적적인 변화가 일어날 것이다. 내가 장담한다.

10 남편의 말을 존중한다.

9 남편이 당신 인생에 얼마나 중요한 존재인지 말한다.

8 당신의 삶에 그가 얼마나 필요한지 말한다.

7 그를 원한다.

6 남편을 타이르려 하거나 놀림감으로 삼아서는 안 된다. 특히 다른 사람들 앞에서. (당신의 터프 가이는 생각보다 훨씬 상처받기 쉽다.) 그의 허물을 찾으려 하지도 말자(과거의 잘못을 파헤쳐 그의 눈 앞에 들이미는 것은 절대 금물이다).

5 그를 말로 눌러서는 안 된다. 그는 당신의 남편이지 자녀가 아니다(비록 아들처럼 행동하는 때가 가끔씩 있기는 하지만).

4 그와 육체적인 접촉을 가진다. 다정한 손길 한 번의 효과가 오래도록 지속되며 그의 관심을 끌 수 있다.

3 남들이나 남편 앞에서 그의 좋은 점에 대해 칭찬한다. (남편에 대한 좋은 소문은 감정적인 포옹과도 같은 효과를 발휘한다.)

2 당신이 평소 쓰는 말에서 '왜, 절대, 늘' 등의 단어를 없애자. (이렇게 극단적인 단어는 솔직한 대화를 방해한다.)

1 하고 싶은 말을 생각한 뒤 그것을 열 개로 나눈다.

다음의 간단한 질문에 답해봄으로써 당신의 직감이 맞는지 아니면 헛다리를 짚고 있는지 알아보자. (답은 289쪽에 나와 있다.)

1. 내일까지 어떤 문제에 대한 답을 해줘야만 한다. 더 이상 기다릴 수 없는 상황인데 남편의 조언이 필요하다. 당신이라면 어떻게 하겠는가?

　　A. 직장에 있는 남편에게 전화를 걸어 상황을 설명한 뒤 그의 생각을 묻는다.

　　B. 그의 사무실이나 작업 현장으로 차를 몰고 가, 그 문제에 대한 답을 해줘야 한다고 말한다.

　　C. 당신의 친구나 남편 상사의 부인에게 그가 뭐라고 말할 것 같은지 묻는다.

　　D. 그가 퇴근하고 돌아와 저녁을 먹고 화장실에 갔다가 이메일을 확인하고 잠깐 TV 앞에 앉아 있을 때까지 기다렸다가 상황을 설명하고 그의 조언을 구한다.

2. 남편이 직장에서 분기별 판매 목표를 달성한 상으로 하와이로 출장을 가게 되었는데 당신도 함께 초대를 받았다. 결혼한 지 25년이 되었고 두 사람 다 하와이에는 한 번도 가본 적이 없다. 당신이라면 어떻게 하겠는가?

A. 함께 가서 남편과의 시간을 즐기고 이번 기회에 남편이 어떤 일을 하는지도 본다.

B. 남편이 업무상 모임에 참석하는 동안 혼자 지루하게 시간을 보내지 않고 쇼핑이라도 할 수 있도록 언니나 동생, 친구에게 함께 가자고 권한다.

C. 성인이 된 세 자녀 가운데 캘리포니아 주에 살아서 1년에 네댓 번밖에 못 보는 자녀 두 명을 함께 여행에 데려갈 좋은 기회라고 생각한다.

D. 당신에게도 완수해야 할 책임이 있고 그것을 팽개칠 수 없기 때문에 남편과 함께 가는 것을 거절하고 집에 머문다.

3. 아침에 늦잠을 자는 바람에 정신없이 씻고 아이들을 학교에 보낸 뒤 옷을 입고 막 집을 나서려고 하는데… 이런, 남편이 은근한 눈길로 당신을 바라보고 있다. 하지만 당신은 9시 전에 끝내야 하는 일이 열 가지나 되고 10시에는 시내 반대편에서 약속이 있으며 그것이 끝나면 파트타임 직장으로 출근해야 한다. 물론 남편은 7일 동안 쉬지 않고 계속 일한 뒤에 휴가를 받았지만 당신 상황은 그렇지 않다. 남편이 지금 그런 표정을 짓다니 믿을 수가 없다. 그 표정은 '이봐, 예쁜이. 우리 좀 즐겨보자고'라고 말하고 있다. 게다가 그가 끝까지 가고 싶어 한다는 것을 알 수 있다. 당신이라면 어떻게 하겠는가?

A. 그를 노려보면서 이렇게 말한다. "내가 지금 당신이랑 장난치고 싶어 하는 것처럼 보여? 벌써 옷도 다 입었고 이제 나가야 한다고!"
B. "여보, 지금은 안 돼. 하지만 조금만 참고 기다려주면 3월 초쯤에는 시간을 낼 수 있을 거야"라고 달랜다.
C. 남편에게 다가가 단호한 태도로 그의 얼굴을 부여잡은 뒤 창의력을 발휘한다. 그리고 그의 귓가에 속삭인다. "오늘밤에 내가 돌아오면 훨씬 더 많은 것이 기다리고 있을 거야." 문을 나서기 전에 정열적인 키스를 퍼부으면서 이 짧은 쇼를 마무리한다.
D. 남편을 무시하고 서둘러 문을 나선다. 어쨌든 결혼한 지 벌써 12년이나 되지 않았는가. 그는 기다릴 수 있을 것이다.

4. 남편이 피정을 떠나는 딸을 위해 새벽 6시에 쓴 쪽지를 발견했다. 그것은 아빠가 딸에게 쓸 수 있는 가장 다정하고 자상하며 감동적인 편지였다. 그것을 본 당신은 어떻게 하겠는가?

A. 친구들과 점심을 먹으면서 그 쪽지를 보여준다.

B. 그날 밤에 남편이 돌아오기를 기다렸다가 따뜻한 포옹과 열렬한 키스를 퍼부은 뒤 그의 눈을 똑바로 바라보면서 말한다. "우리 딸한테 정말 멋진 쪽지를 써줬더라. 걔가 얼마나 고마워했을지 짐작이 가. 당신 같은 남자와 결혼하다니 난 정말 운 좋은 여자야."

C. 그것을 액자에 넣어 딸의 방에 걸어둬서 딸이 집에 돌아오면 볼 수 있게 한다.

D. 직장에 있는 남편에게 전화를 걸어 그 다정한 쪽지를 읽고 눈물까지 흘렸다고 말한다.

5. 가족 휴가를 계획하는 것은 당신에게 중요한 일이며 이번 여름에도 뭔가 특별한 일을 해야겠다고 생각하고 있다. 그래서 지금부터 일정을 잡으려고 한다. 남편에게 이틀 전에 휴가 일정을 물어봤는데 아직까지 대답 비슷한 것도 듣지 못한 상태다. 당신이라면 어떻게 말하겠는가?

A. "여보, 당신한테 이틀 전에 물어본 질문에 대한 답을 듣고 싶어."

B. "우리 가족 여행에 대해 어떻게 생각하는지 말해주지 않다니 난 정말 상처받았어. 무시당한 기분이라고."

C. "여보, 내가 며칠 전에 물어본 거 기억나? 여름휴가에 대한 얘기 말이야. 어떻게 생각하는지 말해주면 정말 고맙겠는데."

D. "잘 들어, 여보. 당신이 아는지 모르겠는데, 아직 여행을 떠나려면 일곱 달 반이 남았지만 미리 계획을 세워둬야 해. 가장 좋은 비행기 편을 예약하려면 서둘러야 한다고."

6. 당신이 남편을 정말 소중히 여긴다는 것을 그에게 보여주고 싶다. 당신은 어떤 방법을 이용하겠는가?

A. 월요일 밤에 남편이 미식축구 경기를 보는 동안, 그가 자신에게 얼마나 소중한 존재인지에 대한 장광설을 20분에 걸쳐 늘어놓는다.

B. 그가 좋아하는 요리와 디저트를 만들어준다.

C. 깜짝 선물로 밤에 아이들을 할머니 집에 보내고 뜨거운 밤을 준비한다.

D. 당신이 그를 존중하고 필요로 하며 평생 파트너인 그를 충족시키는 것을 좋아한다는 것을 보여준다.

정답

1. 내일까지 어떤 문제에 대한 답을 해줘야만 한다. 더 이상 기다릴 수 없는 상황인데 남편의 조언이 필요하다. 당신이라면 어떻게 하겠는가?

    A. 직장에 있는 남편에게 전화를 걸어 상황을 설명한 뒤 그의 생각을 묻는다.
    B. 그의 사무실이나 작업 현장으로 차를 몰고 가, 그 문제에 대한 답을 해줘야 한다고 말한다.
    C. 당신의 친구나 남편 상사의 부인에게 그가 뭐라고 말할 것 같은지 묻는다.
    D. 그가 퇴근하고 돌아와 저녁을 먹고 화장실에 갔다가 이메일을 확인하고 잠깐 TV 앞에 앉아 있을 때까지 기다렸다가 상황을 설명하고 그의 조언을 구한다.

정답: A를 선택하는 것은 좋은 생각이 못 된다. 남편은 어떤 문제든 즉석에서 대처할 수 있는 사람도 아니고 멀티태스킹에 능하지도 않다. 직장에 있을 때는 일만 하고 집에 오면 회사 일은 말끔히 잊어버린다. 그런 그를 곤란하게 만들면 좌절감을 안겨주고 짜증만 불러일으킬 뿐이다.

B를 선택한 경우에는 제3차 세계대전이 곧 시작될 것이다. '당장' 답을 해달라며 일을 방해하는 것을 좋아할 남자는 없다. 또 그의 동료들 앞에서 남편을 당황스럽게 만들 가능성이 높다.

C를 선택한 사람은 주의하라. 자존심이 강한 남자는 당신이 다른 사람에게 자기 생각에 대해 물어보는 것을 좋아하지 않는다. 그는 당신이 다른 이들에게 먼저 의견을 구하지 말고 자기에게 직접 중요한 정보를 말해주기를 바란다.

D를 선택한 당신은 현명한 여성이다. 남편이 좋아하는 디저트를 만들어주거나 그의 몸에 손을 올려 관심을 끄는 등의 방법으로 대화에 대한 관심을 더 높일 수 있다.

2. 남편이 직장에서 분기별 판매 목표를 달성한 상으로 하와이로 출장을 가게 되었는데 당신도 함께 초대를 받았다. 결혼한 지 25년이 되었고 두 사람 다 하와이에는 한 번도 가본 적이 없다. 당신이라면 어떻게 하겠는가?

A. 함께 가서 남편과의 시간을 즐기고 이번 기회에 남편이 어떤 일을 하는지도 본다.

B. 남편이 업무상 모임에 참석하는 동안 혼자 지루하게 시간을 보내지 않고 쇼핑이라도 할 수 있도록 언니나 동생, 친구에게 함께 가자고 권한다.

C. 성인이 된 세 자녀 가운데 캘리포니아 주에 살아서 1년에 네댓 번밖에 못 보는 자녀 두 명을 함께 여행에 데려갈 좋은 기회라고 생각한다.

D. 당신에게도 완수해야 할 책임이 있고 그것을 팽개칠 수 없기 때문에 남편과 함께 가는 것을 거절하고 집에 머문다.

정답: B를 선택한 사람은 그런 행동을 통해 자기가 실제 남편에게 어떤 말을 한 것인지 아는가?

"당신은 내가 아는 가장 지루한 남자고 당신이 하는 일도 재미없기는 마찬가지야. 당신이 자기 일을 하는 동안 나를 즐겁게 해줄 사람이 필요해. 아름다운 하와이와 즐거운 해변, 멋진 쇼핑몰이 밖에서 날 기다리고 있는데 지루한 회의실에 처박히고 싶어 하는 사람이 어디 있겠어?"

C를 선택한 사람은 여성들이 으레 그렇듯이 관계를 중심에 놓고 생각한 것이다. 당신은 '와, 정말 멋진 기회네. 아이들도 좋아할 테고 또 호텔도 무료로 쓸 수 있으니까. 가족 모두가 이런 경험을 해볼 수 있는 유일한 기회야'라고 생각한다. 그러나 남편의 입장에서 이 일을 생각해보라. 그는 오랫동안 아이들과 함께 당신을 공유해 왔다. 그리고 지금 일을 잘 해낸 공로로 사랑하는 여자 앞에서 칭찬받을 기회가 왔다. 그보다 더 즐거운 일이 또 있겠는가? 남편은 이런 생각도 한다.

'와, 정말 기대되는걸. 아내와 둘이서 호텔을 독차지하고 아름다운 하와이에서 시간을 보낼 수 있다니. 그 방에서 우리가 함께 할 수 있는 일이라면… 아내가 빨간 잠옷을 입는다면 정말 아름다울 거야. 호텔에 미리 전화를 해서 아내가 좋아하는 꽃을 방에 꽂아 놓고 베개 위에는 고디바Godiva 다크 초콜릿도 올려놔달라고 해야지. 정말 굉장한 여행이 될 거야!'

내가 무슨 말을 하려는지 알겠는가? 당신의 남편은 안 보이는 곳에서 당신을 기쁘게 해주기 위해 열심히 노력하고 있다는 얘기다. 그러니 그의 희망을 꺾지 말자. 그저 남편과 함께 시간을 보내는 것만으로도 충분히 가치 있는 일 아닌가?

D를 선택한 사람은 당장 이혼 법정으로 가는 편이 낫겠다. 당신이 결국 향하게 될 곳은 거기뿐이니까. 아내의 우선순위에서 두 번째(혹은 세 번째나 네 번째)로 밀려나는 것을 오랫동안 참고 견딜 남자는 없다. 물론 당신에게는 완수해야 할 책임이 있을 것이다. 누구나 마찬가지다. 그러나 며칠쯤 휴가를 내 남편과 즐기고 온다고 해서 세상이 멸망하지는 않는다. 함께 여행을 떠나는 것은 남편에게 매우 중요한 일이고 또 두 사람의 관계에도 큰 도움이 될 것이다.

A를 선택한 사람은 우선순위를 제대로 아는 사람이다. 지금부터 25년이 더 흐른 뒤에도 남편과 함께 현관 앞에 매단 그네에 앉아 서로의 손을 맞잡고 상대방의 주름진 눈을 들여다보고 있을 가능성이 매우 높다. 그것이 사랑이다. 상대의 관심사를 우선시하고 함께 시간을 보내는 것을 무엇보다 중요하게 여기는 것이 결혼생활을 유지시켜 주는 접착제 역할을 하며, 그 과정에서 많은 즐거움도 얻을 수 있다.

3. 아침에 늦잠을 자는 바람에 정신없이 씻고 아이들을 학교에 보낸 뒤 옷을 입고 막 집을 나서려고 하는데… 이런, 남편이 은근한 눈길로 당신을 바라보고 있다. 하지만 당신은 9시 전에 끝내야 하는 일이 열 가지나 되고 10시에는 시내 반대편에서 약속이 있으며 그것이 끝나면 파트타임 직장으로 출근해야 한다. 물론 남편은 7일 동안 쉬지 않고 계속 일한 뒤에 휴가를 받았지만 당신 상황은 그렇지 않다. 남편이 지금 그런 표정을 짓다니 믿을 수가 없다. 그 표정은 '이봐, 예쁜이. 우리 좀 즐겨보자고'라고 말하고 있다. 게

다가 그가 끝까지 가고 싶어 한다는 것을 알 수 있다. 당신이라면 어떻게 하겠는가?

A. 그를 노려보면서 이렇게 말한다. "내가 지금 당신이랑 장난치고 싶어 하는 것처럼 보여? 벌써 옷도 다 입었고 이제 나가야 한다고!"

B. "여보, 지금은 안 돼. 하지만 조금만 참고 기다려주면 3월 초쯤에는 시간을 낼 수 있을 거야"라고 달랜다.

C. 남편에게 다가가 단호한 태도로 그의 얼굴을 부여잡은 뒤 창의력을 발휘한다. 그리고 그의 귓가에 속삭인다. "오늘밤에 내가 돌아오면 훨씬 더 많은 것이 기다리고 있을 거야." 문을 나서기 전에 정열적인 키스를 퍼부으면서 이 짧은 쇼를 마무리한다.

D. 남편을 무시하고 서둘러 문을 나선다. 어쨌든 결혼한 지 벌써 12년이나 되지 않았는가. 그는 기다릴 수 있을 것이다.

정답: A를 선택한 사람은 남편에게 '당신은 내 해야 할 일 목록에서 우선순위가 가장 낮다'고 말한 것이나 다름없으므로 당분간은 그가 당신에게 낭만적인 생각을 품을 일이 없을 것이다. 당신이 당장 해야 하는 일이 정말 이런 결과를 초래할 정도로 가치 있는 일들인가? 그중 몇 가지는 좀 나중에 해도 상관없는 일 아닌가? 한두 가지 일정을 취소하고 남편과 사랑을 나눈다면 두 사람 모두 훨씬 즐거운 기분으로 자기 할 일을 하게 될 것이라고 장담한다.

B를 선택한 사람은 자기가 우주 제일의 스케줄 여왕이기 때문에 그

것을 선택한 것이다. 당신은 어떻게 해서든 세상 전체가 당신 자신과 가족을 위해 움직이도록 만들 수 있는 멀티태스킹의 천재다. "지금은 안 돼"라고 말한 것은 샤워를 다시 할 만한 시간이 없다는 것을 알기 때문인지도 모른다. 그렇다면 창의력을 발휘해 보는 것이 어떨까? 5분 이내에 끝낼 수 있는 정도의 일이라면 일정에 그리 심한 차질을 빚지 않을 것이다. 그리고 남편은 샴 고양이처럼 얼굴 가득 미소를 머금은 채 당신이 해야 할 일 중에서 몇 가지를 대신 해줄지도 모른다.

D를 선택한 사람은 자기 결혼생활에 문제가 있다고 말한 것이나 다름없다. 당신이 남편을 무시한다면 그는 자기 말에 귀 기울여주고 자기를 존중하며 자신의 욕구를 채워줄 다른 사람을 찾으려 할 것이다. 정말 그런 일이 생기기를 바라는가?

C를 선택한 사람은 남편이 무엇을 원하는지 잘 알면서 여전히 〈글래머Glamour〉 표지를 장식해도 될 만큼 완벽한 모습으로 문을 나설 수 있다. 무엇보다 좋은 점은 아내의 융통성에 기뻐하며 정신적으로 만족감을 느낀 남자를 뒤에 남겨두고 나왔다는 사실이다. 혹시 아는가? 그날 밤에 집에 돌아가면 남편이 집을 깨끗이 청소하고 저녁까지 만들어놨을지도 모른다. 또 평소보다 일찍 아이들을 재우는 일도 기꺼이 도와줄 것이다. 그렇게 되면 당연히 두 사람의 얼굴에 미소가 떠오를 수밖에 없다.

4. 남편이 피정을 떠나는 딸을 위해 새벽 6시에 쓴 쪽지를 발견했다. 그것은 아빠가 딸에게 쓸 수 있는 가장 다정하고 자상하며 감동적인 편지였다. 그

것을 본 당신은 어떻게 하겠는가?

A. 친구들과 점심을 먹으면서 그 쪽지를 보여준다.
B. 그날 밤에 남편이 돌아오기를 기다렸다가 따뜻한 포옹과 열렬한 키스를 퍼부은 뒤 그의 눈을 똑바로 바라보면서 말한다. "우리 딸한테 정말 멋진 쪽지를 써줬더라. 걔가 얼마나 고마워했을지 짐작이 가. 당신 같은 남자와 결혼하다니 난 정말 운 좋은 여자야."
C. 그것을 액자에 넣어 딸의 방에 걸어둬서 딸이 집에 돌아오면 볼 수 있게 한다.
D. 직장에 있는 남편에게 전화를 걸어 그 다정한 쪽지를 읽고 눈물까지 흘렸다고 말한다.

정답: A를 선택한 사람은 남편을 당황스럽게 만들 수 있다. 물론 남편에 대한 좋은 소문을 퍼뜨리는 것은 바람직한 일이지만(남편이 그 얘기를 전해 들으면 자랑스러운 마음에 우쭐하게 될 것이다) 쪽지를 직접 보여주는 것은 별로 좋아하지 않을 것이다. 그 쪽지는 남편이 오직 당신과 딸에게만 보여주고 싶어 하는 그의 섬세한 부분을 드러낸다. 가장 친한 친구들에게도 보여주지 않는 편이 나은 일도 있는 법이다.

C는 도를 지나친 행동이다. 그 쪽지는 아빠와 딸 사이에 오간 특별한 편지다. 따라서 그것을 어떻게 할지는 딸이 결정하게 해야 한다. 세상 사람들이 다 볼 수 있게 벽에 장식해놓을 필요까지는 없다.

D를 선택한 사람은 남자들이 일에만 집중해야 하는 직장에서는 물

론이고 집에서조차 드러내놓고 말하기를 꺼리는 감상적인 이야기로 남편의 근무 시간을 방해하게 된다.

따라서 B가 바로 정답이다. 이것을 선택한 이들은 아내에게 존중받고 필요한 사람이 되며 충족감을 얻고 싶어 하는 남편의 욕구를 만족시켰다. 그리고 남편도 또한 '당신 같은 여자와 결혼한 나도 정말 운 좋은 남자'라고 생각할 것이 분명하다.

5. 가족 휴가를 계획하는 것은 당신에게 중요한 일이며 이번 여름에도 뭔가 특별한 일을 해야겠다고 생각하고 있다. 그래서 지금부터 일정을 잡으려고 한다. 남편에게 이틀 전에 휴가 일정을 물어봤는데 아직까지 대답 비슷한 것도 듣지 못한 상태다. 당신이라면 어떻게 하겠는가?

A. "여보, 당신한테 이틀 전에 물어본 질문에 대한 답을 듣고 싶어."
B. "우리 가족 여행에 대해 어떻게 생각하는지 말해주지 않다니, 난 정말 상처받았어. 무시당한 기분이라고."
C. "여보, 내가 며칠 전에 물어본 거 기억나? 여름휴가에 대한 얘기 말이야. 어떻게 생각하는지 말해주면 정말 고맙겠는데."
D. "잘 들어, 여보. 당신이 아는지 모르겠는데, 아직 여행을 떠나려면 일곱 달 반이 남았지만 미리 계획을 세워둬야 해. 가장 좋은 비행기 편을 예약하려면 서둘러야 한다고."

정답: A를 선택하고 이 말을 계속 되풀이한다면 곤란한 지경에 처하게 될 것이다. 남편이 당신에게 그런 식으로 대한다면 기분이 좋겠는가? 자기가 대접받고 싶은 대로 남을 대접해야 한다는 황금률이 여기에도 적용된다.

B를 선택한 사람은 순교자 흉내를 내고 있는 것이다. 상처받고 화난 사람 행세를 할 경우에 당신이 얻게 되는 것은 마음의 문을 닫아건 남편뿐이다. 그렇게 되면 남편에게서 그 어떤 반응도 이끌어낼 수가 없다.

D를 선택한 사람은 남편의 협력자가 아닌 적이 되는 길을 택했다. 마치 당신이 세운 최고의 계획을 남편이 모두 망친 것처럼 대하고 있는 것이다. 그런데 그것이 최고의 계획이 맞긴 한가? 남편이 무조건 따라줄 것이라 생각하고 전부 혼자서 계획을 짰는가?

C를 선택한 사람이 정답이다. 남편이 당신에게서 정보를 받으면 그 정보가 뇌로 들어간다. 그런 뒤에 정보를 처리해야 하는데 그러자면 시간이 필요하다. 그것이 당신이 결혼한 남자라는 생물의 속성이다. 이렇게 존중하는 태도로 접근한다면 남편이 진지한 태도로 곰곰이 생각해본 후 좋은 아이디어도 내놓을 것이다.

6. 당신이 남편을 정말 소중히 여긴다는 것을 그에게 보여주고 싶다. 당신은 어떤 방법을 이용하겠는가?

A. 월요일 밤에 남편이 미식축구 경기를 보는 동안, 그가 자신에게 얼마나 소중한 존재인지에 대한 장광설을 20분에 걸쳐 늘어놓는다.
B. 그가 좋아하는 요리와 디저트를 만들어준다.
C. 깜짝 선물로 밤에 아이들을 할머니 집에 보내고 뜨거운 밤을 준비한다.
D. 당신이 그를 존중하고 필요로 하며 평생 파트너인 그를 충족시키는 것을 좋아한다는 것을 보여준다.

정답: A를 선택한 사람들에게 해주고 싶은 말이 두 가지 있다. 당신은 타이밍의 중요성에 대해 배워야 하고 또 말수를 줄여야 한다. 월요일 밤에 하는 미식축구 중계는 대부분의 남자들이 신성하게 여기는 시간이므로 함부로 방해해서는 안 된다. 중계 도중에 남편에게 말을 걸었다가는(아무리 좋은 말을 해도) 그의 짜증만 불러일으키거나 TV를 향하던 그의 시야를 가리게 된다. 광고나 중간 휴식 시간에 잠깐 끼어들 수도 있지만 그 시간은 대개 남편이 화장실에 가거나 간식을 챙겨 오는 시간이다. 그러니 미식축구와 경쟁하지 않고 그의 관심을 독차지할 수 있는 시간을 고르는 것이 어떨까? 그런 시간에 남편을 부드럽게 어루만지면서 그의 관심을 끈다. 그리고 말하는 분량을 평소 말하는 것의 10분의 1 정도로 줄이면 말 한마디 한마디가 남편 귀에 쏙쏙 박힐 것

이다.

B를 선택했다면 정답이다. 남자의 마음을 사로잡으려면 맛있는 음식으로 공략하라던 옛 말이 맞다. 남자에게 있어 집에 돌아와 맛있는 음식 냄새와 쿠키 굽는 냄새를 맡고 자기를 환영해주는 아내의 모습을 보는 것만큼 즐거운 일도 없다. 그렇다고 해서 그린 듯 완벽한 가정주부가 될 필요는 없다. 요리를 좋아하는 여자도 있지만 싫어하는 여자도 많다. 내가 아는 여자 중에는 베이킹은 전혀 못 하지만 식료품점에서 파는 즉석 쿠키 믹스를 사다가 멋진 초콜릿 칩 쿠키를 구워내는 여자도 있다. 그러나 남편을 위해 수고를 하면 그만큼 당신 자신과 결혼생활에 큰 보답이 돌아온다. 당신을 위해서라면 무슨 일이든 기꺼이 할 남편을 얻게 되기 때문이다.

C를 선택한 사람도 정답이다. 평생의 동반자로 선택한 남자와 둘만의 시간을 가지는 것만큼 즐거운 일도 없다. 청소, 업무 보고서 작성, 개 산책시키기 같은 다른 일들은 모두 나중으로 미룰 수 있다. 옷장 깊숙한 곳에 잠들어 있던 멋진 속옷을 꺼내 입고 그날 밤 남편과 함께 얼마나 즐거운 시간을 보낼 수 있는지 알아보자.

D도 또한 정답이다. 당신은 남편에게 가장 중요한 세 가지 욕구(아내에게 존중받고 필요한 사람이 되며 충족감을 얻고 싶다는)를 정확하게 알고 있다. 그것이 바로 평생 동안 결혼생활의 기쁨을 누릴 수 있는 비결이다.

이 여섯 문제 가운데 정답을 다섯 개 이상 맞히지 못한 사람은 이 책을 처음부터 다시 읽어야 한다.

〈Publishers Weekly〉지 리뷰

남편들의 도무지 이해할 수 없는 행동들 때문에 속을 끓이는 아내들에게 반가운 책이 나왔다. 심리학자이자 방송인인 리먼 박사가 오랜 전문 상담자로서의 경험을 살려 아내들을 위한 쉽고도 상식적인 실용서를 출간했다. 남편들의 한심한 행동을 비난하는 대신 남편에게 뭘 기대해야 되는지, 그 관점을 바꾼다면 상호 이해가 보다 원활해질 수 있다는 것이다. 하지만 상호 존중에 대한 기대는 반드시 충족되어야만 한다고 지적한다. 아내를 계속해서 무시하고 존중하지 않는 남편은 쫓아내버리라고 리먼 박사는 딱 잘라 말한다. 아내들의 실제 고민들을 소개하고 그에 대한 적절한 조언을 곁들이는 방식으로 구성된 이 책에서 리먼 박사는 남편들의 어이 없는 행동들이 사실은 아내를 기쁘게 하기 위한 것들이라며 너무 남편들을 변호하는 듯한 태도를 취하기도 한다. 정말인지 아닌지 리먼 박사의 5일 계획을 한번 실천해보면 어떨까?

독자 리뷰

★★★★★ 남자에 대한 이해를 도와주는 남자의 조언

참 고마운 책이다. 몇 주 전에 구입했을 당시에는 흔한 '카운슬링' 책들 중 하나라고 생각했는데 별 기대 없이 펴든 이 책은 남자들의 행동과 사고방식, 그리고 그 이유를 남자의 관점에서 설명해주는 내용이었다.

내가 열심히 말을 하고 있는데 딴 생각에 빠져서 듣는 둥 마는 둥 하는 남편의 머릿속을 한번 열어보고 싶다는 충동을 느끼거나, 남편이 쓰고 난 화장실의 새하얀 세면대에 퍼런 치약이 한 줄기 들러붙어 있는 걸 보고 화가 치밀어 남편에게 뭐라고 하면 항상 자긴 못 봤다고 하는데 그런 말도 안 되는 변명을 하는 것 자체가 이해가 안 되는 아내들을 위해 리먼 박사는 명쾌한 설명을 제시한다.

이 책은 남편을 이해하는 데 많은 도움을 준다. 덕분에 이제는 남편이 늘어놓는 변명들이 사실은 설명이라는 것도 알게 되었다. 리먼 박사가 마치 남편의 모든 행동에 대해 설명해주고 일깨워주는 좋은 친구처럼 느껴진다. 이제까지 남편이 남편이기 이전에 남자라는 사실을 잊고 살았다는 것을 깨달은 것도 이 책 덕분이다. 곳곳에 숨어 있는 유머 센스 덕분에 책 읽기가 한층 더 즐거웠다.

이 책에 소개된 리먼 박사의 조언들은 효과적이다. 리먼 박사가 남자에 대해 '멍청하고' '애 같다'는 등 열등하다는 식으로 표현했다는 후기들도 읽긴 했지만, 리먼 박사 역시 남자라는 것을 기억하길 바란다. 괜히 여자들 비위를 맞추려고 그런 표현을 쓴 것이 아니라 어디까지나 남자의 입장에 서서 솔직하게 이야기를 하고 있는 것이다. 그는 모든 문제들을 기술적인 관점에서 접근하는 것이 아니라 알기 쉬운 개념과 상황을 들어 설명하고 있다.

또 리먼 박사가 여성들에게 이건 해야 하고 이건 하지 말아야 하고 이런 식으로 지시를 한다며 여성을 무시한다고 보는 사람들도 있지만, 이 책은 여성과 남성 모두에게 부부 관계를 어떻게 더 좋은 방향으로 바꾸어갈 수 있는지를 알려준다. 둘 중 보다 더 열린 마음을 가지고 관계 개선에 노력하려는 사람이 주도적으로 이 내용들을 실천하면 되지 않을까?

★★★★★ 새로운 관점을 열어준 책

난 20년 넘게 남편과 살아오면서도 별로 바가지를 긁지 않는 좋은 아내라고 자부해왔다. 어차피 남편을 변화시킬 수는 없다고 체념한 부분이 컸을지도 모른다. 그런데 이 책을 절반 정도 읽었을 뿐인데 남편이 달라졌다! 어쩌면 변한 것은 나 자신인지도 모른다. 아무튼 효과가 있는 것은 확실하다. 이 책을 읽으면서 나는 이제껏 내가 얼마나 자주 '왜'를 외치고 남편에게 지시를 해왔는지 깨닫게 되었다. 난 내가 생각한 것보다 훨씬 더 많이 바가지를 긁는 아내였던 것이다.

몇 주 전, 나는 남편에게 물이 새는 변기를 고쳐달라고 두세 번 부탁을 했다. 며칠 후, 나는 배관공을 불렀다. 아주 간단하게 손만 보면 되는 문제였기 때문에 몇 분 만에 해결이 되었지만 그 10분 동안의 작업에 대한 청구 금액은 90달러였다. 청구서를 본 남편은 거의 숨이 넘어갈 뻔했다. 나는 남편이 물어볼 때까지 아무 말도 하지 않고 있다가 설명을 해줬다. 몇 번 부탁을 했는데도 움직일 기색이 없기에 바쁜 줄 알고 사람을 불렀다고 말이다. 며칠 후 이번에는 제빙기가 말썽이 났다. 물론 예상한 대로 내가 부탁을 하자마자 남편은 즉각 고쳐주었다. 이 책 덕분에 짜증을 내거나 바가지 긁는 일 없이 원하는 결과를 얻을 수 있었던 것이다.

★★★★★ 아직 남편이 새사람이 되진 못했지만······.

모든 남편(물론 아내도)은 저마다 다르기 때문에 이 책에서 소개하고 있는 모든 전략이 효과적이라고는 할 수 없다. 아마 리먼 박사도 이 점은 잘 알고 있을 것이다. 아무튼 내 남편이 완전히 새사람이 되지는 않았지만 이 책을 통해 앞으로 어떤 점에 대해 더 노력을 해야 하고 무엇이 문제인지를 알게 되었다. 1~2년 후에 이 책의 전략들이 장기적으로 얼마나 효과가 있는지 검증하는 후기를 올려볼 수 있을 것 같다.

5일 만에 새사람 만들기란 접근법은 사실 상당히 매력적이었다. 40일간의 도전보다는 훨씬 현실적이지 않은가? 이렇게 5일이 지나기는 했지만 앞으로도 계속 책을 읽으며 좀더 확실한 효과를 올릴 수 있도록 해볼 생각이다. 사실 이 책은 침대 곁에 두고 완전히 내 것으로 소화를 할 때까지 읽고 또 읽고 해야 하는 책이라는 게 나의 생각이다.

유머 센스가 빛나는 리먼 박사의 글은 이해하기도 쉽고 예를 풍부하게 제시하고 있어서 손에서 책을 놓을 수가 없었다. 또 행동계획들을 잘 정리해 놓아서 실천해보고 싶게 만든다. 남자의 관점에서 설명이 되었다는 부분도 아주 도움이 된다. 보다 행복한 결혼생활을 꾸려가고 싶지만 어디서부터 시작해야 할지 모르는 사람들에게 강력하게 추천하고 싶은 책이다.

★★★★★ 읽길 잘 했지!

리먼 박사의 세미나에 갔다 온 아내가 이 책을 사 들고 돌아와 열심히 읽는 모습을 보면서 이런 생각을 했다.

"내가 그렇게 문제가 있나? 새로운 남편으로 다시 태어나야 할 정도로?"

하지만 이 책은 남편들을 비난하고 비판하는 것이 아니라 부부간의 의사소통을 보다 원활히 할 수 있는 방법들을 알려주는 내용이었다. 덕분에 아내가 나를 대하는 태도는 완전히 달라졌고 우리 관계는 크게 좋아졌다. 정말 멋진 일이었다. 박사님, 감사합니다!

나 자신도 이 책에서 여러 가지로 큰 감명을 받았다. 배우자와의 관계를 돈독히 할 수 있는 방법이 궁금하지 않은 부부는 세상에 없을 것이다. 그런 만큼 강력히 추천하는 바이다!